近现代国际关系史研究

第二十一辑

徐 蓝 主编

图书在版编目（CIP）数据

近现代国际关系史研究. 第21辑／徐蓝主编. --北京：世界知识出版社，2023.7
　　ISBN 978-7-5012-6633-3

　　Ⅰ.①近… Ⅱ.①徐… Ⅲ.①国际关系史—研究—近现代 Ⅳ.①D819

中国国家版本馆 CIP 数据核字（2023）第 044915 号

责任编辑	狄安略　罗庆行
责任出版	赵　玥
责任校对	陈可望

书　　名	近现代国际关系史研究（第二十一辑） Jinxiandai Guoji Guanxishi Yanjiu（Di-Ershiyi Ji）
主　　编	徐　蓝
出版发行	世界知识出版社
地址邮编	北京市东城区干面胡同51号（100010）
网　　址	www.ishizhi.cn
电　　话	010-65233645（市场部）
经　　销	新华书店
印　　刷	北京虎彩文化传播有限公司
开本印张	787毫米×1092毫米　1/16　16½印张
字　　数	260千字
版次印次	2023年7月第一版　2023年7月第一次印刷
标准书号	ISBN 978-7-5012-6633-3
定　　价	78.00元

版权所有　侵权必究

《近现代国际关系史研究》学术委员会

学术顾问：徐天新　张宏毅

主　　编：徐　蓝

学术委员会（以姓氏拼音为序）：

陈　恒　崔　丕　戴超武　韩东育　胡德坤　梁茂信
梁占军　刘北成　刘德斌　钱乘旦　沈志华　史桂芳
时殷弘　王立新　王晓德　武　寅　邢广程　邢来顺
徐　蓝　张倩红　张顺洪　赵学功

编辑委员会（以姓氏拼音为序）：

董灏智　杜　平　范宏伟　韩志斌　梁　志　刘子奎
刘作奎　王　华　吴文成　谢国荣　姚百慧　岳秀坤
昝　涛　翟　韬　詹　欣　张　杨　张勇安

本辑执行编辑：翟　韬

目 录

美国外交史
美国对第一届亚非人民团结大会的政策 /　　　杨鑫钰、高志平　1

国际史和跨国史
从现实到想象：墨西哥革命对美国石油飞地的利权重构（1912—1917）/　　　杨泽华　17

经贸因素与英苏外交折冲：以1927年"英苏贸易公司事件"为中心 /　　　殷亲亲　45

印尼与澳大利亚在加入"科伦坡计划"问题上的谈判（1950—1953）/　　　吴耀庭　67

"石油外交"背后的"大国假象"——1973年三木武夫出使中东探析 /　　　郭鸿毅　83

研究生论坛
英暹《包令条约》订约始末及其影响 /　　　张　毅　104

20世纪初日本在中国东北的林业扩张——以"吉黑林矿借款"为中心 /　　　程　丹　129

中英滇缅界务谈判中的双轨交涉问题 /　　　王　果　150

从介入到脱身——美国对柬埔寨的政策（1970—1973）/
李照珂　171

法国与冷战
法国外交文件选译（八）/　　　窦云婷 编译，狄安略 校　184

学术动态
"新史料、新问题与新方法"：第一届俄国史青年学者论坛会议综述/
杜俊超　215

书评
在喧嚣与凝聚之中：评杰森·C. 帕克《人心、头脑和声音：美国冷战期间的公共外交和第三世界的形成》/　　宋梓嘉　222

评《好莱坞的冷战》/　　　张静怡　233

国家形象的转折——评《在20世纪70年代重申美国：美国的公共外交与美国海外形象的重塑》/　　欧倚天　242

稿约　　　　　　　　　　　　　　　　　　　　　　251

Contents

History of American Diplomacy
U. S. Policy for the First Afro-Asian People's Solidarity Conference /
Yang Xinyu, Gao Zhiping 1

International History and Transnational History
From Reality to Imagination: The Mexican Revolution's Restructuring of the American Rights on Oil Enclaves (1912-1917) /
Yang Zehua 17

Economic and Trade Factors and the Anglo-Soviet Diplomatic Conflict: Centering on the ARCOS Affair of 1927 / Yin Qinqin 45

The Negotiations between Indonesia and Australia in Joining to the Colombo Plan (1950-1953) / Wu Yaoting 67

The Illusion of Great Power behind the Oil Diplomacy: An Research on Takeo Miki's Visit to the Middle East in 1973 / Guo Hongyi 83

Graduate Forum
The Logics and Impacts of the Conclusion of Bowring Treaty between Britain and Siam / Zhang Yi 104

Japanese Invasion of Forestry of Northeast China in the Early 20th Century: Centering on the Forest and Gold Mine Loan Contract of Jilin and Heilongjiang Provinces / Cheng Dan 129

The Issue of Dual-track Negotiations between China and Britain in the Yunnan-Burma Negotiations / Wang Guo 150

From Intervention to Disengagement: U. S. Policy toward Cambodia (1970–1973) / Li Zhaoke 171

France and the Cold War
Selective Translation of the Documents Diplomatiques Français: Part Ⅷ / Compiled by Dou Yunting, Proofread by Di Anlue 184

Academic Trends
"New Materials, New Problems, New Methods": A Review of the First Young Scholar Forum on Russian History / Du Junchao 215

Book Reviews
In the Ballyhoo and Cohesion: A Review of Jason C. Parker's *Hearts, Minds, Voices: U. S. Cold War Public Diplomacy and the Formation of the Third World* / Song Zijia 222

A Review of Tony Shaw's *Hollywood's Cold War* / Zhang Jingyi 233

The Transition of National Image: A Review of *Reasserting America in the 1970s: U. S. Public Diplomacy and the Rebuilding of America's Image Abroad* / Ou Yitian 242

Notice to Contributors
251

美国外交史

美国对第一届亚非人民团结大会的政策*

杨鑫钰　高志平**

摘　要　美国对1957年第一届亚非人民团结大会的政策经历了从干扰到破坏的过程。在会议筹备阶段，美国采取歪曲宣传会议具有"共产主义性质"及对东道国埃及施压等干扰措施，试图阻止会议顺利召开，但未能如愿。第一届亚非人民团结大会与会国表现出强烈的反美倾向，它们谴责了"杜勒斯–艾森豪威尔主义"在中东地区的干涉，批判了北约巴黎会议关于建立核武库的决定，揭露了美国仍然存在的种族歧视现象。对此，美国采取了诸如授意与会友好国家维护美国利益、歪曲宣传会议具有"共产主义性质"及控制舆论等破坏措施，最终淡化了会议的影响力。美国对第一届亚非人民团结大会的干扰与破坏有着诸如美国的中东政策受挫、"中苏经济攻势"及美国声誉下降等深层次的原因。会议最终引发了美国关于对不发达国家政策的反思。

关键词　美国；第一届亚非人民团结大会；中东

---

* 本文得到华东师范大学历史系谢国荣教授提供的档案的支持，谨致诚挚谢意。
** 杨鑫钰，湖北大学历史文化学院世界史专业2020级硕士研究生；高志平，湖北大学历史文化学院教授，博士生导师。

"全球冷战在20世纪50年代波及中东，在60年代中期将其强加于此处。"① 1957—1958年的第一届亚非人民团结大会就是在冷战阴影下召开的，其间不仅有大国之间在中东地区的较量，也体现了亚非新独立国家试图提高自身国际话语权所作出的努力。另外，在此视角下，美国对第一届亚非人民团结大会的政策是落实其在中东地区对苏联遏制战略的一个具体表现，也对20世纪70年代冷战局势的走向具有重要的推动作用。

国内外学界对第三世界相关会议及组织的研究聚焦于万隆会议（第一次亚非会议）、不结盟运动和第二次亚非会议，对亚非人民团结大会的研究并不多见。相关研究中，国内学界侧重于对中国与亚非人民团结大会的关系的探讨。② 在史料方面，有《人民日报》对于历届亚非人民团结大会的全面报道以及四册《亚非人民团结大会文件汇编》③，这是国内研究亚非人民团结大会最重要的资料。国外学界对此会议的关注则散见于20世纪60—70年代有关亚非运动的外交史著述之中，其主要聚焦与会国家与亚非人民团

---

① Lorenz Luthi, *Cold Wars*: *Asia*, *Middle East and Europe* (Cambridge and New York: Cambridge University Press, 2020), p. 5.

② 李潜虞：《从万隆到阿尔及尔——中国与六次亚非国际会议（1955—1965）》，世界知识出版社，2016，第28—165页；李潜虞：《中国对亚非人民团结大会的政策（1957—1965）》，《外交评论》2012年第4期，第112—128页；[塞]周万：《亚非主义与不结盟之间：中国、南斯拉夫与第三世界内部的斗争（1954—1965年）》，博士学位论文，北京大学历史系，2014；赵朴初：《出席亚非人民团结大会杂记》，《世界知识》1958年第3期，第12—15页；金仲华：《团结在反帝反殖民主义的大旗下：记第二届亚非人民团结大会》，《世界知识》1960年第9期，第14—17页；孔迈：《战斗的号召：记第三届亚非人民团结大会》，《世界知识》1963年第6期，第12—14页。

③ 世界知识出版社编《亚非人民团结大会文件汇编》，世界知识出版社，1958；世界知识出版社编《第二届亚非人民团结大会文件汇编》，世界知识出版社，1961；世界知识出版社编《第三届亚非人民团结大会文件汇编》，世界知识出版社，1963；世界知识出版社编《第四届亚非人民团结大会文件汇编》，世界知识出版社，1966。

结大会的互动。① 总体而言，针对美国与此会议互动方面的探讨凤毛麟角。

本文拟利用美国解密档案，在全球冷战的视角下，探究美国对第一届亚非人民团结大会的政策，重点分析会议筹备阶段及正式召开后美国政府的干扰和抵制措施及其深层次原因，以便我们加深对美国在20世纪50年代末对第三世界的态度及其政策变化的了解。

一、第一届亚非人民团结大会的筹备与美国的干扰措施

1954年6月，世界和平组织在斯德哥尔摩召开了一次主题为"缓和国际紧张局势"的会议，决定应召开一次全亚洲会议，专题商讨亚洲问题。该提议成为此后亚非人民团结大会召开的源头。1955年4月6日，在印度的倡议下，亚洲缓和国际紧张局势会议（The Asian Conference for the Relaxation of International Tension，ACRIT）在印度首都新德里召开，有18个国家与会。"会议期间通过了一项决议：要求建立一个常设组织，其暂时被称为亚洲团结委员会。"② 1956年12月，在新德里召开的亚洲团结秘书处会议上，印度建议将该组织扩展到非洲地区，并探询埃及担任第一届亚非人民团结大会东道国的可能性。1957年2月，埃及总统纳赛尔会见了由印度、中国、苏联、印度尼西亚和日本组成的亚洲团结委员会代表团，并同意埃及担任第一届亚非人民团结大会的东道国。9月下旬，由20个国家组成的亚非人民团结大会筹备委员会正式组建。

10月21—23日，第一届亚非人民团结大会筹备会议在开罗举行，苏联、中国、蒙古国、日本、印度、缅甸、阿富汗等20个国家应邀与会。从

---

① David Kimche, *The Afro-Asian Movement*: *Ideology and Foreign Policy of the Third World* (Jerusalem: Israel Universities Press, 1973); G. H. Jansen, *Afro-Asia and Non-Alignment* (London: Great Britain Press, 1966); The Permanent Secretariat of AAPSO, *30 Years of Struggle*, *Afro-Asian People's Solidarity Organization* (Cario, 1988); Charles Neuhauser, *Third World Politics*: *China and Afro-Asian People's Solidarity Organization* (Cambridge: Harvard University Press, 1970); Lorenz Luthi, *Cold Wars*: *Asia*, *Middle East and Europe* (Cambridge and New York: Cambridge University Press, 2020).

② David Kimche, *The Afro-Asian Movement*: *Ideology and Foreign Policy of the Third World*, p. 127.

驻开罗的美国官员向美国国务卿发送的电报中可知，"在筹备会议的开幕式上，代表们纷纷发言，利用万隆精神对艾森豪威尔主义进行批评，谴责美国在叙利亚、中国等问题上的图谋"。① 另外，筹备委员会告亚非人民书中提到，"国际气氛仍然险恶，世界和平也在遭到危险……越来越多的致命的核武器正在制造和试验，威胁着人类生存本身。……在各种伪装下的政治、经济和军事压力仍旧在危害很多亚非国家的民族独立和完整"。② 与会代表提议将 1957 年 12 月 1—7 日作为宣传会议目标的"团结周"，以此争取获得更多的支持。显而易见，此宣言中所提到的"外国干涉"暗指以美国为首的西方国家一直以来对亚非国家的控制，加之开幕式上与会国对艾森豪威尔主义的批评，会议的反美倾向已经初现。

对此，《纽约时报》驻外记者断言"此次会议显然是一场借万隆会议的光彩来伪装自己共产主义性质的会议"，"尽管代表们不全是共产主义者，但会议严重倾向于反西方战线，并为共产主义战线服务，这是比全部都是共产主义者更好的选择"。③ 同时，《仰光日报》驻外记者在《国家报》上发文称："不要被'亚非国家'这个词所误导，那是适用于不久将在开罗举行的一次会议。我们认为应该及时指出，这次会议没有任何意义。此外，其与著名的万隆会议也毫无关系，它并不是任何形式的万隆会议的继承者。"④ 根据这一判断，美国决定绝不任由上述情形发展下去，遂从会议性质和被邀请的友好国家入手，干扰会议的顺利召开。具体而言，美国对第一届亚非人民团结大会的筹备所采取的干扰措施如下。

第一，歪曲宣传会议具有"共产主义性质"。美国认为，苏联等社会主义国家试图利用亚洲国家权利坚定维护者的身份掩盖其真正的图谋。在此

---

① "Incoming Telegram from Cairo to Secretary of State," No. 1032, December 22, 1957, RG 59, General Records of the Department of State, 1955-1958, Central Decimal File, Box 2671, National Archive, College Park, MD.

② 世界知识出版社编《亚非人民团结大会文件汇编》，世界知识出版社，1958，第 1—2 页。

③ 转引自 David Kimche, *The Afro-Asian Movement: Ideology and Foreign Policy of the Third World*, p. 128。

④ *Nation*, Rangoon, November 25, 1957. 转引自 David Kimche, *The Afro-Asian Movement: Ideology and Foreign Policy of the Third World*, p. 128。

认知的驱动下，美国及其西方盟友向部分与会国大肆宣传此会议具有"共产主义性质"。1957年10月，美国驻西贡大使馆在致国务院的函件中称："参加这一会议将违反越南共和国的反共政策，因为这次会议的共产主义性质是无可争议、非常明确的。"① 11月，美国驻乌干达坎帕拉领事馆在致国务院的函件中称："英国当局采取措施去警告其他参会者……称纳赛尔试图利用此次会议，不要将此次会议与早期的亚非社会主义者的善意会议相混淆。"② 这一举措最终得到了部分与会国的认同，比如"土耳其表示已经了解了会议的共产主义背景"③。美国及其西方盟友的这种歪曲宣传对会议的召开造成了负面的影响。

第二，劝阻部分受邀的友好国家与会。为了阻止会议的顺利召开，美国对部分受邀的与会国家软硬兼施，要求它们拒绝派代表参加会议。1957年10月，美国国务院在向美国驻巴格达、安卡拉、卡拉奇等地的使领馆发送的电报中称，"希望（驻在国）慎重考虑后，决定不支持本国成员参与会议"。④ 11月，美国驻意大利大使馆在向国务卿发送的电报中称，意方"赞同美国对会议的观点，并向美国保证不会有意大利人参加会议"。⑤ 12月，《人民日报》报道称，被美国强迫去职的冲绳岛首府那霸市市长濑长龟

---

① "Foreign Service Despatch from American Embassy Saigon to the Department of State, Washington," No. 142, October 29, 1957, RG 59, General Records of the Department of State, 1955-1958, Central Decimal File, Box 2671, National Archive, College Park, MD.

② "Foreign Service Despatch from American Consulate Kampala to the Department of State, Washington," No. 44, November 7, 1957, RG 59, General Records of the Department of State, 1955-1958, Central Decimal File, Box 2671, National Archive, College Park, MD.

③ "Incoming Telegram from American Embassy Ankara to Secretary of State," No. 1768, December 27, 1957, RG 59, General Records of the Department of State, 1955-1958, Central Decimal File, Box 2671, National Archive, College Park, MD.

④ "Outgoing Telegram to Amembassy Baghdad, Amembassy Ankara, Amembassy Karachi, Amembassy Tehran, Amembassy London," No. 943, October 15, 1957, RG 59, General Records of the Department of State, 1955-1958, Central Decimal File, Box 2671, National Archive, College Park, MD.

⑤ "Incoming Telegram from American Embassy Rome to Secretary of State," No. 2023, December 11, 1957, RG 59, General Records of the Department of State, 1955-1958, Central Decimal File, Box 2671, National Archive, College Park, MD.

次郎"已经向冲绳岛的美国占领当局申请到开罗去的许可,但是,美国占领当局故意进行阻挠"。①

第三,要求与会的部分友好国家或维护美国的利益,或保证中立态度。1957年10月,美国驻埃及大使馆在致国务院的函件中称:"一名阿富汗代表在大使的指导下以观察员的身份出席了最近举行的筹备会议,这位观察员被认为代表美国的利益。"② 12月,美国驻柬埔寨大使馆在致国务院的电报中提到,"美国希望柬埔寨不要参加在开罗召开的会议,如果柬埔寨执意参加,希望柬埔寨严格保持中立"。③

第四,对东道国埃及施压,要求其作出表态。美国以美埃关系为砝码向埃及官员施压,谴责其有意举办有亲苏倾向的会议,从而破坏美埃友好关系。对此,埃及为避免与各方产生冲突,便表示"埃及官员将确保会议的决议各方都会接受"。④ 同时,"在接见美国大使时,纳赛尔试图降低这次会议的重要性并保证不会让极端主义势力控制这次会议"。⑤

尽管美国费尽心机,但仍旧未能阻止会议的如期召开。因此,美国还是不敢掉以轻心,遂调动大量外交与政治资源,继续密切关注会议的进程。然而,第一届亚非人民团结大会的与会国家表现出强烈的反美倾向,让美国颜面尽失。

---

① 《濑长谴责美国阻挠他去开罗》,《人民日报》1957年12月19日第5版。

② "Foreign Service Despatch from American Embassy Cairo to the Department of State, Washington," No. 447, October 31, 1957, RG 59, General Records of the Department of State, 1955–1958, Central Decimal File, Box 2671, National Archive, College Park, MD.

③ "Incoming Telegram from American Embassy Phnom Penh to Secretary of State," No. 649, December 18, 1957, RG 59, General Records of the Department of State, 1955–1958, Central Decimal File, Box 2671, National Archive, College Park, MD.

④ "Incoming Telegram from American Embassy Cairo to Secretary of State," No. 1606, December 28, 1957, RG 59, General Records of the Department of State, 1955–1958, Central Decimal File, Box 2671, National Archive, College Park, MD.

⑤ "Telegram from the U. S. Embassy in Egypt," No. 2357, December 23, 1957, RG 59, General Records of the Department of State, 1955–1958, Central Decimal File, Box 2671, National Archive, College Park, MD. 转引自[塞]周万:《亚非主义与不结盟之间:中国、南斯拉夫与第三世界内部的斗争(1954—1965年)》,第121页。

二、第一届亚非人民团结大会的反美倾向

会议于1957年12月26日至1958年1月1日在开罗召开，并成立了一个由锡兰（今斯里兰卡）、中国、印度、日本、苏联和阿拉伯国家代表组成的秘书处来安排此次会议。1957年12月26日，埃及团结委员会主席安瓦尔·萨达特在会议开幕式上发表演说，他表示："在一个受着战争威胁的世界里，我们是不能安全地生活下去的。在一个强盗还存在的世界里，我们是无法谈享受自己的资源的。在一个生产大规模毁灭性武器的世界里，我们是不能进行建设的。在一个竞相研究屠杀方法的世界里，我们是无法提高我们各国人民生活水平、治疗他们的疾病和消灭传染病的。"随后在会议召开过程中，与会国回顾了当前的国际形势及其对亚非人民的影响，主张反对帝国主义、殖民主义、种族歧视等，并强烈反对核武器的开发。① 会议上的种种表现均反映出与会国家强烈的反美倾向，具体内容如下。

首先，会议谴责了"杜勒斯-艾森豪威尔主义"在中东地区的干涉。在筹备会议上，与会代表便对艾森豪威尔主义直接提出批判。会议正式召开后，与会国再次集中讨论了艾森豪威尔主义和订立军事条约、建立军事基地等议题。它们谴责那种关于"在某些地区造成的力量真空必须由外部势力进行填补"的说法，控诉帝国主义的军事联盟——北大西洋公约组织、东南亚条约组织、巴格达条约组织的侵略行为。在"关于帝国主义的决议"中，"大会认为，《巴格达条约》和艾森豪威尔主义都是干涉阿拉伯国家独立、损害它们的主权和危及它们的安全的。大会宣言中也特别指出：帝国主义的继续存在和现在世界的新时代是不相容的"。②

其次，会议批判了北约巴黎会议关于建立核武库的决定。与会国对核武器问题进行了热烈讨论，并提出了呼吁美国、苏联和英国政府停止核试

---

① "Incoming Telegram from American Embassy Cairo to Secretary of State," No. 1047, October 24, 1957, RG 59, General Records of the Department of State, 1955-1958, Central Decimal File, Box 2671, National Archive, College Park, MD.

② 世界知识出版社编《亚非人民团结大会文件汇编》，世界知识出版社，1958，第269页。

验的决议。与会国认为，停止核武器试验是就重大的裁军问题达成进一步协议的不可缺少的先决条件。它们强烈批判1957年12月北约理事会巴黎会议上提出的"进一步规定以核子武器武装它的军队，把它的空军力量增加三分之一，并且要加速西德的重新武装"的决议，① 认为"北约会议决定向成员国提供核武器和火箭武器加剧了冷战局势"，"用飞机连续携带核弹"可能导致"意外爆发核战争"，并且反对在国外建立和扩大军事基地，认为亚非地区"应该成为没有核武器和火箭武器存在的和平地区"。② 同时，大会将1957年12月召开的北约会议与同年10月在莫斯科召开的64国共产党和工人党代表会议进行比较，指出大会的各项决议是对《莫斯科宣言》的有力支持，也是对北约理事会巴黎会议的严正抗议。③

最后，会议揭露了美国仍然存在的种族歧视现象。与会国对世界上的种族问题进行了讨论，着重强调了两个地区的种族歧视问题：一个是非洲地区，比如南非存在着种族隔离政策；另一个则是美国，特别是南部地区。"毫无疑问，这种不入流的行为不仅对有色人种，而且对一切人类都留下了恶劣的后果。"

与此相反，作为亚非人民团结大会领导者之一的苏联派代表出席会议并表现活跃。苏联代表团团长沙拉夫·拉什多夫在会议上提出："苏联将在亚洲和非洲国家发展它们的经济特别是工业方面提供无私的帮助，不附加任何政治、军事或其他条件，不会干涉接受援助的国家的内政。"④ 综合上述言论，美国认为，苏联参会"别有用心"："中东地区的民族主义和反殖民情绪容易受到利用，苏联利用亚非人民团结大会及其永久的后续机构——亚非团结委员会作为他们提高政治影响力的主要工具。"⑤ 此外，"大会宣言

---

① 王克勤：《北大西洋集团与西欧形势》，《世界知识》1956年第6期，第7—9页。
② "Incoming Telegram from Cairo to Secretary of State," No.1640, January 1, 1958, RG 59, General Records of the Department of State, 1955–1958, Central Decimal File, Box 2671, National Archive, College Park, MD.
③ 世界知识出版社编《亚非人民团结大会文件汇编》，第272页。
④ David Kimche, *The Afro-Asian Movement: Ideology and Foreign Policy of the Third World*, p.132.
⑤ U.S. Department of State, *FRUS*, 1955–1957, Vol. XVIII, pp.75–76.

似乎代表着苏联将始于万隆的亚非运动转变为苏联所期望的大规模前线运动的重大进展。关于裁军宣言、核武器试验、外国基地、艾森豪威尔主义、《巴格达条约》、北约《巴黎协定》（1954年）等问题的讨论都重复着苏联的现行路线，即反对帝国主义的斗争是永无止境的，其目的是服务于苏联，促使亚非国家和西方国家之间保持永久敌对"。①

三、美国对第一届亚非人民团结大会的破坏措施及效果

面对第一届亚非人民团结大会上出现的反美倾向，艾森豪威尔政府决定联合盟友及与会友好国家不遗余力地对会议进行破坏。大体而言，美国对第一届亚非人民团结大会采取的破坏措施主要有以下几点。

第一，美国授意与会友好国家在会议上维护美国的利益，以此减弱会议对美国政策的批评。在会议召开期间，突尼斯、日本等与美国交好的国家纷纷反驳会议上针对西方国家尤其是美国所提出的谴责提案。关于艾森豪威尔主义，尽管会议上某些国家的代表对其进行谴责，但突尼斯仍旧表达了自己的立场，即"突尼斯试图在反帝国主义决议中用'美国的真空政策'取代艾森豪威尔主义"，② 没有明确谴责艾森豪威尔主义。突尼斯表示："关于《北大西洋公约》，突尼斯的立场非常明确，我们认为自己是西方的好朋友，这决定了我们在会议上的政策，我们认为，如果你们想要谴责《北大西洋公约》，那么《华沙条约》则必须受到同样的谴责。"③ 另外，日本

---

① "Incoming Telegram from Moscow to Secretary of State," No. 1180, January 4, 1958, RG 59, General Records of the Department of State, 1955–1958, Central Decimal File, Box 2671, National Archive, College Park, MD.

② "Incoming Telegram from Cairo to Secretary of State," No. 1649, January 2, 1958, RG 59, General Records of the Department of State, 1955–1958, Central Decimal File, Box 2671, National Archive, College Park, MD.

③ "Foreign Service Despatch from Amembassy Tunis to the Department of State, Washington," No. 418, January 16, 1958, RG 59, General Records of the Department of State, 1955–1958, Central Decimal File, Box 2671, National Archive, College Park, MD.

代表在会议上也试图平息反西方情绪，维护西方国家的利益。① 最终，正是由于突尼斯等美国友好国家的努力，会议也并未谴责《北大西洋公约》。

第二，美国借助报纸、广播等传媒工具歪曲宣传会议具有"共产主义性质"。《纽约时报》和美国新闻处曾向坦噶尼喀②首都达累斯萨拉姆管理当局提供过一篇社论，其后来被发表在1958年1月3日的《坦噶尼喀标准报》上。同时，1月4日坦噶尼喀广播公司在斯瓦希里语新闻中播出了一篇新闻评论，这是斯瓦希里语广播中唯一一篇关于亚非人民团结大会的材料。报道中提到"关于这次会议，有两点必须要说清楚。第一点，参加会议的代表都不是官方人士，也没有一个代表自己国家的政府。第二点，这次会议的整个想法是受共产主义苏联的启发，并且所有会议的主导角色都是来自苏联和其他亚洲国家的共产党人扮演的。很明显，很多人认为这是亚非民族主义者的会议，目的在于帮助亚非国家人民实现自治，但实际上这只是共产主义者的宣传"。③ 可见，美国尝试利用舆论手段改变公众对此次会议的认知，从而达到降低会议影响力的目的。

第三，美国决定与其友好国家控制本国广播对会议的关注度，降低本国公众的兴趣，以此弱化会议对美国的不良影响。1958年1月7日，美国驻沙特达兰领事馆在向国务卿发送的电报中表示："沙特没有关于此次会议的广播和新闻，也没有发表官方的说明。在近期的一次午宴会上，埃米尔本·吉鲁维询问来宾对在开罗举办的会议的看法，包括政府官员和埃及法律顾问在内的来宾都表示对会议没有特别的兴趣。"④ 同日，美国驻喀布尔

---

① "Incoming Telegram from Tokyo to Secretary of State," No. 1858, January 18, 1958, RG 59, General Records of the Department of State, 1955-1958, Central Decimal File, Box 2671, National Archive, College Park, MD.

② 坦噶尼喀1961年脱离英国独立，1964年与桑给巴尔合并为坦桑尼亚联合共和国。

③ "Foreign Service Despatch from Consulate Dar es Salaam to the Department of State, Washington," No. 129, January 16, 1958, RG 59, General Records of the Department of State, 1955-1958, Central Decimal File, Box 2671, National Archive, College Park, MD.

④ "Incoming Telegram from Dhahran to Secretary of State," No. 362, January 7, 1958, RG 59, General Records of the Department of State, 1955-1958, Central Decimal File, Box 2671, National Archive, College Park, MD.

大使馆在向国务卿发送的电报中称："在阿富汗，广播和新闻发布会很少，媒体除了简单地提到将举行会议及苏联派代表出席，几乎没有提及任何细节。"① 9日，美国驻新加坡大使馆在向国务卿发送的电报中表示："英语媒体对会议进行了零星的报道，标题式的处理显示了共产党（特别是苏联）对会议的支配性质。由于英语广播的敷衍，以至于忽略了会议的非正式性及其共产主义思想。"②

第四，美国试图利用北约的力量应对会议所带来的不利影响。北约对第一届亚非人民团结大会十分重视，美国对此表示赞同。"美国政府认为，北约研究亚非人民团结大会是适当的。最好让北约全体成员讨论这个问题，但北约在考虑这个问题时应谨慎，因为北约讨论亚非运动可能在亚非地区产生严重的影响。"③

虽然美国置身于第一届亚非人民团结大会之外，表面上采取不干涉的高姿态，实际上却在幕后积极操纵其盟友和友好国家对会议进行抵制。从整体上看，虽然此次会议力图在万隆会议的基础上加入更多的反西方色彩，但其价值却远远比不上万隆会议。会议影响力的淡化固然主要缘于与会亚非国家之间不同利益犬牙交织所产生的分歧与矛盾，但美国的抵制政策却是重要的外因。

---

① "Incoming Telegram from Kabul to Secretary of State," No. 708, January 7, 1958, RG 59, General Records of the Department of State, 1955–1958, Central Decimal File, Box 2671, National Archive, College Park, MD.

② "Incoming Telegram from Singapore to Secretary of State," No. 819, January 9, 1958, RG 59, General Records of the Department of State, 1955–1958, Central Decimal File, Box 2671, National Archive, College Park, MD.

③ "Outgoing Telegram Sent to Amembassy, Paris Topol," No. 2087, June 17, 1958, RG 59, General Records of the Department of State, 1955–1958, Central Decimal File, Box 2671, National Archive, College Park, MD.

四、美国干扰和破坏第一届亚非人民团结大会的深层次原因

第一届亚非人民团结大会的反美倾向是美国对其干扰和破坏的直接原因,但从根本上来说,其中还有诸多深层次的原因。

第一,从美苏两国在中东的处境来看,20世纪50年代美国在中东地区政策受挫,苏联则趁机扩大其影响力,引发美国当局的不安。以《巴格达条约》为例,它的提出直接对美国与中东地区关系的发展产生了不可逆转的影响,"不但影响了美国在中东的地位和它与中东国家之间的关系,而且影响了苏联对中东的政策和美、苏对中东的争夺"。①《巴格达条约》签订后,除了引发阿拉伯国家的强烈反对,也使苏联深感不满。苏联领导人认为,美国利用该组织在中东地区进行侵略,威胁到了苏联南部的边界安全。因此,苏联决定改变其保守的战略,对中东地区发起主动性行动。其中,对美国势力打击最为严重的措施是苏联对埃及的援助。具体来说,苏联同埃及达成协议,同意用埃及的棉花换取苏联的喷气式战斗机和双引擎轰炸机。另外,1957年11月20日埃及国防部长阿米尔访问苏联,苏联部长会议主席布尔加宁在会谈中批评了西方列强的中东政策,并自信地谈到了埃及和苏联之间牢固和互利的友谊。② 由上可见,20世纪50年代,以艾森豪威尔主义为代表的美国的中东政策引发多数中东国家与其关系发生龃龉。与此相反的是,苏联通过支持阿拉伯民族主义,得到了阿拉伯国家对它的好感。在此背景下,部分阿拉伯国家参与的第一届亚非人民团结大会被认为是苏联进攻性战略的具体表现,进而引发美国对此次会议的敌视态度。

第二,对"中苏经济攻势"的担忧引发美国对会议的不满情绪。苏联在联合国等场合及国内报刊上批评美国的经济外交所包含的帝国主义和殖

---

① 张士智、赵慧杰:《美国中东关系史》,中国社会科学出版社,1993,第170页。
② "From Sir Patrick Reilly to Mr. Selwyn Loyd," No. 1384, November 20, 1957, JE10338, The Property of Her Britannic Majesty's Government, 1957, Central Decimal File, FO 407, Foreign Office, MD.

民主义性质的同时，也采取了具体行动加以反击，主要就是开始向欠发达国家提供各类援助。① 这些援助的范围涉及中东、北欧、亚洲以及拉美地区。美国政府将苏联和中国等社会主义国家所提供的各类援助称为"中苏经济攻势"。在1956年4月2日美国国务院情报研究司提交的第81号情报评估与4日国务院政策设计司提交的"苏联经济渗透"报告中，② 美国政府坚定地认为所谓的"中苏经济攻势"会对美国的国家安全利益造成严重威胁。在美国决策者心中，"中苏经济攻势"甚至超过了苏联发射卫星所带来的威胁，故而美国对此予以高度重视。另外，美国注意到这一攻势主要面向亚非不结盟国家。③ 苏联在向这些不结盟国家提供经济、技术援助以及同其开展贸易合作的同时，也在宣传"缓和"思想，以此获得政治声望。因此，美国坚决对此次会议进行抵制，以抵抗"中苏经济攻势"所造成的威胁。

第三，埃及处于中东地区"三圈外交"④ 的核心位置，其与苏联的接近引发美国的强烈不安。同时，伴随着艾森豪威尔主义的提出和中东地区战略地位的提高，埃及理所当然地成为美苏两大阵营争夺的重心。苏联通过支持埃及国内的民族主义情绪，提高自己在中东地区的政治影响力，引发了美国的强烈不安。不论是出于对埃及战略位置重要性的考虑，还是对中东地区资源的需要，美国都绝不容许苏联接近中东国家——特别是埃及——以防它们达成共识进而排挤美国的势力。因此，由苏联倡导并在埃及召开的第一届亚非人民团结大会必然遭到美国等西方国家的阻挠。

第四，会议触及美国的声誉问题，引发其抵制。美国把"维持信誉和树立声望以及打造良好的国家形象作为重要的外交目标，以保持盟国的忠

---

① 谢华：《冷战时期美国对第三世界国家经济外交研究（1947—1969）》，人民出版社，2013，第369页。

② 姚昱：《冷战偏见下的"中苏经济攻势"——20世纪50年代美国对社会主义国家与不发达国家经济联系的认识》，《史林》2010年第3期，第139—141页。

③ 同上，第140页。

④ 1954年，纳赛尔在《革命哲学》一书中提出了埃及对外交往的"三个圈子"理论，即埃及的外交重点应放在阿拉伯圈、非洲圈和伊斯兰圈内，而且要成为它们的中心。

诚，削弱敌国的意志，以及赢得中立国家的追随"。① 1957年9月，美国国内爆发"小石城事件"，引发全球媒体对美国种族歧视和种族隔离问题的持续关注，黑人民权问题由此引发热潮。与此同时，苏联利用美国的种族问题打击美国的声誉，批判美国民主的虚伪性。因此，当得知此次会议有意提及种族歧视问题时，处于风口浪尖的美国担心会议会对自己的国际声誉和形象造成损害，便毫不犹豫地对其采取抵制态度和措施。

第五，泛阿拉伯民族主义与美国的霸权思想之间存在冲突。第二次世界大战后，阿拉伯民族解放运动蓬勃兴起，以埃及为首的阿拉伯国家高举泛阿拉伯主义的大旗，极力摆脱美国和西欧国家在中东地区的统治。其中，最为典型的例子就是苏伊士运河事件。但对于试图建立全球霸权的美国来说，这一民族主义思想成为其进一步扩张的绊脚石。美国认为，"虽然我们的行动被局限在西半球，但我们的同情心并没有被海洋阻隔。我们一向认为，同那些正在为争取自治的权利而斗争的人们一样，我们乃至整个世界都应该明确表达我们的兴趣，而这种兴趣是我国人民自独立以来就在人权和独裁之间的每一次斗争中都会产生的"。② 这种"天赋使命观"是美国一脉相承的传统，"在冷战时代，美国的使命表现为美国要充当'自由世界的领袖'，承担遏制苏联共产主义和'保卫自由世界'的任务"。③ 美国带有干涉性的使命观与阿拉伯国家推崇的民族主义思想相矛盾，而第一届亚非人民团结大会中所蕴含的阿拉伯民族主义思想得到了众多新独立的亚非国家甚至是苏联的支持，这对美国"自由世界的领袖"地位是一种打击，也是美国在中东地区扩张势力的阻碍。针对这一点，美国政府是不能容忍的。

总的来说，"美国认为，苏联和中国一直在试图将新独立的亚非国家拉入社会主义阵营，将战后出现的亚非民族解放运动和国际共产主义运动结

---

① 王立新：《世界领导地位的荣耀和负担：信誉焦虑与冷战时期美国的对外军事干预》，《中国社会科学》2016年第2期，第182页。
② [挪]文安立：《全球冷战：美苏对第三世界的干涉与当代世界的形成》，牛可等译，世界图书出版公司，2012，第9页。
③ 王立新：《意识形态与美国外交政策：以20世纪美国对华政策为个案研究》，北京大学出版社，2007，第144页。

合到一起。同时，在国家发展道路的选择方面，苏联模式对于新兴的亚非国家也具有一定的吸引力"。① 换言之，第一届亚非人民团结大会的召开无疑将为苏联在第三世界塑造其良好形象提供了一个有利的平台。正因为如此，艾森豪威尔政府在会议筹备阶段和正式召开后实行了一系列的干扰和破坏措施，以达到削弱其影响力的效果。

五、结语

综上所述，艾森豪威尔政府对于此次带有反美倾向的亚非人民团结大会持遏制态度，并在会议不同阶段采取了多种干扰和破坏措施，以达到削弱会议影响力的效果。特别值得注意的是，此次会议引发了美国政府关于对不发达国家政策的反思。会议结束后，与美国交好的参会国家纷纷向美国政府提议加强对不发达国家的重视以及援助政策。"土耳其强调在开罗举行的会议标志着一系列由苏联、印度和中国主办的反西方会议的开始，指出经济援助和宣传是非常重要的武器，特别是在不发达国家，而美国并未意识到这些有效的武器，苏联则已经占领主动权。"② "突尼斯根据会议的过程及结果，建议西方国家必须修改对不发达国家的政策，否则会遭到更严重的失败。"③ 针对自身所面临的不利形势及与会友好国家的提议，美国自20世纪50年代末逐渐改变自身对不发达国家的看法，不仅认识到冷战背景下亚非新独立国家的重要性，加强了对亚非地区尤其是中东国家的重视，而且改变了对不发达国家的经济政策，增强了对它们的援助。具体来说，艾森豪威尔政府对不发达国家的经济政策逐渐从"贸易而非援助"调整为

---

① 李潜虞：《美国对亚非会议政策再探讨——基于东亚冷战的视角》，《美国研究》2020年第2期，第85页。

② "Foreign Service Despatch from Amcongen, Istanbul to the Department of State, Washington," No. 340, January 8, 1958, RG 59, General Records of the Department of State, 1955–1958, Central Decimal File, Box 2671, National Archive, College Park, MD.

③ "Incoming Telegram from Tunis to Secretary of State," No. 695, January 3, 1958, RG 59, General Records of the Department of State, 1955–1958, Central Decimal File, Box 2671, National Archive, College Park, MD.

"贸易加援助"，并加强了援助力度。艾森豪威尔政府末期还增设了专门负责向不发达国家提供发展援助的各类机构，并增加了相应的联邦开支。[①] 由此可见，第一届亚非人民团结大会对于美国来说也是一个重要的契机。一方面，它提高了美国对第三世界国家的了解和重视程度，进而使其加强了对不发达国家的经济援助；另一方面，它也有助于美国更清晰地认识到亚非新独立国家对冷战局势的影响，以便其作出更准确的判断来应对国际局势的变化。

然而，无论是美国对会议的干扰和破坏，还是其会后关于对不发达国家政策的反思，究其缘由，都是为了维护自身遏制战略的有效推进。西方中心主义和冷战思维根深蒂固地存在于美国的对外政策中，美国始终没有真正重视过亚非国家的民族诉求及政治愿望，进而也无法从根本上得到亚非国家的支持，更无法制定出长久有效的地区战略以实现其战略目标。

---

① 姚昱：《二战后美国经济冷战政策的演变》，华东师范大学周边国家研究院/冷战国际史研究中心编《冷战国际史研究》第27辑，世界知识出版社，2019，第36页。

国际史和跨国史

从现实到想象：墨西哥革命对美国石油飞地的利权重构（1912—1917）

杨泽华[*]

摘　要　被外国资本掌控的墨西哥石油产业渊源于迪亚斯独裁政府的经济与政治政策，国有化成为墨西哥革命争取社会平等与民族独立的诉求之一。1912年，墨西哥革命政权与美国企业和政府围绕石油产业的收益归属问题展开争夺。立宪派革命政府囿于自身财税对石油产业的依赖，以现实主义的妥协政策暂时压制了革命的经济民族主义诉求。随着形势进一步稳定，革命政权在1914—1917年不断收束对石油企业的政策管制。为规避外交与经济风险，支撑石油国有化的法理依据通过一系列渐进的政策试探被逐渐建构完成，并最终体现于1917年墨西哥宪法第27条。在这一进程中，政府财政摆脱对石油出口的依赖，成为革命后新秩序的图景之一，并成为后世墨西哥社会想象与国家记忆的一部分。

关键词　墨西哥革命；石油国有化；美墨关系；矿业飞地

---

[*] 杨泽华，南开大学历史学院2021级硕士研究生。

"飞地经济"通常指一国内特定地域的外向型经济部门被跨国资本主导,从而建立起相对独立的产业前后向关系,而非嵌入当地经济。① 实际上,这一概念由三部分组成:某一地域产业的特殊化集群、外国资本主导和出口导向的产业模式、与当地的横向经济联系薄弱。② "矿业飞地"作为"经济飞地"的一种形态,其核心特点即为跨国资本把持矿业投资。与依附理论相呼应,研究者认为这一产业模式导致了当地经济社会发展的恶性循环。③ 在《依附与拉丁美洲的发展》一文中,费尔南多·卡多索(Fernando Cardoso)和恩佐·法莱托(Enzo Faletto)指出:市场的影响本身既不能解释发展,也不能保证发展的连续性或方向。相反,市场的情态是社会团体和政治机构行为的表征。④ 产业利益的协调、分利秩序的建构、冲突与合作的博弈机制等诸多要素使得这一经济秩序的核心在于其中的政治关系,并形成于内部增长与外部联动的特定关系框架内。在这一视角下,跨国公司同时牵动着母国与所在国的政治关系,矿业在经济上的相对独立反而使得其与所在国的政治结构联系紧密。⑤ 与其他飞地经济模式相比,矿业产区自然资源的固定性使得开发者的退出壁垒很高。这迫使跨国公司会增强与当地政权和社会的互动,甚至主动介入其政治结构和国家构建进程。⑥

---

① Alfiredo Falero, "La Expansión de la Economía de Enclaves en América Latina y la Ficción del Desarrollo: Siguiendo una Vieja Discusión en Nuevos Moldes," *Revista Mexicana de Ciencias Agrícolas*, Vol. 1, 2015, p. 146.

② 有关"矿业飞地"性质的详细论述,见 Nicholas A. Phelps, Miguel Atienza, Martin Arias, "Encore for the Enclave: The Changing Nature of the Industry Enclave with Illustrations from the Mining Industry in Chile," *Economic Geography*, Vol. 91, Issue 2, 2015, pp. 120-121。

③ Martin Arias, Miguel Atienza, Jan Cademartori, "Large Mining Enterprises and Regional Development in Chile: Between the Enclave and Cluster," *Journal of Economic Geography*, Vol. 14, Issue 1, 2014, p. 76.

④ Enzo Faletto, Fernando Cardoso, "Dependencia y Desarrollo en America Latina (Ensayo de Interpretacion Sociologica)"(Lima: Instituto de Estudios Peruanos, 1967), p. 18.

⑤ Francisco Zapata, "Enclaves y Sistemas de Relaciones Industriales en América Latina," *Revista Mexicana de Sociología*, Vol. 39, No. 2, 1977, pp. 723-724.

⑥ Martin Arias, Miguel Atienza, Jan Cademartori, "Large Mining Enterprises and Regional Development in Chile: Between the Enclave and Cluster," p. 77.

在经济民族主义与社会内部不平等的作用下，矿业飞地成为诸多后发国家民族革命与社会革命中的双元焦点。让矿业所在少数精英获利的分利秩序凸显出国际产业分工在第三世界国家内部产生的不平等，[1] 也让社会革命溢出为民族革命成为可能。19 世纪末至 20 世纪初，飞地经济与初级产品出口导向模式被拥有丰富自然资源的欠发达国家特别是拉丁美洲国家作为发展战略。矿业飞地出口的强劲增长造就了繁荣与发展，也延展出一套特殊的政治与社会生态。[2] 然而，随着市场波动与出口疲软的阵发性循环，这一模式下的国家经受着经济和社会危机。与矿业和出口部门联系紧密的寡头政治集团在外部不利的经济条件和内部社会压力的双重作用下解体，而新政权在反对独裁者、追求社会公正的同时寻求民族、经济乃至政治、文化独立。1910 年的墨西哥革命即在此种背景和路径下爆发，成为所谓的"典范革命"。[3]

1910 年，墨西哥爆发反对波菲里奥·迪亚斯（Porfirio Díaz）独裁的革命运动，并于 1911 年推翻了迪亚斯长达 35 年的独裁统治。在围绕墨西哥革命中石油国有化问题的学术探讨中，有三股较为清晰、相互交叠的支脉。其一为以赫苏斯·席尔瓦·赫尔佐格（Jesús Silva Herzog）为代表的革命史叙事传统，其伴生于革命进程中，因而沾染了较强的现实关怀和民族主义色彩。[4] 其二是洛伦佐·迈耶（Lorenzo Meyer）开启的更为学院化的历史书

---

[1] María del Rosario Green, "Inversión Extranjera, Ayuda y Dependencia en América Latina," *Foro Internacional*, Vol. 12, No. 1, 1971, p. 9.

[2] Enzo Faletto, Fernando Cardoso, "Dependencia y Desarrollo en America Latina (Ensayo de Interpretacion Sociologica)," p. 35.

[3] Eugenia Meyer, "Desconstrucción de la Memoria, Construcción de la Historia," *Historia, Antropología y Fuentes Orales*, No. 19, 1998, p. 128.

[4] 作为国有化的执行人，赫苏斯·席尔瓦·赫尔佐格在 1940 年于《经济季刊》（*El Trimestre Económico*）上发表的《墨西哥石油问题》（La Cuestión del Petróleo en México）一文的论述中首先突出石油作为战略资源对国家发展的意义，借此阐明国家控制石油产业的必要性。该文后半部分则追溯石油国有化运动的历史原因，并从合法性的角度为国有化政策辩护。这种"重要性-合法性"的论述结构也成为后续诸多著作所参照的范式。在革命史家的眼中，将石油产业收归国有从未仅仅是一个经济问题，而是象征着一种民族革命和社会平等的政治-经济实践。

写模式,其超越单一民族国家视角,探讨国际关系对革命的冲击与反射。①其三是近年来也有更多的学者开始从社会想象与国族建构的层面重述石油国有化及其历史书写,其关注石油国有化问题与革命意识形态中民族主义和民众主义的关联,以及石油产业在公共话语、回忆空间中的角色。同时,从革命史到外交史的范式转换本身就是社会想象的研究对象之一。这种研究路径上的"文化转向"大多集中于1938年石油国有化之后,其探讨革命制度党(Partido Revolucionario Institucional)及后续政府如何制造、渗透并利用这一浓缩着民族主义和民众主义情绪的历史事件,以对抗美国的外交压力和国内反对派的攻讦。相关研究主要关注公共宣传、国家教育和舆论空间中事件形象层累的塑造与传播。②

  与既往研究相比,本文试图在时间范围上延伸有关石油国有化问题与革命意识形态塑造的探讨,将这种经贸冲突和革命意识形态的关联性追溯到革命进程之中,通过回顾革命者与美国政府之间的外交博弈,梳理石油产业所附着的民族主义情绪在革命进程中的历史发展。来自外部的政治压力并非自1938年石油国有化完全实现以后才深深影响墨西哥的经济产业政

---

① 洛伦佐·迈耶于1968年发表的《石油冲突中的墨西哥与美国:1917—1942》(México y Estados Unidos en el Conflicto Petrolero: 1917-1942)一文拉开了研究转向的序幕。他并没有将视角聚焦于石油国有化问题或是革命本身,而是更为宽泛地探讨1917—1942年美墨之间绵延不断的冲突,石油则只是这一进程的一种表征。围绕国际关系中大宗商品作为政策工具的研究,则有勒内·比利亚雷亚尔(René Villarreal)的《石油作为发展和国际谈判的工具:20世纪80年代的墨西哥》(El Petróleo como Instrumento de Desarrollo y de Negociación Internacional: México en los Ochentas),其剖析墨西哥将石油产业作为国际政治工具的流变史,探讨有关战略资源与国家政治议价能力,以及石油作为战略资源在对美关系中给资源国带来的外交谈判优势。

② 围绕墨西哥石油国有化问题研究的文化转向,约萨法特·莫拉莱斯·鲁比奥(Josafat Morales Rubio)在其《民族想象和采掘主义在拉丁美洲:以墨西哥石油问题为例》(Imaginarios Nacionales y Extractivismo en América Latina: El Caso del Petróleoen México)一书中接续科尼利厄斯·卡斯托里亚迪斯(Cornelius Castoriadis)"意义岩浆理论"(El Magma de Significaciones)的探讨,认为拉美的民族想象是一系列概念、话语和形象的集合,被共同体所接受、分享并融贯于其实践之中。约萨法特指出,有关石油产业的社会想象从未作为一种独立于政治的社会现象,各方政治团体不断试图使用诸多方式渗透、塑造并利用石油产业在社会想象中的遗产。石油国有化问题作为一个整体,被引入国家建构与社会记忆形成的探讨之中,呈现着多元的面相,这一事件本身的复杂性在此变得无关紧要。

策，国际关系与国内政策的相互塑造也应当被置于历史的连续性中加以考察。既有研究中所揭示的官方宣传与民间热忱，应当被视为墨西哥石油乃至矿业至上历史传统的进一步升温。石油国有化问题在墨西哥革命中所凝结的民众主义与民族主义是一种历史累积下的高潮浮现，而非骤然出现并基于某种当下政治意图的临时产物。

1917年宪法的颁布是墨西哥革命进程中的关键事件。它不仅意味着革命形势的基本稳定，也使革命中诸多模糊的诉求被梳理、涵化为宪法条文，其中宪法第27条明确规定国家有权支配底土矿物。① 以此为基础，石油国有化成为墨西哥革命政治框架中的一项长期政策和重要诉求。本文拟在前人研究以及相关一手档案的基础上，以墨西哥革命对美国"石油飞地"的利权重构为核心，试图阐释1917年宪法第27条诞生背后，革命者在经济民族主义与外部干涉的夹缝中处理石油国有化问题的政策选择和历史路径。

一、飞地经济的利权分置

石油国有化问题随着墨西哥革命被推上潮头，但争端的根源却肇因于迪亚斯时代矿业发展的特殊情态。以革命者的视角审视迪亚斯政权的矿业政策，它既未有效地利用矿业收益充实财政，而只是得到了"盛宴的残渣"，② 也没有让繁荣惠及民众，而仅仅用"残渣"填饱了迪亚斯党羽的私囊。墨西哥革命中的石油国有化诉求即脱胎于此种普遍的不满之中。

在1821年墨西哥独立后的第一个百年里，关于矿业的开发与监管政策似乎经历了一次骤变——从殖民地时代对矿业产权的严格控制到迪亚斯时

---

① Luis Enrique Cuervo Pontón, *Introducción al Derecho y la Política de Petróleos* (Bogotá: Universidad Javeriana, 2001), p. 137.

② Aleida Azamar, José Ignacio Ponce, "Extractivismo y Desarrollo: Los Recursos Minerales en México," *Problemas del Desarrollo*, Vol. 45, No. 179, 2014, p. 143. 然而，新近的研究对这种认知提出了质疑和修正。

代的自由放任。① 然而，支撑这一巨大转向的却是两种恒定的逻辑。其一是无论具体的矿业政策如何，政府财政对于矿业收益的依仗都并未随着独立及政权更迭而改变。其二是墨西哥经济自殖民地时代以来一直被深深地政治化，矿业的利权分置本质上是政治体系内的交易，而非一般意义上的市场经济问题。② 从严格控制到自由放任，这一产业政策的转型过程并没有改变墨西哥矿产开发业态的"飞地"属性。独立使矿产的目的地多元化，而产业的前后向联系是全球性的。③ 石油产业即在这种转变中登上了墨西哥的经济与政治舞台。矿产开发的飞地属性与财政对矿产出口的依赖倾向不断互构、加强，共同构造出了石油国有化问题在革命中的角色与困境。石油国有化问题不仅源于革命，也根植于墨西哥乃至西属殖民地时期的历史传统。④

在殖民地时期，矿业特别是贵金属采掘业是西属殖民地长期的支柱产业。新西班牙总督辖区⑤的银矿虽不及玻利维亚的波托西（Potosí）声名显赫，却也是西班牙王室重要的财政收入来源。⑥ 贵金属矿区并非一般意义上的"经济飞地"。从某种意义上而言，殖民地本身就是围绕贵金属采掘业建构的，它存在的首要目的就是保障贵金属的开发与转运畅通无阻。⑦ 以矿区为中心，殖民秩序次第展开，西班牙王室聚焦于贵金属开发带来的经济利

---

① Jonathan C. Brown, *Oil and Revolution in Mexico* (Los Angeles: University of California Press, 1993), pp. 8-9.

② Francisco Zapata, "Enclaves y Sistemas de Relaciones Industriales en América Latina," p. 724.

③ Inés Herrera et Alma Parra, "La Actividad Minera y el Lugar que Ocupa en la Economía Mexicana del Siglo XIX," *Caravelle*, No. 111, 2018, https://doi.org/10.4000/caravelle.3575.

④ Aleida Azamar, José Ignacio Ponce, "Extractivismo y Desarrollo: Los Recursos Minerales en México," p. 142.

⑤ 管辖范围包含今墨西哥、中美洲（除巴拿马）、美国加利福尼亚州、内华达州、犹他州、科罗拉多州、亚利桑那州、新墨西哥州、得克萨斯州以及亚洲的菲律宾。

⑥ María del Refugio González, *Ordenanzas de la Minería de la Nueva España Formadas y Propuestas por su Real Tribunal* (Madrid: Universidad Complutense de Madrid, 1995), p. 14.

⑦ Juan Luis Sariego Rodríguez, "Minería y Territorio en México: Tres Modelos Históricos de Implantación Socioespacial," *Estudios Demográficos y Urbanos*, Vol. 9, No. 2, 1994, p. 328.

益，殖民地管理机构则希望以经济利益最大化地换取在本土的政治利益。①被视为"飞地"的矿区却恰恰成为殖民地与殖民秩序的核心所在。矿区与所在地区之间的横向经济关联大多来自基本生活用品的保障和补给，围绕矿业开发的承租与商业秩序则是西班牙王室与殖民地商业精英之间一种政治化的经济利益交换。②

作为西班牙王室在美洲的重要利益，矿业开发被施以严格限制。1783年的《阿兰胡埃斯条例》（las Ordenanzas de Aranjuez）中体现出两项影响深远的基本原则。③其一是土地权与底土权相互剥离，土地所有者仅拥有表土的开发权利，而底土矿产开发权则被单独置于王室的直接审查之下。其二是矿产开发权和所有权相互剥离。王室以特许状（El Denuncio）制度向开发者颁布采掘许可，以"十一税"（Alcabalas）征收矿物及其衍生品流通税。但是，这在法理意义上并不意味着矿产所有权发生变更。王室对矿产的所有权基于普遍性的法律约束，而开发者与矿产所有者（王室）之间的关系则是基于二者之间的特殊契约，因此需要一事一议。④同时，石油也以"沥青和土地产出"（las sustancias bituminosas y los jugos de la tierra）的名义被置于上述原则的监管之下。⑤

墨西哥的独立和1824年墨西哥合众国的建立并没有抹去这种对于矿业产权的敏感态度，而是将政府财政与矿产开采再一次紧密绑缚在一起。⑥殖

---

① Guillermina del Valle Pavón, "Los Excedentes del Ramo 'Alcabalas': Habilitación de la Minería y Defensa del Monopolio de los Mercaderes de México en el Siglo XVIII," *Historia Mexicana*, Vol. 56, No. 3, 2007, pp. 1001-1002.

② Juan Luis Sariego Rodríguez, "Minería y Territorio en México: Tres Modelos Históricos de Implantación Socioespacial," p. 327.

③ Jaime Cárdenas, *En Defensa del Petróleo* [Ciudad de México: Universidad Nacional Autónoma de México (UNAM), 2009], p. 12.

④ Ernest Sánchez Santiró, "Constitucionalizar el Orden Fiscal en Nueva España: De la Ordenanza de Intendentes a la Constitución de Cádiz (1786-1814)," *Historia Mexicana*, Vol. 65, No. 1, 2015, p. 119.

⑤ Jaime Cárdenas, "La Minería en México: Despojo a la Nación," *Cuestiones Constitucionales*, No. 28, 2013, p. 42.

⑥ Edward Beatty, "The Impact of Foreign Trade on the Mexican Economy: Terms of Trade and the Rise of Industry 1880-1923," *Journal of Latin American Studies*, Vol. 32, No. 2, 2000, p. 409.

民地时代的法规得以沿用，矿业收益在公共财政中的角色却迎来了一次重要的转型。它不再是王室抽离至欧洲的专享利源，而普遍化为墨西哥国家财政和复苏的基石所在。从分利秩序的视角出发，19 世纪 50 年代贝尼托·胡亚雷斯（Benito Juárez）政府的自由主义改革实际上旨在通过重构经济秩序加强政府的干预能力，增强墨西哥国家的内聚力与稳定性。① 教会在经济生活中的角色被政府取代，旧的自发秩序让位于新的发展规划。② 相较于真正的"自由放任"，自由主义者仅仅希望自身的施政自由得到最大化。在这一以政府为核心的经济秩序中，外国资本面临的是一个烦冗的官僚机构和特许权系统，这使得经济投资实际上也是一种政治投资。③ 在有关许可证、关税、运费和土地令状的交涉中，外国资本不得不介入墨西哥政治并寻求这一体系中的代理人和向导。④ 矿业以自身经济行为的相对独立换取政治上的某种绑缚，而墨西哥政权依仗矿业收入的同时却又难以直接介入其生产过程。这种分利秩序看似合理和双赢，却隐藏着一种权宜和妥协，因为一切的前提都基于墨西哥本土资本难以支撑产业的增长，而外国资本仅仅是墨西哥经济蹒跚学步时的拐杖，在其发展成熟后自然会被丢弃。

为了解决主权债务和政府财政问题，迪亚斯于 1877 年上台后试图以宽松的政策环境吸引外资，重振墨西哥经济。⑤ 1883 年的《拓殖法》（la Ley de Colonización）使土地可以面向外国投资者出售。1884 年迪亚斯修订矿业法，其中第 10 条将矿产开发权与土地所有权相互绑定，取消了殖民地时代延

---

① D. A. Brading, "Liberal Patriotism and the Mexican Reforma," *Journal of Latin American Studies*, Volume 20, Issue 1, 1988, p. 27.

② Sandra Kuntz Ficker Coordinadora, *Historia Económica General de México: De la Colonia a Nuestros Días* (México: El Colegio de Mexico, Secretaría de Economía, 2010), p. 355.

③ Víctor Rodríguez Padilla, "Petróleo y Minería: México en la Senda del Extractivismo," *Estudios Mexicanos*, Vol. 34, No. 3, p. 282.

④ Jonathan C. Brown, *Oil and Revolution in Mexico*, p. 91.

⑤ Oscar Diego Bautista, "La Deuda Externa en la Historia de México," *Revista Iberoamericana de Administración Pública*, pp. 12-13. 墨西哥财政部长马蒂亚斯·罗梅罗（Matías Romero）的印花税改革相当成功，见 Sandra Kuntz Ficker Coordinadora, *Historia Económica General de México: De la Colonia a Nuestros Días*, p. 332。

续下来的特许权申请制度。1892 年，矿业法再次被修订，① 土地所有者可以自由开发矿产资源，无须向政府申请。1901 年《石油法》（la Ley del Petróleo）颁布，外国投资者几乎享有不受限制的钻探和开发权利，并可以此向墨西哥政府申请圈地特许。② 与革命叙事中作为外国资本代理人的形象不同，迪亚斯和财政部长何塞·伊夫·利曼图尔（José Yves Limantour）的决策动因正如前文所述，是一种暂时的妥协。石油及其他矿物的确应当是国家财产，但如果得不到有效开发，深藏于地下的石油永远变不成比索。然而，百废待兴的墨西哥又缺乏必要的资本、市场和技术，那么以适当让步求助于外国资本就是无可厚非的权宜之举。③

不过，这仅仅是迪亚斯政权的一厢情愿，即使它的确成功地在铁路等领域加强了政府干预，④ 墨西哥经济中的"政治传统"也会使外国资本和依附于其上的本土利益集团难以完全在现有政治框架下从墨西哥经济中剥离。这不仅影响了经济的发展，也将紧张倾注于墨西哥政治中。⑤ 政府以经济增长换取潜在反对派对政治高压的相对宽容，但出口导向型经济的增长显然不是永续的，并已经表现出伴随国际市场涨落的波动和衰退倾向。即使经济增长可以维持相当长一段时间，但其带来的不满也会在政治空间中不断累积，直到与当下的经济繁荣相比，人们更愿意选择变革而将赌注压在可能的新秩序上。因为虽然繁荣惠及己身，但在现有的分利秩序下，石油产业增长的同时收入的增长却依然陷于停滞，而外国资本的发展恰恰相反。

---

① Cárdenas Gracia, Jaime Fernando, *En Defensa del Petróleo*, p. 13.

② F. Javier Zenteno Barrios, *La Regulación de los Hidrocarburos en México* (México: Secretaría de Energía, 1997), p. 82.

③ Edward Beatty, "The Impact of Foreign Trade on the Mexican Economy: Terms of Trade and the Rise of Industry 1880-1923," p. 402.

④ Paul Garner, "The Politics of National Development in Late Porfirian Mexico: The Reconstruction of the Tehuantepec National Railway 1896-1907," *Bulletin of Latin American Research*, Vol. 14, No. 3, 1995, p. 343.

⑤ Aldo Masaccio, Ian Read, "Bankers, Industrialists, and their Cliques: Elite Networks in Mexico and Brazil during Early Industrialization," *Enterprise & Society*, Vol. 8, No. 4, 2007, pp. 365-366, 859. 在迪亚斯政权下，国内大资本之间的横向联结甚至超过 80%，形成高度重叠的政治-经济集团。

这种不断拉大的边际收益差距①投射到政治领域，造成了本节开篇提到的墨西哥社会的普遍不满与革命萌动。

政府与矿业之间财税收益最大化的治理逻辑从某种意义上而言是恒定的，然而使其效用最大化的具体方式则不然。石油产业的国有化诉求并非试图斩断产业和政府的密切关系，而是将产业发展与政府财税之间的中介者——外国资本——从他们一手锻造的体系中驱逐出去。从殖民地时代的严格控制到迪亚斯时代的自由放任，构成了治理手段的第一次转型，而石油国有化则是第二次转型的表征。蓄积足够能力的革命政府试图重新直接介入产业经济，并且这一过程是渐进的。② 在迪亚斯统治下，出口导向型发展模式使繁荣从现实变为一种社会想象中的认同，因为政府以强硬政治手段推进经济增长，又以这一经济模式下的普遍繁荣换取政治领域的默许性支持。③ 革命者则需要使石油国有化从想象变为现实，因为革命的诉求源于对原有分利秩序的内生性不满，其本身先于政策施行的恩惠，而仅仅是一种可能的愿景和政治许诺。利用已有的不满只是一个开始，而不满将逐渐投射出一个想象中的革命后的"应然"，石油国有化问题即肇因于此。它徘徊于矿业飞地引发的外交纠纷与政府财税对矿业收入的依赖的夹缝中，逐渐从1910年革命的不满转化为1917年宪法的"应然"，再变为1938年石油国有化的"实然"。

在1905年经济下行和货币改革失败的双重压力下，迪亚斯政府的确试图加强对石油及矿业产业的控制，以从中攫取更多利源。④ 然而，矿业飞地对墨西哥政治的渗透已然形成某种路径依赖。对于既得利益者而言，这一

---

① Luis A. V. Catão, "Mexico and Export-led Growth: The Porfirian Period Revisited," *Cambridge Journal of Economics*, Vol. 22, No. 1, pp. 72, 74.

② 参见 Adrián Escamilla Trejo, "La Política Industrial del Porfiriato a la Revolución: Aproximación Historiográfica y Análisis," *Economía UNAM*, Vol. 17, No. 49, 2020, https://doi.org/10.22201/fe.24488143e.2020.49.513。

③ Edward Beatty, "Visiones del Futuro: La Reorientación de la Política Económica en México, 1867-1893," *Signos Históricos*, Vol. 5, No. 10, 2003, pp. 48, 51.

④ Óscar Sánchez Rangel, "Propiedad Extranjera y Minería en México: El Proyecto de Ley Minera de 1908," *Estudios de Historia Moderna y Contemporánea de México*, Vol. 55, 2018, p. 122.

依赖外国投资的飞地模式虽然获利较少,却也是投资成本最低的次优解。1908 年的矿业法草案几乎遭到了议会内部的一致反对,迪亚斯本人不得不出面澄清以消解来自支持者的政治压力。① 这凸显出在既有框架内收束政府管制的困难。当路径和结构已然形成,就很难从其内部颠覆。1909 年的《矿业法》顺应了外国资本及其代理人的意图,使分利秩序一切如常,但迪亚斯政府在此种分利秩序下的治理能力却不足以控制越发普遍的不满。既得利益者不愿在原有政治框架中投入更多资源以维持其存续,却如此将自身盘踞的体制投入 1910 年墨西哥革命的怒火中。

二、石油产业的"置身事外"与"卷涉其中"
（1912—1914）

1912 年 9 月 15 日,美国驻墨西哥大使亨利·莱恩·威尔逊（Henry Lane Wilson）致函墨西哥立宪派,对美国公民在墨西哥的人身及财产权益提出交涉。在第二点中,他着重强调了美国石油公司被墨西哥政府以不合理的税率盘剥,并暗示这一税收并非仅仅出于经济考量,而是出于民族主义中的反美情绪。② 11 月 22 日,立宪派对这一系列指责的回复则更加耐人寻味。墨西哥方面直言税收并非是经济民族主义诉求的产物,而是政府出于财政紧张而不得不采取的临时措施。但同时,它也强调了这一政策是对迪亚斯时代过低税率的一种合理调整,因为即使在调整之后,石油公司所需缴纳的税款依旧远远低于美国本土。③

围绕石油税收问题,双方争议的核心并不在税赋多少本身。20 美分每

---

① Óscar Sánchez Rangel, "Propiedad Extranjera y Minería en México: El Proyecto de Ley Minera de 1908," *Estudios de Historia Moderna y Contemporánea de México*, Vol. 55, 2018, p. 134.

② "The American Ambassador to the Minister for Foreign Affairs," September 15, 1912, *Foreign Relations of the United States* (*FRUS*), 1912 (Washington, D. C.: United States Government Publishing Office, 1920), p. 845.

③ "The Mexican Minister for Foreign Affairs to the American Chargé D'affaires," November 27, 1912, *FRUS*, 1912, p. 877.

吨的印花税看似从无到有，但也正如墨西哥方面的辩解，实际上并未对石油公司的利润空间造成太多挤压。让美国方面真正感到不安的，是革命政权及墨西哥革命背后的民族主义底色。1915 年之前，石油产区依照 1901 年《石油法》免征印花税。同时，随产区面积阶梯上浮的采矿财产税，每月最高仅需缴纳 8 墨西哥金比索。① 即便如此，墨西哥政府方面长期以来并未掌握石油产量的具体数据，所以这一税收实际上一直是依凭石油公司的一面之词。② 墨西哥总统弗朗西斯科·马德罗（Francisco Madero，1911 年 11 月 6 日至 1913 年 2 月 19 日在任）的确曾经尝试命令石油公司申报其财产的价值，并提供开采石油的记录。他命令发展和工业部掌握墨西哥石油产业的流水，并以此关联税收数量，但这遭到了石油公司的一致拒绝，并使美国政府产生了敌意。③ 临时的税收抽成或许可以容忍，但制度化的监控显然超越了这一范畴。在这一视角下，任何试图为美国公司"套上缰绳"的行为都触动着美方敏感的神经。20 美分每吨的石油印花税虽然仍堪称低廉，却可能成为墨西哥革命政权投石问路的石子。如果美方不及时加以阻拦，等来的或许是"变本加厉"。

美国人的担心不无道理，因为支持石油国有化的声音从革命萌动伊始就从未减弱。④ 事实上，对于美方而言，此时更为紧要的问题不是革命的诉求，而是革命打破迪亚斯的一元化支配体制所带来的秩序崩解。⑤ 20 美分每吨的石油印花税只是一个缩影，更有甚者，直接以债务摊派、强制捐纳等

---

① "Special Agent Silliman to the Secretary of State, Memorandum on Mining-Taxes," September 18, 1915, *FRUS*, 1915, p. 946. 税款征收以"开发单元"（pertenencias，合 1 公顷）为单位，实行累进税率，以 10 个开发单元为基础，最高一档为 50 个开发单元以上。这一税收实际上是地税的一种特殊形式，而非一般意义上对石油开采及产出征收的税款。值得注意的是，即使是在迪亚斯时代，政府已具有扼制大型产区垄断的倾向，但由于其税收数量过少，所以并未起到明显效果。此外，1915 年卡兰萨政府的改革实际上是大幅提高了税额，但并非改变征收形式。

② "Vice Consul Bevan to the Secretary of State," February 21, 1915, *FRUS*, 1915, pp. 884-885.

③ Cárdenas Gracia, Jaime Fernando, *En Defensa del Petróleo*, p. 16.

④ "American Ambassador to the Secretary of State," January 23, 1912, *FRUS*, 1912, p. 714.

⑤ "The American Chargé D'affaires to the Secretary of State," October 23, 1912, *FRUS*, 1912, p. 861.

方式威胁美国在墨矿业企业。① 随着革命动荡带来经济萧条，其间登场的各股势力都在寻求稳定的财政来源。无论是石油产业还是其他把持在外国资本手中的矿业开采部门，都如同墨西哥政治变革中一块块相对稳定的孤岛。迪亚斯时代的自由放任政策造成了这些"经济飞地"的存在，而在推翻迪亚斯的革命中，不受墨西哥市场凋敝影响的外国资本是可供革命者利用的现成资源。只要进出口通道以及产区运转保持顺畅，战火与政权更迭并不能真正撼动这些外国资本带来的矿业繁荣。

在1911—1921年的革命动荡中，墨西哥石油产业迎来了空前的繁荣发展。石油产值以每年至少43%的速度稳步增长，从1911年的20万金比索增加到1920年的5.168亿金比索，占墨西哥出口总额的60.4%。同时，仅有6%的石油及其衍生品消费于墨西哥国内市场。② 石油及其出口收入是相对稳定且可靠的财政收入来源，而稳定的利源正是动荡中的墨西哥所稀缺之物。③ 如何更为有效地利用迪亚斯的政治经济遗产，同时不惹来美国资本的撤出及美国政府的干预，这是新生革命政权面临的重要命题，也让石油产业既"置身事外"又"卷涉其中"。

面对美国人的质询，墨西哥革命政府显然是急于撇清当下政策与革命意识形态之间存在的紧密关系，而将石油产区在革命中受到的冲击归咎于政权更迭状况下的混乱。关于征税问题，墨西哥方面的答复则力图将其影响局限于经济领域，避免相关的政治与意识形态化解读。④ "20美分税"这一形式本身就带有极强的临时意味，进一步表明了革命政府方面的谨慎态度。面对混乱的国内局势，革命政府在表达遗憾的同时，豁免了被地方武装强制摊派贷款的企业的税金，这被认为是一种主动的善意释放。不仅如

---

① "The American Ambassador to the Secretary of State," January 18, 1913, *FRUS*, 1913, pp. 888-889.

② Leopoldo Solís, "La Evolución Económica de México a Partir de la Revolución de 1910," *Demografía y Economía*, Vol. 3, No. 1, 1969, p. 2.

③ Francisco Iván Méndez Lara, "Génesis y Primeros Años de la Secretaría de Industria, Comercio y Trabajo en México (1917-1920)," *Eseripta*, Vol. 2, No. 4, 2020, p. 170.

④ "The American Chargé D'affaires to the Secretary of State," November 27, 1912, *FRUS*, 1912, p. 877.

此，革命政权还暗示当下的动荡才是美国资本的大敌。革命政府或许不会和迪亚斯一样对外国资本放任自流，但也会对外国投资者尤其是美国投资者抱有亲善的态度和保护的义务。① 换言之，美国政府不必对"革命"过度敏感，石油产业交出的 20 美分仅仅是为自身的发展与繁荣"购买未来"。

1913 年初，美墨双方的政局都已发生变化，这让石油问题重新被摆上了谈判桌。3 月 4 日，伍德罗·威尔逊（Woodrow Wilson）取代威廉·塔夫脱（William Taft）就任美国第 28 任总统，前者也以"威尔逊主义"为人所记住。同年 2 月，墨西哥总统弗朗西斯科·马德罗在政变中遇刺身亡，取代他的是想要成为"第二个迪亚斯"的将军维克托里亚诺·韦尔塔（Victoriano Huerta）和四处点起反叛之火的立宪派。② 早在年初两派争夺伊始，石油产区及其税收就成为双方对抗的议题之一。3 月 13 日索诺拉州代理州长发布第一号法令，③ 其中第 20 条规定所有矿业税收必须认缴至立宪派政府处，否则将被没收全部资产。韦尔塔方面也针锋相对，但双方真正的争夺还是在战场上。控制了石油产区才有相应的税收能力，法令中的规定对于战争双方只是结果而非原因。但对于美方而言，这的确造成了困扰——不仅是对石油公司，美国政府也不得不作出权衡。④ 向谁交税？不交抑或是交两份税？考虑到财政对战争的微妙影响，这不仅是一个行政与经济问题，也是一个外交和政治问题。

美国方面在石油问题上的决策原则实际上并无太大改变，归结起来无外乎以下两点。

其一，是在战争中保护美国石油公司的财产及雇员的人身安全，保障基本的生产和出口秩序如常。美方试图将石油产区从墨西哥的混乱局势中

---

① "The Mexican Minister for Foreign Affairs to the American Chargé D'affaires," November 27, 1912, *FRUS*, 1912, p. 878.

② "Cartas del General Jesús Carranza, Fechadas en los Estados de Coahuila y Tamaulipas, Informando a don Venustiano Carranza de Asuntos de Interés Político y Movimiento de Fuerzas," *Documentos Históricos de la Revolución Mexicana: Revolución y Régimen Constitucionalista（DHRM Ⅰ）*（Ciudad de México: Fondo de Cultura Económica）, A. I. F., F9-35-18, 54, p. 134. 各路反对派逐渐合流。

③ "Confiscatory Taxation of American Citizens (Note)," March 13, 1913, *FRUS*, 1913, p. 731.

④ "Vice Consul Bowman to the Secretary of State," April 12, 1913, *FRUS*, 1913, p. 732.

解脱出来，在交战各派之间将石油产区打造成"中立岛"。① 对于这一点而言，只要石油还在顺利生产出口，美国政府就可以暂时"容忍"墨西哥革命各方对石油产区财富的"觊觎"。石油产区的稳定财富使它成为各方争夺的对象，但也正因如此，石油产区可能在混战中保持某种稳定，因为杀鸡取卵反而得不偿失。美国外交部门在声明中的确也尝试向墨西哥各派表达这一态度：一个在战火中稳定而繁荣的石油矿区对各方来说都是利好的。②

其二，美国政府对墨西哥经济民族主义始终抱有敏感和警惕态度。但如果民族主义不可阻挡，那么一个尊重普世价值和法律原则的政府显然要好于一个独裁者的政府。这其中诚然有伍德罗·威尔逊个人政治偏好的影响③——他撤换了亲独裁政权、反对马德罗的驻墨大使亨利·莱恩·威尔逊④——但更为重要的是，美方认识到革命点燃的民族主义情绪已然如火如荼。从韦拉克鲁斯事件⑤中可见，韦尔塔对美国的敌视一点不比立宪派少，⑥在石油问题上更是试图联英制美。同时，无论是对于独裁者还是立宪派，石油产区都是可资利用的税收来源，他们不可能对其完全忽视。

1914年伊始，两个政府、两份税收造成的问题始终笼罩着整个石油产区。美方面临的问题不仅仅是经济的也是政治的。但对于立足未稳的墨西哥立宪派而言，经济考虑显然更为明显。双方的争议主要围绕两个焦点展

---

① "The Secretary of State to Consul Miller," April 9, 1914, FRUS, 1914, pp. 669-670.

② "The Secretary of State to Special Agent Carothers," April 28, 1914, FRUS, 1914, pp. 691-692.

③ "Carta del Señor J. F. Sepúlveda, a don Venustiano Carranza, Informándole de su Plática con el Coronel J. A. Robertson, Comisionado del Secretario Bryan, Relativa al Dominio del Ejército Constitucionalista en el país y Contestación de don Venustiano Carranza a Dicha Carta," DHRM I, A. I. F., 105-6, Mayo 31, 1913, p. 89.

④ "Solicitor Folk to the Secretary of State," January 31, 1914, FRUS, 1914, p. 447.

⑤ 1914年4月9日，美国轮船"海豚"号的水手在墨西哥东海岸韦拉克鲁斯州（Veracruz）港口城市韦拉克鲁斯（Veracruz）的一个禁区上岸后被墨西哥政府扣留。美国总统威尔逊为此要求墨西哥政府道歉，在墨西哥总统韦尔塔予以拒绝后，威尔逊派美国海军舰队驶入墨西哥湾，占领韦拉克鲁斯市，并向墨西哥反政府军队输送武器。1914年7月，韦尔塔在以贝努斯蒂亚诺·卡兰萨（Venustiano Carranza）为首的立宪派武装的进攻下被迫下台。

⑥ "Chargé O'Shaughnessy to the Secretary of State," April 14, 1914, FRUS, 1914, pp. 461-462.

开。其一,美国商人是否需要再次上缴每月最高 8 金比索的采矿财产税。① 造成这一问题的核心原因在于石油矿主习惯每三年上缴一次税款,这就使得刚刚控制石油产区的立宪派无税可征。② 其二,美国商人纠结的并不仅仅是采矿财产税这一低廉的税收,而且担心一旦认缴此税,就相当于承认了之前向韦尔塔缴纳的所有税款都要重新支付。虽然立宪派方面暂时并未提出这种要求,但经过评估,这些税款可能会抵消 16% 的利润收益。③ 而且,这也意味着石油生产者默认了立宪派政权的合法支配地位。美方仍在犹豫,美国领事馆一方面不断向立宪派政府转达美国商人的抗议,另一方面默认了其征税行为,不仅没有以强力手段进行干预,反而不断借机和立宪派接触。④ 在此,美方将税收问题看作一枚投石问路的石子,试探立宪派政府对美国的态度。

1914 年 5 月 2 日,立宪派政府主动致信,宣称将尽己所能地保护控制区内的外国人的人身及财产安全,并将尽快谋求和当地石油公司合作,恢复生产秩序与石油出口。⑤ 美国方面欣然看到此种善意举动,但还是顾忌局势动荡,因此命令海军舰队在近海加以策应,伺机将美国技术人员送回坦皮科(Tampico)的石油产区。⑥ 5 月 5 日,立宪派彻底控制石油产区,⑦ 贝努斯蒂亚诺·卡兰萨(Venustiano Carranza,1914 年 8 月 14 日至 1920 年 5 月 21 日任总统)再次确认立宪派军队将保护石油产区的正常运转。在韦尔塔军队仍威胁毗邻地区之时,美方选择迅速遣使与卡兰萨方面建立直接联

---

① "Consul Letcher to the Secretary of State," May 14, 1914, *FRUS*, 1914, pp. 739-740.

② "Vice Consul Bowman to the Secretary of State," April 12, 1913, *FRUS*, 1913, pp. 732-733.

③ "Consul Letcher to the Secretary of State," May 14, 1914, *FRUS*, 1914, pp. 739-740.

④ "Consul Letcher to General Carranza, Consul Letcher to the Secretary of State," May 29, 1914, *FRUS*, 1914, p. 741.

⑤ "The British Ambassador to the Secretary of State," May 2, 1914, *FRUS*, 1914, p. 697.

⑥ "The Secretary of State to Special Agent Carothers," May 8, 1914, *FRUS*, 1914, p. 700.

⑦ "Memorándum del Cuartel General de las Fuerzas Expedicionarias de los Estados Unidos, Formulado para Fines de Información Military," *Documentos Históricos de la Revolución Mexicana*: *Revolución y Régimen Constitucionalista* Ⅱ: *La Intervención Norteamericana en Veracruz* (*DHRM* Ⅱ) (Ciudad de México: Fondo de Cultura Económica), A. I. F., F9, 47, p. 137.

系。① 到同月 29 日，卡兰萨将军就石油税收问题正式回复美方，决定着手退还美国企业重复缴纳的税款。② 美国方面则在 6 月 15 日投桃报李，以建议的形式通知在墨美国石油企业缴纳生产税，并称这是在为他们未来可能的利益投资。③ 双方就此各退一步，保持着相当的默契。短短一个月内，石油产区新的稳定秩序呼之欲出，这无疑对双方来说都是一个足够令人满意的临时解决方案。

至此，在石油问题上华盛顿与墨西哥立宪派在近三年的相互试探后达成了暂时的一致，也形塑出石油产业在墨西哥革命中的基本情态。无论是迪亚斯、立宪派还是后来的韦尔塔，一旦开战，政权的财政基础显然都难以依仗墨西哥脆弱的社会经济。控制作为迪亚斯时代主要利源的出口部门势在必行，④ 迪亚斯的"遗产"也由此成为反对连选连任和建立新秩序的资本。其间，立宪派不断试探美国的利益底线，意图在政治混乱中扩大自身的财政基础以夺得政权。因此，他们一直避免在有关石油问题的外交交涉中使用革命的意识形态表述，而是将自己塑造成美国商人的保护者和美国政府的朋友。石油产区的归属与利润分配被定义为一个利益问题而非原则问题。立宪派希望将石油产业暂时置于革命大潮之外，同时又将其作为革命的动力之一。对于美方而言，一方面，革命一旦开始，石油产业必然受到冲击而"卷涉其中"。因此，如何使其"置身事外"成为美方主要的决策命题。另一方面，美方以石油生产及出口秩序稳定为目标，也不断试图使石油产业"卷涉其中"——以财政问题掣肘各方，⑤ 将石油产区及其税收变

---

① "The Secretary of State to Special Agent Carothers," May 14, 1914, *FRUS*, 1914, p. 703.
② "Consul Letcher to the Secretary of State," May 29, 1914, *FRUS*, 1914, pp. 740-741.
③ "The Secretary of State to Consul Miller," June 15, 1914, *FRUS*, 1914, p. 749.
④ "Artículos Publicados en El Renovador: La Revolución es la Revolución, Licenciado Blas Urrea (Licenciado Luis Cabrera)," *DHRM* I, A. I. F., F9, pp. 90-91.
⑤ "Informe Rendido por el Señor F. González Gante, Agente Confidencial del Gobierno Constitucionalista en Washington, D. C., Sobre sus Gestiones para Impedir un Préstamo al Gobierno de Huerta, y del Viaje del Licenciado José Vasconcelos a Nueva York y Londres para Trabajar con el Mismo Fin," *DHRM* I, A. I. F., F9-7-V, 23, p. 56. 对于立宪派而言是税收问题，对于韦尔塔则主要是向纽约财团的借款问题。

成内战胜利者和外资保护人的奖赏——因为即使牺牲一定的暂时利益也无伤大雅。

在石油产业既"置身事外"又"卷涉其中"的背景下，石油出口的丰厚利润产生了一体两面的效果。一方面，矿区不可避免地成了革命中各方争夺的目标，也让石油产区成为"风暴眼"——革命中各方势力皆围绕其"转动"，但石油生产本身却秩序如常。由此，在1912—1914年，墨西哥各派和美国资本在石油生产与出口上的共同利益催生出石油产区的利益分配结构，使其在政权更迭的混乱中保持着相对的稳定。另一方面，这种暂时的稳定背后却存在着某种即将按捺不住的潜流。"革命"作为政治秩序崩解的一种形态，其殊异于一般的武装叛乱和内战，而正是这种差别，将打破基于共同经济与政治利益的稳定，也昭示着石油国有化如何从设想成为现实。

三、通往宪法第 27 条之路（1914—1917）

1914年8月3日，石油主产区韦拉克鲁斯州（Veracruz）的州长兼军事长官坎迪多·阿吉拉尔（Cándido Aguilar）颁布了第634号租售条令，意在贯彻革命诉求——体现为卡兰萨提出的反对韦尔塔的"瓜达卢佩计划"（Plan de Guadalupe）[①]——重构整个石油开发工作的秩序。[②] 条令首先指出石油产区长久以来以不合理的低价进行租售，但墨西哥政府有权代表人民收回自己的国家财富。不仅如此，条令还强调要进一步从石油产业中获得财政收入。阿吉拉尔要求整个石油产区的外国商人重新向墨西哥立宪派政府提交开发特许权申请，前政府签发的所有特许权令状均为无效。

对于美方而言，这份条令对其在石油问题上的战略意图构成了三重否定：刚刚达成的战略共识与默认的利益分配秩序旋即无效，石油产区的未来也重归动荡。虽然这份语气强烈的条令不太可能威胁到美国投资者的人

[①] 1913年3月26日卡兰萨提出"瓜达卢佩计划"，号召推翻韦尔塔，恢复立宪政府。

[②] "Decree of General Candido Aguilar," August 27, 1914, *FRUS*, 1914, p. 713.

身自由，但他们在墨的资产未来难称安全。与当下的利益受损相比，更令美方感到不安的是条令中体现出的民族主义情绪与反美倾向。这份条令给出的理由不再是革命政权短期的财政紧缺，而是为了推动与实现革命诉求。① 这不仅一反之前立宪派交涉中体现出的态度，也构成了石油国有化问题的一个重要节点——石油产业的所有权和税收问题不仅是革命政权赖以生存的经济问题，而且将是政权合法性问题的一部分。至此，"革命"作为一种现实秩序与意识形态的重构，在历时近四年的对抗与交涉后浮出水面。② 墨西哥石油产业旧日的分利秩序随之逐渐土崩瓦解。

一石激起千层浪，美国方面迅速作出反应，指派领事馆抗议法令对美国在墨利益的侵害。美方试图使这份法令不具有追溯效力，以保护美国企业的既有利益。③ 但阿吉拉尔给出的答复相当含混：一方面，他强调旧政权的所有法律和政治交易在当下都不再具有效力，强烈暗示新法令具有追溯力；另一方面，他又避免以书面形式表达这一意图，并将解释权和相应的麻烦推回给墨西哥中央政府，仅仅表示将在促进社会公义的同时保障美方利益。④

墨西哥方面的态度体现了反韦尔塔各方内部的分裂和立宪派作为一个整体的两难。诸如潘乔·比利亚（Pancho Villa）和埃米利阿诺·萨帕塔（Emiliano Zapata）这样的革命者，只是因为存在共同的敌人才和立宪派身处统一战线，⑤ 一旦共同的敌人渐趋消失，分歧与冲突就会浮出水面。9月

---

① "Decree of General Candido Aguilar," August 27, 1914, *FRUS*, 1914, p. 712.

② "Adiciones al Plan de Guadalupe y Decretos Dictados Conforme a las Mismas," *DHRM* I, Art. 2, Veracruz, El Oficial Mayor, Adolfo de la Huerta, Diciembre 12 de 1914, p. 550. 该法令指出："革命的第一负责人和行政权力的负责人将在斗争中颁布并实施所有旨在满足国家经济、社会和政治需要的法律、规定和措施。政府将响应公众舆论的要求进行改革，这些改革对于建立一个保证墨西哥人之间平等的制度是必不可少的。"

③ "Vice Consul Bevan to Governor Candido Aguilar," September 11, 1914, *FRUS*, 1914, pp. 714–715.

④ "Governor Candido Aguilar to Vice Consul Bevan," October 13, 1914, *FRUS*, 1914, p. 716.

⑤ "Instrucciones Giradas Por el Licenciado Isidro Fabela, al Señor Carpio, Redactor de El Pueblo, Para Desmentir las Aseveraciones Hechas por el General Eulalio Gutiérrez," *DHRM* II, A. I. F., F9-3, 88, 12 de Noviembre de 1914, pp. 223–224. 如果革命各派的对美态度是一个光谱，那么萨帕塔和比利亚分别在亲善和反对的两端。

19日，比利亚派兵向石油产区强制征收摊派税金，并征用了本属于石油公司的交通工具。① 美国石油企业不得不在1914年底面临和年初一样的窘境。然而，此时立宪派的态度却已不似年初时那么温和。随着双方冲突的公开化，石油产区不得不面临新一轮的"财税勒索"，"两个政府，两种税收"的问题似乎再次浮现。② 不过，这不是石油公司最为恐惧的麻烦——毕竟，如果一切照旧，前述的分利秩序可以重新达成，石油产业也可以继续"置身事外"又"卷涉其中"。

立宪派自身在"瓜达卢佩计划"的大旗下反对韦尔塔的独裁统治，但就如何落实"瓜达卢佩计划"的主张，派系内部显然也存在不同的理解。卡兰萨和阿吉拉尔都秉持着某种实用主义的态度，这使得石油产区得到暂时的平静，也促进了反韦尔塔斗争的迅猛发展。但是，卡兰萨在战场上的成功却使得他不得不受到两个方面的挤压。一方面是现实的财政问题，焦点仍然围绕着如何在不惹来美国干涉的前提下将自身在石油产区的利益最大化。③ 这必然伴随着一系列缓慢而耐心的试探，正如卡兰萨在生产税上的实践。但这种试探显然受到财政问题本身紧迫程度的困扰，也会给国内激进派落下攻击自己的口实，所以此时的立宪派必须更进一步。另一方面，石油产业像一根导线，把革命政府在墨西哥国界线内哪怕最微小的政策试探都传导放大为国际问题与外交争端。在石油问题上，每前探一步都伴随着相当大的外部政治风险，这种政策上的挤压和投鼠忌器造成了阿吉拉尔暧昧的声明和含糊的反应。

在比利亚派兵进入石油产区的同日，卡兰萨政府颁布了旨在重新清查国内税务与资产的法令。④ 法令第5条特别规定，资产所有者需要在一个月内自己评估和上报所据有资产的全部情况并等待核查。此外，第10条规定逾期或隐瞒不报、估算有误者都将被处以5%的罚款，并将直接交由政府委

---

① "Vice Consul Bevan to the Secretary of State," December 12, 1914, *FRUS*, 1914, pp. 718-719.

② Ibid. 这一问题在下半年成为现实。

③ "Memorándum del Cuartel General de las Expedicionarias de los Estados Unidos, Formulado para Fines de Información, Militar," *DHRM* Ⅱ, A. I. F., F9-19-Ⅱ, 47, 5 de Junio de 1914, p. 134.

④ "Vice Consul Bevan to the Secretary of State," February 21, 1915, *FRUS*, 1915, p. 885.

员会评估资产数额。第6条又规定，墨西哥政府有权征收企业财产，并且只需按照评估价格给予补偿。消息一出就引发了在墨外国石油企业的强烈反应，因为石油矿区的土地大多是以农地价格购入，而在未开采石油前很难评估企业财产的具体数额。① 这无疑给政府委员会一个现成的口实，即如果石油企业在自己评估资产时把估价定得太低，它们就有可能被政府征用；如果高估资产价值，就不得不冒着亏本的风险多缴纳税款。在石油企业看来，这三条法令构成了一个完美的陷阱链条，墨西哥立宪派政府此时正磨刀霍霍，随时准备以法律的名义侵吞自己的财产。②

石油资本所看到的问题是政策结构的"已然"，过去几十年间的宽松政策已然形成了一种生态。政策的宽简不再被视为一种政治恩惠，而是墨西哥产业环境下的传统。墨西哥政府殖产兴业，吸引外国投资者，然而数十年后，外国投资者更像是石油产业的主人，政府则看起来像是贪得无厌的外国包税者，试图摧毁过去延绵数十年的繁荣与增长。革命只是驱逐了迪亚斯，但并没有摧毁石油产业的既有形态。

1912—1914年围绕税收问题的讨价还价更是给石油企业留下了这样的印象：革命者与迪亚斯对石油产业的态度是相似的，他们只是想拿走得更多而已。③ 然而，石油企业主们没有意识到，革命政权面对的是政策结构的"未然"，其需要在不威胁自身存续的条件下将革命纲领转化为政府政策。④ 在建立新秩序之前，革命者需要先处理旧秩序。他们的政策空间较旧秩序的制造者更为狭小，所以在局势未定之时，每一步微小的试探都伴随着极大的政治与经济风险，这才有了石油产业既"置身事外"又"卷涉其中"的特殊情态。但此时立宪派在战场上已然得势，其唯一担心的是美国政府在外交上的压力。故而，立宪派选择收紧政策，主动压迫长期处于宽松环境下的石油产业。9月19日的法令就像一个逐渐收缩的绳套，每一次收缩

---

① "Vice Consul Bevan to the Secretary of State," February 21, 1915, *FRUS*, 1915, p.884.

② "The Secretary of State to Vice Consul Bevan," March 5, 1915, *FRUS*, 1915, p.886.

③ "Vice Consul Bevan to the Secretary of State," November 5, 1914, *FRUS*, 1914, p.718.

④ "Adiciones al Plan de Guadalupe y Decretos Dictados Conforme a las Mismas," *DHRM* I, Art. 2, Veracruz, El Oficial Mayor, Adolfo de la Huerta, Diciembre 12 de 1914, p.597.

都不足以引起美国政府的直接干涉,却会让石油企业逐渐感到窒息。在一个可以预见的结局下,美国资本无外乎两种选择:要么看着墨西哥立宪派政府按部就班地给自己戴上枷锁,要么选择在手头尚有财力而卡兰萨立足未稳之时尝试推翻立宪派,培植自己的"朋友"。如果局势归于平静,美国资本就会再制造冲突使立宪派就范。

11月10日,心怀不满的曼努埃尔·佩莱兹 (Manuel Peláez) 在石油企业的支持下宣布脱离立宪派,反对卡兰萨政府。① 不过,石油公司的反应却正中立宪派的下怀,进一步地解放了他们的政策空间。石油国有化愿景长期受困于师出无名,只能以税收和资产清点掩盖慢慢收束的管制政策。此时,立宪派终于有足够的口实介入墨西哥石油产业,他们试图利用石油产业再次"置身事外"的努力,反而使其更深地"卷涉其中"。

1915年1月7日,卡兰萨单方面要求所有石油企业即刻停产并接受墨西哥方面指派的技术人员进行调查。② 这一法令基于两点理由:一是石油企业长期拒绝向墨西哥政府提供自身开采、转运及出口的数据;二是有证据表明外国石油公司趁墨西哥局势动荡之际超量开采石油。其中第二点更值得注意,因为革命后虽然存在税收和特许权争议,但石油产业管理的框架仍旧基本参照迪亚斯于1909年颁布的石油法,而立宪派政府已经决心重新修订石油法律法规,以完善监管。外国企业不断扩张的勘测和开采极有可能引发有关法律追溯力的国际争端,会给正在修订的石油法带来不便。③ 1月7日的法令意味着围绕石油问题的争端不再仅仅是原有体系内的利益分配问题,而是一个新的体系正在酝酿。对于墨西哥石油产业而言,"革命"的时刻正在不可避免地逐渐逼近。

当美国政府递交抗议时,墨西哥方面则直截了当地指出:美国石油公

---

① Cárdenas Gracia, Jaime Fernando, *En Defensa del Petróleo*, p. 19.

② "Legislación Sobre Petróleo, Núm. 3 de El Constitucionalista," *Documentos Históricos de la Revolución Mexicana: Revolución y Régimen Constitucionalista* Ⅳ: *El Plan de Guadalupe* (*DHRM* Ⅳ) (Ciudad de México: Fondo de Cultura Económica), en el Núm. 5 de El Constitucionalista, el 9 de enero de 1915, pp. 155-156.

③ "Vice Consul Bevan to the Secretary of State," January 22, 1915, *FRUS*, 1915, pp. 875-876.

司从 1914 年 11 月起就一直在支持地方分离武装，企图颠覆立宪派政府。墨西哥方面虽然依仗石油税收，但也难以容忍此种近乎公然的举动，停产并接受调查是这些石油公司做出此种敌意行为的直接代价。① 1 月 17 日，立宪派政府的常驻代表又表示 1 月 7 日的法令仅仅是为新石油法的出台做铺垫，并不构成试图征用美国石油公司财产的威胁。② 此外，墨西哥方面还表示获取石油产区的开采数据和地质勘探报告仅仅是为了方便管理使用，试图借此安抚美国资本。美方则意识到，这一举动有可能是在为墨西哥政府直接介入石油开发做准备。③ 3 月 15 日，墨西哥石油技术委员会正式成立，拟对全国石油产业的开采和出口情况进行全面清点，也试图厘清石油产业税收与政府财政的关系。④ 对于美方而言，与石油税等"疥癣之疾"相比，这预示着一个更为可怖的前景——石油国有化将完全摧毁美国在墨的石油产业。

石油企业以自身资产的"已然"为筹码，立宪派则以加诸其上的"未然"政策为筹码，双方形势在此彻底翻转。一方面，此时石油企业的选择并不多，既有的分利秩序过去束缚着立宪派的行动，现在同样的镣铐戴在了美国人手上。美方支持的反革命叛乱并没有起到预想中立竿见影的效果，反而解放了立宪派的政策空间，而石油产业的既有投资和丰富利润使得美方完全撤出资本仅仅存在理论上的可能。⑤ 另一方面，立宪派仍需仰仗石油产业的税收，但他们不再需要和其他人竞争"保护者"的角色。墨西哥方面或许没有使得国有化即刻实行的能力，但其已经掌握了创制议程的主动权。到 1915 年底，双方主要的争议已经不再围绕税收展开，政府的管制与资产调查成为问题的核心。11 月 5 日，与 1 月 7 日卡兰萨颁布的法令相呼应，墨西哥矿业与石油司发布第 11 号通告，要求石油公司在两个月内不仅

---

① "Consul Canada to the Secretary of State," February 20, 1915, FRUS, 1915, p. 883.

② "The Confidential Agent of the Constitutionalist Government to the Secretary of State," January 17, 1915, FRUS, 1915, p. 875.

③ "Vice Consul Bevan to the Secretary of State," February 6, 1915, FRUS, 1915, pp. 876-877.

④ "Comisión Técnica del Petróleo, Al C. Subsecretario de Fomento, Encargado del Despacho," DHRM Ⅳ, Número 16 de El Constitucionalista, en la H. Veracruz, Ver., el 26 de Marzo de 1915, p. 174.

⑤ "Mr. Harold McLeod Cobb to Vice Consul Coen," April 8, 1915, FRUS, 1915, p. 898.

要上报石油开采、勘探及转运的具体信息，还要同时将公司资产、股权结构和雇员信息申报给墨西哥方面。通告明确提出，逾期未完成的企业，其财产和开发权益都将被视为违法所得而被墨西哥政府没收。与年初相比，墨西哥方面再次明确了政府对石油开采的监督权，同时也将公司本身的经营及资产情况纳入政府的监控之下。

1916年1月15日，阿吉拉尔颁布了矿业条例的追加条款，① 其中有两点为人关注：其一是宣布冻结所有石油产区的私人土地交易，并将土地买卖置于所在州政府的监管之下。这使得石油公司难以通过资产转移的方式摆脱固定资产申报。其二是更令石油公司难以接受的法令第11条，其规定所有在墨涉及不动产权利的外国投资者，无论其国籍或出身如何，均和墨西哥人一样对待，并且无权要求外交、领事官员和其他国家政府向其提供保护或帮助。1月19日，一则流言使得局势更为混乱。② 美方收到消息，据称墨西哥方面试图颁布拟将石油产业国有化的法律。墨西哥方面则回应称这样的说法完全是空穴来风，甚至展示了刚刚和美国公司签署的坦皮科地区的石油管线合同。卡兰萨也亲自向美方外交人员解释，墨西哥方面仅仅试图规范石油开发秩序，同时也督促有序开发和基础设施建设，毕竟一个繁荣的石油产业对双方都是利好。然而，2月28日墨西哥方面又再次发布法令，重申在新石油法出台之前停止所有新钻探和开采活动。③

墨西哥方面自相矛盾的说法似乎反映出立宪派此时的踌躇和徘徊。已经颁布的法令构成了一种试探，而随后的解释则收束政策的溢出效应，缓解来自美国政府方面的责难。这与此前立宪派既有的政策节奏并无二致，但政策本身透露出的意图却是真切的。从勘测开发数据到财产资本构成，

---

① "Decreto del Gobierno del Estado de Veracruz, de 15 de Enero de 1916, Sobre la Enajenación y Arrendamiento de Terrenos," *Codificación Petrolera: Leyes, Circulares, Disposiciones, Acuerdos, Reglamentos y Aclaraciones Dictadas Desde el Año de 1887 a 1920 en Materia de Petróleo*, Gobierno Constitucionalista del Estado Libre y Soberano de Veracruz-Llave, Sección de Gobernación, Decreto Número 9, p. 75.

② "The Secretary of State to Special Agent Silliman," January 19, 1916, *FRUS*, 1916, p. 753.

③ "Copy of a Telegram Purporting to Be Decree Issued by Order of the First Chief of the Constitutionalist Army, in Charge of the Executive Power of the Nation, Sent from Guadalajara," February 28, 1916, *FRUS*, 1916, p. 764.

再到迪亚斯时代留下的"顽疾"——土地所有权问题，卡兰萨一方面不断收束对石油产业的监管，越发细密地压迫石油产业的核心利益，另一方面又通过引而不发，使石油公司始终抱持着可以讨价还价的侥幸，从而减少来自美国方面的外交压力。

6月26日，美国石油公司致函美国国务卿，表示目前墨西哥方面虽然已经颁布相关法令，但并没有任何实际行动。① 美国政府也无意使局势升级，仅仅声明墨西哥方面的法律并不能斩断美国公民合法的寻求母国庇护的权利。② 然而，8月15日卡兰萨卷土重来，在第81号声明中重新确认外国投资者一旦获取墨西哥境内的矿产和土地所有权，即默认自身将以墨西哥公民的身份适用财产和法律关系，否则必须放弃此前已经拥有并被确认为合法的资产。③ 与此同时，墨西哥政府也明确自身有权为公共利益收回国民所拥有的矿山和土地资产。这不可避免地引发了石油公司和美国政府的新一轮抗议。1916年12月初，在于克雷塔罗（Queretaro）召开的制宪会议紧锣密鼓地筹备墨西哥新宪法的同时，美墨双方依旧为了国民待遇、资产清查和税金问题争论不休。一方面，墨西哥政府的旧政策从未真正落地，新政策却鱼贯而来，并且每一次都更为严苛。另一方面，石油公司在事实上看似成功地抵抗着立宪派政府的企图，而美国政府也乐见墨西哥方面的政策努力仅仅限于纸上谈兵。

使石油国有化成为现实，显然不是一朝一夕就可以真正实现的问题，所以立宪派也有足够的耐心。如果石油公司拒绝接受墨西哥政府的要求，那么就意味着征收其资产有了合法的理由；如果石油公司顺从，也只不过是放缓了石油国有化的节奏，对大局实际上无关紧要。对于墨西哥方面而

---

① "The Oil Fields of Mexico Company to the Secretary of State," June 26, 1916, *FRUS*, 1916, p. 767.

② "Special Representative Rodgers to the Secretary of State," August 10, 1916, *FRUS*, 1916, p. 773.

③ "Circular de la Secretaría de Fomento, de 15 de Agosto de 1916, Quedarán Considerados Como Mexicanos, los Extranjeros que Adquieran Toda Clase de Bienes Raíces en la Republica," *Codificación Petrolera*, p. 86.

言，无论石油公司是否遵从卡兰萨的指示，只要美国方面不进行直接的政治和军事干涉，石油国有化依照此路径实现仅仅是时间问题。此时立宪派仍然忌惮石油产业的完全崩溃——这将给自身的财政和国际声誉带来灾难性的影响，所以卡兰萨才一次次地推延相关政策的最后期限。① 但虚晃一枪并不意味着没有实际效果。在法律条文上毕其功于一役引起的阻力和风险过大，所以立宪派方面将其拆解，变成在试探中逐渐形成的政策序列。正是通过这些未被完全实际落实的法令，墨西哥宪法第 27 条的法律基础得以层叠、渐进地累积形成。在财政现实、外部干涉与革命诉求形成的夹缝中，卡兰萨政府的决策目的并不在于使法律发挥立竿见影的成效，而是要使美方适应宪法第 27 条及其诉求，以便光明正大地存在于墨西哥的政治空间中。1914—1916 年，这种明修栈道、暗度陈仓式的政策逐渐拼凑出墨西哥石油国有化的具体政策，并在不影响政权存续的前提下使相关议程得以脱敏。一旦这一愿景被白纸黑字地载入宪法，问题就变成了它将在何时以及如何实现，而非它是否应当实现。

1917 年 1 月 6 日，卡兰萨宣布将外国投资者放弃母国外交庇护权利的最后期限延长至 4 月 15 日，墨西哥政府的努力看似又一次遭到挫败。② 1 月 27 日，墨西哥工业和发展部关于石油国有化法令的宪法修正案草案从制宪会议中流出，引发美墨之间的新一轮交涉。③ 这似乎又是一次试探和收缩的周期性循环，美国投资者和政府方面对此习以为常。然而，1 月 31 日克雷塔罗制宪会议正式闭会，短短 5 天后，新宪法就被正式颁布，其中第 27 条规定：墨西哥国土范围内的土地、税源及自然资源，无论位于地表还是地

---

① "The Secretary of State to Mr. Parker, Representing American Interests," December 5, 1916, *FRUS*, 1916, pp. 739-740.

② "The Secretary of State to Mr. Parker, Representing American Interests," January 6, 1917, *FRUS*, 1917, p. 1059.

③ "Mr. Parker, Representing American Interests, to the Secretary of State," January 30, 1917, *FRUS*, 1917, p. 1061.

下，都属于墨西哥的国家财产。① 自 1910 年墨西哥革命爆发以来，石油国有化从模糊的愿景到可塑的追求，再到明确的政策目标，终于在将近 7 年的波折和试探后成为宪法条文中明确表述的"应然"。即便石油公司和美国政府几乎表达了最为强烈的抗议，但新宪法的颁布木已成舟。② 在此后的十余年中，美方只得一次次地阻止宪法原则转化成具体政策，但第 27 条始终作为"达摩克利斯之剑"悬于美国在墨石油企业的头顶上，直到 1938 年拉萨罗·卡德纳斯（Lázaro Cárdenas）总统将美、英等国在墨西哥开办的石油公司全部收归国有。

四、余论：作为经济和政治资源的石油利权

在墨西哥，石油总是受制于政治而非经济本身。③ 这种产业经济与政治合法性的紧密关联并非新近的创制，而是渊源于墨西哥矿业开发的悠久历史。从 19 世纪 70 年代末起，经济发展和政治稳定共同缔造了初级产品出口导向型的经济繁荣与近四十年的迪亚斯时代。繁荣的普惠性使得政治上潜在的反对派默许了稳态的存在。政府手握经济资源，将其转化为政治工具，在创租与寻租之间以经济利权换取支持。经济政策的宽松实际上是将更多的交易置换到政治的灰色空间中。然而在这一模式下，随着经济的高速发展，这种政治工具反而使得墨西哥的收益增长停滞。既有政策的边际利益衰减也通过政治-经济结构将紧张倾注于墨西哥政治中。旧秩序试图纠正这一局面，但已然形成的政经情态反而束缚住了迪亚斯的政策空间。经济发展的既得利益者不愿投入更多资源维持政治稳定，旧政权亦难以从经济增

---

① "Texto Íntegro del Artículo 27 de la Constitución General de 5 de Febrero de 1917," *Codificación Petrolera*: *Leyes*, *Circulares*, *Disposiciones*, *Acuerdos*, *Reglamentos y Aclaraciones Dictadas Desde el año de 1887 a 1920 en Materia de Petróleo*, 5 de Febrero de 1917, p. 107.

② "The Secretary of State to Ambassador Fletcher," June 6, 1917, *FRUS*, 1916, pp. 1068-1069.

③ Francesco Manetto, "López Obrador persigue su sueño petrolero con un plan de soberanía energética para México," https：//elpais. com/mexico/2021-12-29/lopez-obrador-persigue-su-sueno-petrolero-con-un-plan-de-soberania-energetica-para-mexico. html，访问日期：2021 年 12 月 30 日。

长中攫取更多利权,墨西哥革命由此爆发。

对于革命者而言,美国政府的外交压力在革命进程中既是危机也是机遇。外部干涉的前景固然可怕,但如果美国方面仅仅是引而不发,革命者反而可以在民族主义的角度上从外部加强政权合法性。在石油国有化政策因为革命政权财税紧张而难以落地之时,美国干涉的威胁暂时遮蔽了政权存续与革命诉求间的冲突。外部压力作为革命政权暂时搁置自身政策承诺的一种借口和解释,在1912—1917年为新生的革命政权提供了充足的合法性来源和政策空间。

然而,飞地经济与政治的紧密关联使得石油产业的所有制形态不仅是经济问题,也是一个政治问题,革命本身即是一种政治结构、发展模式乃至意识形态的重构。革命政权在石油产业上的困境迥异于迪亚斯政府,因为经济民族主义可以翼蔽革命者,也可以将其拖下神坛。革命政权不能仅仅沿着财税现实主义的逻辑行事,因为突破已有的分利秩序会威胁到自身的存续。如何在不引发资本逃逸、避免美国直接干涉和推进革命诉求三者之间寻找平衡?墨西哥宪法第27条的尝试就是一次"危险的跨越"。它将革命支持者模糊的诉求变为宪法中斩钉截铁、铿锵有力的许诺,从而满足了他们的民族主义情结。它同时也将现实政策中的国有化实践变成宪法条文中的国有化依据,而从法理依据到实际政策的距离给了外国投资者和政府相当大的心理缓冲,从而避免了国际环境的骤然恶化。墨西哥宪法第27条由此具有两种面相:革命的支持者可以从中自然而然地想象出石油国有化进程的高歌猛进,尽管这一政策并未真正实施;外国投资者和政府则同时被资产被征收的恐惧和讨价还价的幻想所支配。然而,外国投资者和政府在石油产业中的苟延残喘给墨西哥革命政府提供了财税支持,他们的威胁与抗议反而成为革命政权的合法性来源之一。从"现实"到"想象",1912—1917年墨西哥革命对美国"石油飞地"的利权重构或许可以为研究者揭示一种革命政权面对产业国有化诉求时在内政外交夹缝中的生存策略。

经贸因素与英苏外交折冲：以 1927 年 "英苏贸易公司事件" 为中心[*]

殷亲亲[**]

摘　要　1927 年 5 月 12 日，英国警方突袭搜查苏联驻英经贸组织英苏贸易公司和苏联驻英贸易代表团驻地，引起了英苏之间的交涉和争执，两国随后断交。苏联通过驻外机构搜集资料、外交询问等方式了解该事件的来龙去脉，研判英国政府及商界的动向。由于共产国际的力量在英国式微，以及对英国工会和英国共产党影响力的评估颇低等原因，苏联放弃了此前在英国发动无产阶级革命的战略，转而侧重以国家利益和安全为出发点，通过经济贸易发展同发达资本主义国家间的关系，并将共产国际的活动重心逐步转向东方各国。在以"英苏贸易公司事件"为中心的英苏博弈中，苏联以经济贸易为外交杠杆，采取多项应对措施，最终促成了事件的解决与两国关系的改善。

关键词　英苏贸易公司事件；英苏关系；苏联外交

第一次世界大战期间及其结束后，英国经济遭受沉重打击。英国首相大卫·劳合·乔治（David Lloyd George）积极主张改善与苏维埃俄国的关系，资本主义国家与社会主义国家的正式交往由此拉开序幕。英苏两国于

---

[*] 本文是国家社会科学基金重大项目"俄罗斯西伯利亚远东地区藏 1950 年前中共档案文献的整理与研究"（21&ZD031）的阶段性成果。

[**] 殷亲亲，北京师范大学历史学院硕士研究生。

1921年签订《英苏贸易协定》后建立了官方经贸往来。1924年，英国正式同苏联建交。1927年5月27日，英国宣布同苏联断交。但在1929年底，英苏两国又恢复了外交关系。纵观整个20世纪20年代英苏关系的反复和动荡，其背后的原因值得探究与深思。发生于1927年5月至1928年10月的"英苏贸易公司事件"（ARCOS Affair）便是20世纪20年代英苏两国动荡的政治和经济关系的集中体现，也是苏联对英国外交政策和共产国际对英国共产党政策的折冲转折。我国学界对早期英苏关系的相关研究虽不在少数，但从苏联对外经济贸易和外交的视角进行专题性研究仍存有丰富空间。① 本文综合使用多方档案文献，尝试在前人研究成果的基础上以"英苏贸易公司事件"为中心，管窥20世纪20年代影响英苏关系的根本因素，归纳这一时期苏联改善同发达资本主义国家关系的办法以及发展对外经济贸易的具体措施，从而为在当今经济全球化的时代背景下探究不同社会制度和意识形态的国家如何通过各种渠道深化经贸合作、改善国家关系提供一些借鉴。

一、公司成立与事件发生背景

英苏贸易公司（ARCOS Limited）作为20世纪20年代垄断英苏贸易经营的私人股份制公司，在英苏经贸往来中发挥着举足轻重的作用。英国政府最初出于反共产主义的意识形态因素，实际并不赞同英苏贸易公司的成立，但是出于与苏维埃俄国进行经贸合作、发展英国经济的考虑，仍然在争议中默许了该公司的注册和运营。尽管"英苏贸易公司事件"发生前夕，英苏两国间的经济贸易在英苏贸易公司的推动下持续发展，但该公司并没

---

① 国内学者以往对早期英苏关系的研究普遍认为，日益紧密的经济合作无疑是影响两国关系的重要因素。参见胡才珍：《论经济因素在英国对苏交往中的作用》，《世界历史》1988年第3期；李玉君：《论20世纪20年代苏联的外交政策》，《世界历史》2008年第2期；姚冉冉：《1920年代英苏经济关系研究》，硕士学位论文，兰州大学，2012；刘楠：《1921—1939年英苏外交关系研究》，硕士学位论文，黑龙江大学，2013；尚雅锴：《英苏关系研究（1924—1929）》，硕士学位论文，兰州大学，2013。然而，关于苏联与英国围绕"英苏贸易公司事件"所展开的经贸和外交博弈的详细情形，仍有待深入探讨。

有对此时期英苏两国对立的政治关系起到实质性的调节作用。意识形态冲突一直在这一时期的英苏关系中占据主导地位,该事件的发生就是两国政治矛盾无法调节的直接产物。

(一)英苏贸易公司的建立与英苏关系的发展

英苏贸易公司的前身是 1920 年 6 月 11 日在英国伦敦法林顿街道 25 号 (25 Farringdon Street) 注册成立的"全俄合作社"(All-Russian Co-operative Society Limited)。1922 年 7 月 4 日,在董事会主席 A. A. 科维亚特科夫斯基 (A. A. Kkviatcovski) 的主持下,合作社改名为"英苏贸易公司",办公地址迁到了伦敦汉姆斯特德区 49 号 (49 Hampstead)——与苏联贸易代表团同处一栋建筑。英苏贸易公司的注册资本为 1.5 万英镑,公司成立的宗旨和主要活动是代表苏俄在英国以及其他国家经营商业贸易,主要包括进出口金属、矿石等 22 项业务。英苏贸易公司在 1920—1926 年迅速发展壮大。公司最初由 8 个大宗商品办事处和 3 个分支办事处组成。随着业务的发展,这些办事处又逐渐演变为各个独立的子公司。与此同时,英苏贸易公司在荷兰、美国、加拿大等地都设立了分公司,这些分公司的资金与日常运营都直接与英国总部对接。① 1926 年底,英苏贸易公司的总营业额达到 8800 万英镑,占英苏贸易总额的 52.2%。公司在英国市场上的商品购进额为 68.3%,相关苏联商品的销售额为 36.9%。如果不仅考虑公司自身的运营情况,而且兼顾公司的股东身份,那么英苏贸易公司在英苏贸易中的总参与额达到 70%。② 在英苏贸易公司的推动下,20 世纪 20 年代初期的英国商人迫切希望政府能尽快与苏俄建立外交关系,以拓展自己在这一新兴市场上的贸易

---

① *United States & the Soviet Union*: *A Report on the Controlling Factors in the Relation between the United States & the Soviet Union* (New York: The American Foundation, Committee on Russian-American Relations, 1933), pp. 140-141; *Anglo-Soviet Trade 1920-1927*: *Its Extent and Prospects of Development before the Severance of Relations between Great Britain and the U.S.S.R.* (London: Trade and Engineering Review, 1927), pp. 10-11.

② *Anglo-Soviet Trade 1920-1927*, pp. 18-23.

份额。①

英国政府在英苏贸易公司成立伊始便对该公司的性质和人员构成存在怀疑。在1920年10月26日的议会会议中，保守党议员阿尔弗雷德·鲍德温·雷珀（Alfred Baldwin Raper）中尉便与时任海外贸易大臣的弗雷德里克·乔治·凯拉威（Frederick George Kellaway）就英国政府对全俄合作社的了解情况展开讨论。② 1920年11月18日，英国议会再一次就全俄合作社的合法性问题进行辩论。时任英国贸易委员会主席的罗伯特·史蒂文森·霍恩（Robert Stevenson Horne）就雷珀的质疑答复道："全俄合作社于1920年6月11日注册，根据公司的申报档案，董事的姓名与阁下提到的一致。朋友，《公司法》章程中没有规定注册官有权因上述理由拒绝公司的注册。"③ 1924年2月1日，麦克唐纳政府给予了苏联法律意义上的承认。但是好景不长，在10月的大选中，英国工党由于受"坎贝尔案"（Campbell Case）④和"季诺维也夫信"（Zinoviev letter）事件⑤等的影响在选举中落败，"红色恐慌"再次在英国国内蔓延。斯坦利·鲍德温（Stanley Baldwin）的保守党内阁重新上台后，拒绝批准之前与苏联达成的相关协议。奥斯丁·张伯伦（Austen Chamberlain）入主外交部之后，英国与苏联之间的公开敌对也更为

---

① Документы внешней политики СССР, Т. X, 1 января–31 декабря 1927 г., М.：Политиздат, 1965, С. 191–192.

② HC Deb 26 October 1920, vol. 133, cols. 1516–1517, https：//api.parliament.uk/historic-hansard/commons/1920/oct/26/all-russian-co-operative-society#column_1516, 访问日期：2023年2月14日。

③ HC Deb 18 November 1920, vol. 134, cols. 2078–2080, https：//api.parliament.uk/historic-hansard/commons/1920/nov/18/all-russian-co-operative-society, 访问日期：2023年2月14日。

④ 1924年8月5日，英国共产党机关报《工人周刊》的代理编辑坎贝尔被以"煽动叛乱"为由逮捕。他被指控在1924年7月25日的报纸中向英国军方成员发表了一封具有挑衅性的公开信。后来，英国麦克唐纳政府由于受到工党后座议员的压力，暂停了对该案的起诉。此事件也是导致英国第一届工党政府下台的原因之一。

⑤ 1924年英国大选期间发生了"季诺维也夫信"事件，即英国《每日邮报》在大选前四天发表了一封事后被证明是伪造的"季诺维也夫信"。然而，该信的发表在当时对英国大选及工党政府的黯然下台、英国社会"红色恐怖"情绪的发酵等都产生了重大的影响。参见张建华：《"季诺维也夫信"事件》，《史学月刊》2015年第1期。

白热化。①

(二) 事件前夕英苏关系动荡的具体原因

英苏两国动荡的外交关系在1927年"英苏贸易公司事件"发生前夕降至冰点，原因主要有以下几方面。第一，苏联尚未形成对英国坚定、适宜的外交态度与外交政策。② 1924年斯大林执政后，坚持以帝国主义理论与"一国社会主义"理论指导国际革命运动与苏联对外政策，③ 对战后资本主义缺乏全面的认识，忽视了利用经贸等手段与资本主义长期和平共处的现实可能性。"坎贝尔案"、"季诺维也夫信"事件、1926年"英国总罢工"④等事件，⑤ 加剧了英国政府与民众对苏联共产主义意识形态的敌视与恐惧。20世纪20年代上半期，共产国际在英属印度和中国所进行的关于"世界革命"的宣传使英国方面认为受到潜在威胁，并随之展开了一系列报复行动。⑥ 在经济方面，苏联政府拒绝向英国偿还始自帝俄时期的债务也使得部分英国金融团体加剧了对苏联的不信任和不合作态度。⑦ 在国际事务中，苏联与法、德等国家日益密切的交往也威胁到英国希望维持欧洲均势、建立

---

① Christine A. White, *British and American Commercial Relations with Soviet Russia, 1918-1924* (Chapel Hill: University of North Carolina Press, 1992), pp. 182-202.

② Документы внешней политики СССР, Т. IX, 1 января – 31 декабря 1926 г., М.: Политиздат, 1964, С. 646-649.

③ 赵绪生：《斯大林国际政治理论与外交战略研究》，博士学位论文，中共中央党校，2003，第23—47页；李玉君：《论20世纪20年代苏联的外交政策》，《世界历史》2008年第2期，第69—76页。

④ 参见约翰·穆莱：《1926年英国总罢工》，顾学稼译，生活·读书·新知三联书店，1956；Gabriel Gorodetsky, "The Soviet Union and Britain's General Strike of May 1926," *Cahiers du Monde Russe et Soviétique*, Vol. 17, No. 2/3, 1976, pp. 287-310。

⑤ Andrew Thorpe, "Comintern 'Control' of the Communist Party of Great Britain, 1920-43," *The English Historical Review*, Vol. 113, No. 452, 1998, pp. 637-662.

⑥ John J. Lenaghan, "Britain and the Soviet Union 1924-1927: A Study in the Inter-relationship between Domestic and Foreign Policy" (MD Dissertation, Carleton University, 1973), pp. 73-112.

⑦ Christine A. White, *British and American Commercial Relations with Soviet Russia, 1918-1924* (Chapel Hill: University of North Carolina Press, 1992), pp. 182-218；黄宗良主编《社会主义与资本主义两制关系史论》，红旗出版社，1993，第111—112页。

一个不包含苏联的欧洲安全体系的目标。① 种种矛盾的连锁反应所造成的直接后果便是英国政坛上以内政大臣威廉·乔因森-希克斯（William Joynson-Hicks）、财政大臣温斯顿·丘吉尔（Winston Churchill）等为代表的保守党内部"顽固派"的声音甚嚣尘上，日渐在鲍德温领导的政府内占据主流。

第二，英国保守党执政后，在对国内的工人和工会运动持续镇压的同时，也采取了一系列针对苏联外交机构与人员的行为。保守党中日渐活跃的顽固派奉行极端反苏路线，强调苏联特工等对英国国家利益的"威胁"，指责工会、工党以及英国共产党中的"极端分子"与苏联和共产国际合作。因此，为了维持在英国民众中的关注度，扩大自身影响力，保守党中的顽固派一直致力于发现、查处、渲染苏联或共产国际针对英国的任何间谍行为。受到共产国际内部托洛茨基主义与斯大林主义斗争的影响，1925年起英国共产党在国内掀起了反对托洛茨基主义的运动，这也使得共产国际在英国的内部矛盾加剧，对英国政局及国内政治环境也造成了一定的影响。② 1926年，丘吉尔在亚历山德拉公园（Alexandra Park）公开发表演讲称："那些有权借钱给苏联的人，必须意识到他们所冒的风险，并且必须明白，在任何情况下，如果他们被骗了，英国财政部都不会承担任何责任。当他们终于意识到有必要驱逐苏联特工时，财政部也将不受理任何损失索赔。"③ 1927年4月6日，在英国政府的支持下，奉系军阀控制的北洋政府派出警察和士兵占领了苏联驻北京大使馆的部分房屋，逮捕了办事人员，并搜走

---

① Michael Jabara Carley and Richard Kent Debo, "Always in Need of Credit: The USSR and Franco-German Economic Cooperation, 1926–1929," *French Historical Studies*, Vol. 20, No. 3, 1997, pp. 315–356; Teddy J. Uldricks, "Russia and Europe: Diplomacy, Revolution, and Economic Development in the 1920s," *The International History Review*, Vol. 1, No. 1, 1979, pp. 55–83.

② Andrew Rothstein, "The Resignation of Trotsky, Trotskyism: A Peril to the Party," Marxists Internet Archive, https://www.marxists.org/archive/rothstein-andrew/1925/01/23.htm, 访问日期：2023年2月14日；J. T. Murphy, "Introduction to 'The Errors of Trotskyism'," Marxists Internet Archive, https://www.marxists.org/archive/murphy-jt/1925/05/errors.htm, 访问日期：2023年2月14日。

③ *Raid on Arcos Ltd. and the Trade Delegation of the U.S.S.R.: Facts and Documents* (London: The Anglo-Russian Parliamentary Committee, 1927), pp. 24–26.

了大量文件。① 英国政府的行为进一步加剧了英苏两国政治层面的对抗。

第三，伴随着1926—1927年英苏双方政治层面的相互博弈，两国间的官方贸易也受到严重影响。苏联在英国的商品进口额大幅减少，由1925年的311.71万英镑缩减至1926年的122.94万英镑。② 此外，尽管英苏双方都意识到维护两国外交关系对彼此开展贸易合作的重要性，但都并未采取行之有效的措施。虽然英国外交部曾明确表示，希望避免英国与苏联的直接对抗，但两国政要在公开场合的较量和相互批评从未停息。1927年3月，英国在国际联盟理事会中曾尝试争取法国和德国从中调停，但这一失败的努力未能阻止英苏关系进一步恶化。1923年起，苏联政府就逐渐将自己的对外贸易重心转移至美国、德国等其他国家。1924年苏美贸易公司（Amtorg Trading Corporation）在美国一经成立，就几乎占据了大部分的苏联进出口份额。③ 英苏贸易公司在1927年的搜查事件发生以前虽然与英国商界建立了密切的合作与联系，且备受英国商界与金融界的支持与信赖，但公司却并未考虑利用自身影响来缓和两国关系。在1926年12月29日向苏联驻英国贸易代表团及其下属组织所发出的第27号、第102号指示中，苏联贸易代表团和英苏贸易公司的负责人钦丘克（Khinchuk）与索罗金（Sorokin）就告知所有苏联贸易代表团成员及相关部门人员："避免做出任何可能被认为是干涉英国内政的行为。"④

二、事件始末及英国各方的态度

"英苏贸易公司事件"的发生并非偶然，但事态的恶化程度及所造成的后果却是英国政府和商界等涉事各方都始料未及的。苏联政府通过英苏贸

---

① E. H. Carr, *Foundation of a Planned Economy 1926–1929*, Vol.3, Part I (London: The Macmillan Press Ltd., 1954), pp. 6–22.

② *Raid on Arcos Ltd. and the Trade Delegation of the U.S.S.R.: Facts and Documents*, pp. 24–26.

③ Россия и США, Экономические отношения, 1917–1933, Сб. док. М.: Наука, 1997, С. 382.

④ *Raid on Arcos Ltd. and the Trade Delegation of the U.S.S.R.: Facts and Documents*, pp. 24–26.

易公司、英苏议会委员会（Anglo-Russian Parliamentary Committee）等驻外机构①以及英国报纸等途径，及时收集英国政府、商界、学者、媒体等方面的相关信息，以便进一步筹谋具体的应对之策并付诸即时灵活的实践。

（一）"英苏贸易公司事件"始末

英苏贸易公司的总部驻地与苏联驻英国贸易代表团的办公地点虽然都位于同一栋建筑，但是代表团所居住的公寓是独立的，所有入口都有俄文和英文的大幅"苏联贸易代表团"告示。因此，很难将两者的办公地点混淆。然而，英国国家安全局虽然名义上是以"查处英苏贸易公司"为目标，但实际上对两者都进行了搜查。1927年5月12日下午4时30分左右，约200名身穿制服和便衣的英国警察进入伦敦汉姆斯特德区49号进行搜查。搜查开始半小时后，英方才向苏联贸易代表团秘书菲尔索夫（Firsov）出示了搜查令，而英苏贸易公司的代理董事索罗金在搜查进行了一小时后才被允许查看搜查令。搜查令授权的是搜查英苏贸易公司和苏联贸易代表团所占用的房舍。一组警察负责搜查苏联代表团主席钦丘克的房间，当时房间里有书记员希佩尔（Cypher）、米勒（Miller）、胡迪亚科夫（Khudiakov）、米勒夫人（Mrs. Miller）和格拉诺夫斯基夫人（Mrs. Granovsky）。米勒告诉警官，这个房间是钦丘克存放代表团主席秘密通信的办公室之一，未经苏联官方贸易代理人、贸易代表团成员或负责官员的明确许可，他们（办事员）不得允许任何人进入房间或将加密通信展示给任何人。然而，警察没有理会希佩尔的抗议，还多次殴打米勒和胡迪亚科夫，尤其是面部。5月13日上午，鉴于对英苏贸易公司所在地的搜查仍在进行，公司被迫暂停营业，并

---

① 英苏议会委员会是1925年4月成立的苏联和英国工会之间的合作机构。该委员会的宗旨是"实现国际工会运动的团结"，反对备战并"加强反对资本主义对工人阶级的进攻的斗争"。英苏议会委员会存在期间收集和整理了大量关于1924—1951年英苏两国关系的文件。纸质版原始文献现藏于英国伦敦政治经济学院图书馆。与本文主题相关的部分数字化档案文献参见华威大学图书馆现代记录中心的数字化馆藏"俄国革命与英国：1917—1928"（The Russian Revolution and Britain, 1917-1928）文件集，https://warwick.ac.uk/services/library/mrc/archives_online/digital/russia，访问日期：2023年2月14日。

在其入口处张贴了公告。苏联贸易代表团也撤回其雇员,因为他们此时完全不可能进行任何工作。在整个搜查过程中,警方没有在被搜查机构代表在场的情况下起草任何正式的搜获文件清单或报告。截至 5 月 15 日,英苏贸易公司和苏联贸易代表团都没有被告知是否有文件被拿走,警察的搜查对象是什么。① 从英国政府后续所公布的一系列文件材料来看,真实情况正如美国普林斯顿大学苏联学教授路易斯·费舍尔(Louis Fischer)所说:"没有披露出任何以前不知道的事情,也没有提供非常重要的陆军部文件,传闻中的盗窃案只是突袭的借口。官方白皮书所说的那些在突袭中发现的文件只是一些微不足道的证据,并不会因此导致苏联或英国公民因从事非法或颠覆活动而被捕或受到指控。"②

(二)事件发生后英国各方的态度

搜查事件发生后,苏联方面反应迅速。在 12 日事件发生后,苏联驻英国大使馆临时代办阿尔卡季·罗森戈尔茨(Arkady Rosengolts)即刻通知苏联政府,同时向英国外交大臣张伯伦发出照会进行抗议。③ 然而,从 5 月 12 日下午 5 时开始,苏联驻英国大使馆一等秘书博戈莫洛夫(Bogomoloff)一直尝试联系张伯伦未果,且英方在约定时间内也并未出现,最终导致罗森戈尔茨直到 5 月 12 日晚也未能与英国外交部取得沟通。当这封照会在 5 月 13 日上午 11 时 30 分被正式递交给张伯伦时,罗森戈尔茨就已经按照苏联政府的指示将照会公之于众。④ 这一点在 5 月 15 日苏联驻英大使馆新闻办公室的公开声明中进行了详细的解释。⑤ 在 1927 年 5 月 24 日的议会议事中,英国首相鲍德温在下议院大声朗读了几封破译的电报,并认为其中一封提

---

① *Raid on Arcos Ltd. and the Trade Delegation of the U. S. S. R.*: *Facts and Documents*, pp. 5-8.

② Louis Fischer, *The Soviets in World Affairs*, in Two Volumes (Princeton: Princeton University Press, 1951), Vol. 2, pp. 687-688.

③ Документы внешней политики СССР, Т. Х, 1 января-31 декабря 1927 г., С. 198-200.

④ Лубянка, Сталин и ВЧК-ГПУ-ОГПУ-НКВД, Архив Сталина, Документы высших органов партийной и государственной власти, Январь 1922-декабрь 1936, М.: МФД, 2003, С. 131.

⑤ *Raid on Arcos Ltd. and the Trade Delegation of the U. S. S. R.*: *Facts and Documents*, pp. 18-19.

到了共产国际顾问米哈伊尔·鲍罗廷（Mikhail Borodin），因此证明苏联犯有间谍罪。鲍德温承认这些电报不是在突袭英苏贸易公司时获得的，但表示它们是苏联利用该公司"在整个大英帝国、北美和南美进行军事间谍和颠覆活动"的证据："贸易代表团成员和英苏贸易公司的雇员之间没有有效的房间或职责区分，这两个组织都参与了反英间谍活动和宣传"。当谈及英苏贸易公司是否仍被允许留在伦敦正常运作时，鲍德温又说道："英苏贸易公司的合法经营不受这些决定的影响，英国政府准备在终止《英苏贸易协定》第4—6条所赋予的特权的同时，也为两国之间的普通贸易作出一些令人满意的必要安排。"① 鲍德温迟来的表态反映出英国保守党政府内部各方对突袭搜查行为并没有事先达成共识，对可能会造成的后果也并没有形成准确的预判。

搜查事件发生时，英苏贸易公司正在与英国公司进行谈判，以订购总计266.2万英镑的机械设备和材料。警察的突袭使谈判被迫结束，苏联当局也随即关闭了一些位于英国的其他苏联贸易机构。英苏议会委员会在报告中估计，1927年的搜查事件给英苏两国贸易造成了约2700万英镑的损失。② 与英苏贸易公司来往密切的英国工商界在事件发生后通过报纸等各种渠道表达了自己的焦虑，并呼吁政府尽快恢复与苏联正常的经贸和外交关系。1927年11月14日英国《泰晤士报》（Times）报道称："英国布拉德福德商会（Bradford Chamber of Commerce）主席 J. R. 波利特（J. R. Pollit）和萨姆·哈兰女士（Mrs. Sam Harland）最近就英苏关系对羊毛纺织业造成的影响与英国内政大臣威廉·乔因森-希克斯爵士进行了一次面谈。乔因森-希克斯通过信件和公开发文，再次重申了他对于英苏贸易的支持。首先，乔因森-希克斯强调，英国政府急于促进英苏两国之间的贸易，从来没有任何干涉两国贸易的意图，也不会干涉任何希望与苏联做生意的英国商人的自由。其次，乔因森-希克斯表示，英国政府明白允许保留英苏贸易公司的重

---

① HC Deb 24 May 1927, vol. 206, cols. 1842-1854, https://api.parliament.uk/historic-hansard/commons/1927/may/24/prime-ministers-statement, 访问日期: 2023年2月14日。

② *Anglo-Soviet Trade 1920-1927: Its Extent and Prospects of Development before the Severance of Relations between Great Britain and the U.S.S.R.*, pp. 38-42.

要性。英国政府将确保英国商人与苏联买家签订的贸易合同能得到妥善执行。最后，就英苏贸易公司的苏联工作人员在英国居留期限的问题，乔因森-希克斯表示英国内政部已经同意作出让步。内政部宣布，任何加入英苏贸易公司的苏联雇主将会在首次到访英国时获得六个月的居留许可，并有机会在期限届满前申请延期。具体延期期限一般会视其行为及所处理的贸易额而定。"正如乔因森-希克斯在公开信的结尾处所写的那样，"英苏贸易公司事件"不仅打击了英国商界与苏联的贸易合作，也使英国政府在面临来自商界的压力时坐立难安。①

"英苏贸易公司事件"发生后，《泰晤士报》《曼彻斯特卫报》（*Manchester Guardian*）等英国主要媒体就政府突袭搜查英苏贸易公司的具体过程、事件的后续进展、②苏联政府的表态、③对英苏两国贸易造成的影响④等进行了一系列跟踪报道。《泰晤士报》于1927年5月13日（即搜查事件发生的第二天）便刊载了题为《英苏贸易公司被突袭》（Arcos Raided）的新闻，就事件发生的经过以及英苏贸易公司和公司俱乐部的营业情况进行了报道。⑤ 5月14日，《泰晤士报》刊载了题为《警察突袭英苏贸易公司》（The Police Raid on Arcos）的新闻，详细披露了英国下议院于5月13日就"英苏贸易公司事件"的议事情况。英国工党领袖亨德森（Henderson）、坎布里亚郡怀特黑文议员R.哈德森（R. Hudson）、林肯郡工党议员泰勒（Taylor）等11

---

① "Soviet Trading Officials," *Times*, 14 November 1927, p. 11, The Times Digital Archive, https://link.gale.com/apps/doc/CS186719598/TTDA?u=cnbnu&sid=bookmark-TTDA&xid=486c86ba, 访问日期: 2023年2月14日。

② "Arcos Raid Ended," *Times*, 17 May 1927, p. 14, The Times Digital Archive, https://link.gale.com/apps/doc/CS235609265/TTDA?u=cnbnu&sid=bookmark-TTDA&xid=ceff29d2, 访问日期: 2023年2月14日。

③ "Soviet Note on Arcos Raid," *Times*, 18 May 1927, p. 16, The Times Digital Archive, https://link.gale.com/apps/doc/CS270343346/TTDA?u=cnbnu&sid=bookmark-TTDA&xid=ee64e976, 访问日期: 2023年2月14日。

④ "Soviet Trading Officials," *Times*, 14 November 1927, p. 11.

⑤ "Arcos Raided," *Times*, 13 May 1927, p. 16, The Times Digital Archive, https://link.gale.com/apps/doc/CS270736557/TTDA?u=cnbnu&sid=bookmark-TTDA&xid=510c0ef4, 访问日期: 2023年2月14日。

人对内政大臣乔因森-希克斯就"英苏贸易公司事件"中搜查令的颁发及适用范围、搜查的理由、苏联代表团团长钦丘克所享有的外交豁免权、搜查结果、苏联官员同英国政府就此事的谈判等问题进行了质询。《泰晤士报》于5月14日还刊发了一篇题为《突袭英苏贸易公司》（Arcos Raid）的新闻，在记述了12日所发生的搜查事件中英国警察的所作所为后，重点就英国警方所出示的搜查令的适用范围、罗森戈尔茨12日给张伯伦的抗议照会的具体内容、工党领袖亨德森的看法等进行了报道。① 5月16日，《泰晤士报》继续就"英苏贸易公司事件"进行了报道，介绍了英国警察并未搜出其所宣称的秘密文件以及突袭行为违反了外交豁免权的相关事实。② 广泛的社会舆论使得英国社会不同群体对该事件的讨论持续发酵，本就在事件中处于被动地位的英国政府也承受着来自各方的舆论压力。

三、苏联的态度与应对

1927年5月13日，苏联共产党中央政治局就"英苏贸易公司事件"召开会议专门进行讨论，形成了九项指导意见，并从舆论宣传、经济贸易、公司工作三方面提出了应对措施。首先，要求苏联相关部门在报纸上刊登事件新闻以及罗森戈尔茨的照会，并就此展开宣传活动，称英国保守派步张作霖后尘，准备与苏联决裂，破坏和平；同时，进一步提出抗议并在英国大使馆和领事馆前进行单独示威。在官方层面，基于为英苏关系留下转圜余地的考虑，政府在收到进一步消息前，则推迟从莫斯科发出相关抗议照会。其次，责成米高扬在报纸上刊登部分苏联管理人员、专业人员和工人停止向英国下订单的要求，并进一步明确可对英国采取的相关经济制裁。

---

① "Arcos Raid," *Times*, 14 May 1927, p. 12, The Times Digital Archive, https：//link. gale. com/apps/doc/CS201530542/TTDA? u＝cnbnu&sid＝bookmark-TTDA&xid＝1f843848，访问日期：2023年2月14日。

② "The Arcos Raid," *Times*, 16 May 1927, p. 14, The Times Digital Archive, https：//link. gale. com/apps/doc/CS236395696/TTDA? u＝cnbnu&sid＝bookmark-TTDA&xid＝11354de1，访问日期：2023年2月14日。

在国际层面，指示奥辛斯基利用国际经济会议对搜查事件提出抗议，并利用会议间隙以及苏联代表与外国媒体的联系采取进一步抗议措施。最后，成立由斯大林、布哈林、李可夫、托姆斯基和莫洛托夫等组成的专门委员会，代表政治局采取所有与"英苏贸易公司事件"相关的任何必要措施。此外，还指示布哈林调查国外共产党就该事件开展特别运动的可能性，以及责成苏联各驻外大使和贸易代表立即销毁所有非当前工作所必需的秘密材料，并在4天内向莫斯科报告。① 最终，英国与苏联的外交关系在苏联政府的一系列措施、英国工商界的压力及英国保守党政府的妥协下，于1929年底恢复。

（一）英国违反国际法与《英苏贸易协定》

罗森戈尔茨于5月13日公开发表的照会措辞严谨，明确指出英方的突袭行为违反了《英苏贸易协定》中第1条、第5条有关外交豁免的规定。② 关于苏联的官方代理人是否享有外交豁免权这一问题，英国议会早在1925年5月4日、1926年6月23日、1926年7月1日等时间就进行过讨论，讨论的结果是普遍默认苏联贸易代表团拥有使用加密通信的权利，并且认为"苏联贸易代表团团长是苏联政府在英国唯一享有外交豁免权的商业代理人……之所以给予这位官员特权和豁免，是因为苏联政府是唯一垄断外贸的政府"。③ 在1927年2月4日罗森戈尔茨给英国外交部发送照会进行相关确认时，英国外交部在2月16日的《外交部声明》中就明确确认了钦丘克先生的权利，并且在之后的实际操作中，英国方面也确实默认了苏联官方代理人所享有的外交豁免权。④ 但是在1927年5月16日的议会议事中，奥利弗·洛克-兰普森（Oliver Locker-Lampson）等保守党议员却认为"代表团团长是根据《英苏贸易协定》第5条任命的官方代理人，他所享有的特

---

① Лубянка, Сталин и ВЧК-ГПУ-ОГПУ-НКВД, С. 131-132.
② Документы внешней политики СССР, Т. X, 1 января-31 декабря 1927 г., С. 198-200.
③ Raid on Arcos Ltd. and the Trade Delegation of the U. S. S. R. : Facts and Documents, pp. 15-16.
④ Ibid., pp. 9-10.

权也是该协定第 4 条和第 5 条所规定的特权"。① 针对外交豁免权是否只适用于苏联官方代理人本身这一问题，苏联方面在 1927 年 5 月 17 日致英国政府的照会中进一步表达了抗议。② 对此，英国《曼彻斯特卫报》在 1927 年 5 月 14 日公开辩解称："尽管（苏联）贸易代表团团长享有'免于被逮捕和搜查的豁免权'，但这仅是针对他个人的，并没有延伸到他的办公室……他们（苏联人）可能（想得）很简单——认为外交豁免权所涵盖的正如教科书上所写的那样：通常包括'警察豁免'（exemption from police）。"③ 该观点在保守派看来很有说服力，但是萨道义爵士（Sir Ernest Mason Satow）等外交官和学者都并不认同。萨道义在其 1922 年出版的名著《外交实践指南》（A Guide to Diplomatic Practice）一书中对 1927 年 2 月 16 日的《外交部声明》中所提到的"不可侵犯"（inviolability）有明确解释："这一用语意味着对外交代表的人身及其财产的保护程度高于对私人的保护程度……它包括外交代表的妻子和子女、使团的正式和非官方成员、代理人的仆人和列举的在座的其他人、他的房屋、马车、属于他作为代理人的动产（当然包括政府家具）、档案、任何种类的文件，以及他的信使或政府雇用的信使所携带的他的公务信件。"针对官方商业代理人这种情况，萨道义也有进一步解释："……而且由于这项规约并不排除从事商业活动的特使不受该法之利的影响，因此，即使在这种情况下，英国法院也将给予外国特使豁免。"④ 英国公然违反国际法、挑战"外交豁免权"已成不争的事实。英国政府此举也加剧了英苏两国关系的紧张。

（二）公布事件全程并发挥舆论作用

5 月 13 日外交照会公布后，苏联塔斯社随即用英语对搜查事件的详细过程进行了播报，并认为"对英苏贸易公司和贸易代表团的搜查恰恰发生

---

① Raid on Arcos Ltd. and the Trade Delegation of the U. S. S. R.：Facts and Documents，pp. 16-17.
② Документы внешней политики СССР, Т. X, 1 января–31 декабря 1927 г., С. 213-218.
③ 转引自 Raid on Arcos Ltd. and the Trade Delegation of the U. S. S. R.：Facts and Documents, pp. 10-12.
④ Ibid., pp. 12-14.

在英苏贸易复苏的迹象日益明显的时刻,特别是苏联开始逐渐将信贷和银行业务扩展到英国之时。人们强烈怀疑,这次事件是英国舆论中那些一向阻挠英苏和解的人施加压力的结果,其目的就是导致英苏关系破裂"。① 5月14日,英苏贸易公司和苏联贸易代表团共14名相关人员从不同角度对搜查事件的全过程公开发布了长达14页的详细声明。② 就在办公地点搜查出枪支等问题,15日的声明中也对公司的持枪用途以及持有枪支许可证的情况进行了公开回应。③ 英苏贸易公司的代理董事长索罗金也于15日发表了其写给乔因森-希克斯的公开信,质问英国警方对公司采取此次行动的依据是什么,从公司办公室内拿走了什么,乔因森-希克斯要提出诉讼的话,具体内容是什么,并表达了公司方面的严正抗议。④ 此外,苏联贸易代表团代理主席博伊夫(Boieff)也在5月16日向新闻界发布声明,在进一步回溯事实的基础上着重讲述了英国警方侵犯苏联合理的外交豁免权的行为,并提出严正抗议。⑤ 舆论的宣传使英国政府的所作所为在英苏两国民众中掀起轩然大波,英国驻苏外交官员 W. 彼得(W. Peter)于1927年5月19日向英政府呈递的题为《苏联对突袭英苏贸易公司的反应》(Soviet Reactions to Arcos Raid)的信件中对此作了详细描述。⑥ 就鲍德温在5月24日在议会议事中就"英苏贸易公司事件"以及英苏经贸和外交关系的表态,苏联副外交人民委员李维诺夫于26日向苏联新闻界公开发表声明称:"英国政府决定断绝与苏联的经济和外交关系,并非由于突袭英苏贸易公司和苏联贸易组织所导致的偶然且意外的事件。这一决定是现任保守党政府执政以来所推行的反苏政策的合乎逻辑的结果。"紧接着,李维诺夫就鲍德温对英苏贸易公司和苏联贸易代表团从事间谍活动的指控进行了逐一辩驳,并对英苏经贸关系

---

① *Raid on Arcos Ltd. and the Trade Delegation of the U.S.S.R.: Facts and Documents*, pp. 19-20.

② Ibid., pp. 32-46.

③ Ibid., pp. 32-33.

④ *Anglo-Soviet Trade 1920-1927: Its Extent and Prospects of Development before the Severance of Relations between Great Britain and the U.S.S.R.*, pp. 11-17.

⑤ *Raid on Arcos Ltd. and the Trade Delegation of the U.S.S.R.: Facts and Documents*, pp. 26-28.

⑥ *British Documents on Foreign Affairs*, Parts II, Series A, The Soviet Union, Volume 9, The Soviet Union, Jan. 1927-Apr. 1930 (Lanham: University Publications of America, 1986), pp. 53-54.

的发展和前景表达了担忧和遗憾。①

（三）灵活维持英苏两国的经济贸易

一方面，针对鲍德温政府于5月24日所作出的中断与苏联的商贸关系、驱逐苏联贸易代表团、召回英国驻苏大使的决定，②苏方在5月26日的苏共中央政治局会议上敲定了一系列经济方面的应对措施，包括：从英国撤出贸易代表团的相关成员；只在伦敦保留支付当前债务所需的资金，将其他所有资金转至莫斯科；等等。③作为对5月27日断交的回应，苏方在28日李维诺夫递交给英国政府的照会中明确指出："它（即英国政府）必须为断绝外交关系所造成的后果承担全部责任。（英国政府）不会不意识到，（英苏外交关系的）破裂将不可避免地给现有的国际政治和经济关系带来冲击。这将加剧欧洲战后的经济混乱，并对和平造成重大打击。英国政府的这一选择，牺牲了大英帝国和英国工业的利益。"④鉴于英苏关系的持续恶化，苏联政府在6月7日关于英苏关系破裂的备忘录中，对英国发动"英苏贸易公司事件"的前因后果以及英国违反《英苏贸易协定》的不争事实进行了详细陈述和完整梳理。在此基础上，苏联政府正式决定中断同英国的外交和经贸关系，并通知了荷兰和卢森堡等各国政府。⑤随后，苏联外交人民委员契切林也在20日的日内瓦会议上通过德国外长古斯塔夫·施特雷泽曼（Gustav Stresemann）警告英国说："对于英国的敌对行为，我们已经作出了回答，也应该作出回答，那就是减少贸易。"⑥

另一方面，搜查事件发生后，英苏贸易公司继续开展自己的既定业务，竭力减小事件给两国经贸造成的损失。公司代理董事长索罗金在1927年5

---

① Документы внешней политики СССР, Т. X, 1 января–31 декабря 1927 г., C. 240-243.

② HC Deb 24 May 1927, vol. 206, cols. 1842-1854, https://api.parliament.uk/historic-hansard/commons/1927/may/24/prime-ministers-statement，访问日期：2023年2月14日。

③ Политбюро ЦК РКП (б) -ВКП (б) и Европа, Решения 《особой папки》, 1923-1939, М.: РОССПЭН, 2001, C. 150-152.

④ Документы внешней политики СССР, Т. X, 1 января–31 декабря 1927 г., C. 245-247.

⑤ Ibid., C. 280-285.

⑥ E. H. Carr, *Foundation of a Planned Economy 1926-1929*, Vol. 3, Part I, p. 29.

月 14 日的公开声明中强调:"没有在英苏贸易公司总部进行办公的工作项目仍在运营。董事们对因警方的行动而必然给各位商业朋友们带来的不便表示遗憾。不过,公司目前的所有业务都会像往常一样,在到期前通过各个银行进行严格支付。"① 在苏联贸易代表团 5 月 24 日的会议上,英苏贸易公司的董事会通过了决议:"苏联贸易组织对英国公司的所有业务都必须按时全额执行。如果英国政府不加以阻挠,那么也应接受在突袭事件之前达成的所有订单,这是理所当然的事情。"② 尽管英苏贸易公司在事件发生后仍积极履行义务、尽力挽回双方经济损失,但是英苏两国的经贸合作确实受到了影响。

四、事件得以解决的深层原因

在 1927 年英苏政治层面的相互博弈中,伴随着双方外交关系的断绝,经济关系也陷入低谷。有鉴于此,1928 年 10 月 23 日,"英苏贸易公司事件"的始作俑者——英国内政大臣乔因森-希克斯,以苏联政府官员的礼遇邀请英苏贸易公司董事长兼董事总经理阿夫拉莫夫到英国外交部进行商谈。阿夫拉莫夫在呈递给苏联国内和对外贸易人民委员米高扬的信中写道:"在那里,我受到了乔因森-希克斯本人及其副手安德森的热烈欢迎……乔因森-希克斯回答说,他已确信我们的贸易组织的确只是从事贸易活动,并且他特别高兴听到我证实这一事实……"③ 由此,英国政府首先释放了改善英苏经贸关系的信号。在政治和外交层面,1928 年起鲍德温对苏联的态度也开始缓和,以试图在大选中赢得公众的支持。在 1929 年 5 月底的英国大选中,工党和自由党也都主张英国同苏联复交。伴随着"英苏贸易公司事件"的解决、鲍德温的辞职及保守党顽固派的下台,两个月之后,英国与苏联政府重新建立了联系。1929 年底,英苏两国恢复了正常外交关系。

---

① *Raid on Arcos Ltd. and the Trade Delegation of the U.S.S.R.*: *Facts and Documents*, p. 29.

② *Anglo-Soviet Trade 1920–1927*: *Its Extent and Prospects of Development before the Severance of Relations between Great Britain and the U.S.S.R.*, pp. 38–42.

③ Документы внешней политики СССР, Т. XI, 1 января–31 декабря 1928 г., С. 545–550.

苏联在同英国就"英苏贸易公司事件"进行博弈时,通过经贸途径向英国政府施压,推动了两国外交关系的最终改善。苏联对英外交政策转变的首要条件,主要得益于英苏贸易公司此前的积累使得两国在经贸层面深度绑定。其次,苏联以"一国社会主义"理论、和平共处理论、"第三时期"理论为原则指导,积极同西方资本主义国家建交的实用主义外交政策也是修复英苏两国关系的重要因素。

(一) 英苏两国经济贸易的深度关联

在事件发生前,英苏贸易公司就在经贸活动中与英国商界建立了良好的合作关系。英国商人对该公司良好的企业形象和优秀的贸易合作素质普遍呈赞誉与信任的态度,这也是他们在事件发生后选择继续同苏联进行经贸合作的原因。英国科洛克制造公司(Kolok Manufacturing Company)在1926年表示:"我方对能有机会与英苏贸易公司做生意,并一直受到贵方的礼遇,不胜感激。我们希望由此建立的业务关系可以持续多年,这对双方都有利……本公司对一切业务的进行流程十分满意。从下订单、验货、出货到付款,每一个细节都严格按照条款处理,我们非常欣慰。确实,我们要借此机会向贵公司这种最新且最有效的经营方法表示赞赏。"伦敦航运公司约翰和查尔斯·哈里森公司(J. & C. Harrison Ltd.)、伯明翰轻机械公司(B. S. A. Motorcycle Ltd.)等英国公司都表达过相似的观点。[①] 在国际贸易中,信贷是被授信方所信任的最有力的证明之一。尽管英国政府并未对苏联提供任何信贷支持,且英国的出口信贷计划也没有把苏联包括在内,但苏联贸易组织获得的信贷额度却在逐年增加。同1925年相比,仅1926年一年,苏联贸易组织所获得的信贷就增加了约42%。除信贷之外,苏联的贸易组织和银行也从英国主要银行获得承兑信贷,为苏联在英国市场上购买商品提供资金。[②] 1927年5月9日,苏联贸易代表团就通过英苏贸易公司同

---

① *Anglo-Soviet Trade 1920–1927: Its Extent and Prospects of Development before the Severance of Relations between Great Britain and the U. S. S. R.*, pp. 28–36.

② Ibid., pp. 26–30.

英国米德兰银行（Midland Bank PLC）达成了商业合作。① 1927年3月7日，当"延长出口信贷计划是否包括苏联"这一议题在英国下议院提出时，所有纯粹从商业角度研究这一议题的人，不论其忠诚党派与否，都肯定地认为，与英苏贸易公司和其他苏联贸易组织进行这方面合作是可能的。保守党议员菲利普·皮尔迪奇（Philip Pilditch）、自由党议员约翰·西蒙（John Simon）和沃尔特·朗西曼（Walter Runciman）等一致认为：基于商业的角度考虑，没有人反对向苏联贸易组织提供信贷。工党成员沃尔海德（Wallhead）也说："目前，许多英国公司认为苏联是欧洲最好的付款人。"英国批发合作社（Co-operative Wholesale Society）也表达了同样的观点。②

"英苏贸易公司事件"的发生及随后英苏两国的断交，对英国也造成了不利的影响。首先，苏联自1923年就逐渐将自己的对外贸易重心转移至美国、德国等国家，英国在其中已不再具备突出优势。同时，由于英国此前与德国等其他国家的经贸合作并不紧密，因此无法在短期内弥补损失。其次，此时期包括英苏贸易公司在内的苏联贸易组织在英国的主要业务也不再只是进口粮食、机械器材等商品，而是逐步向信贷、金融等领域扩展。此外，在与苏联对外贸易有关的所有保险中，2/3以上主要是由英国的保险公司承保。在搜查事件发生的前一天，即5月11日，苏联贸易代表团在英国签署了一项协议，在英国米德兰银行融资并购买了总价达100万英镑的机械设备。这一协议的签订也标志着苏联与英国商界、金融界的联系进一步加深。③ 苏联还向英国大量出售鸡蛋、谷物、黄油等商品，将两国的贸易合作与普通英国公民进行紧密绑定。因此，一旦英苏两国贸易出现波动，英国商界、金融界乃至普通民众的生活都会受到影响。

（二）苏联对英外交政策的转变

通过对1926年"英国总罢工"等事件的分析，苏联意识到共产国际与

---

① Документы внешней политики СССР, Т. X, 1 января-31 декабря 1927 г., С. 191-192.

② Anglo-Soviet Trade 1920 - 1927: Its Extent and Prospects of Development before the Severance of Relations between Great Britain and the U. S. S. R., pp. 30-32.

③ Ibid., pp. 24-38.

英国共产党在英国的影响式微。有鉴于此，苏联在实践基础上调整并发展了"一国社会主义"理论以及和平共处理论，以此指导英苏两国的经贸和外交关系。1925年4月6日，在全联盟工会中央委员会（AUCCTU）的倡议下，共产国际在英国重新建立了一个无产阶级的自我授权组织——英俄统一委员会（Anglo-Russian Unity Committee），以代替问题丛生的英国工会来从事革命活动。然而，从英俄统一委员会和英国工会在1926年"英国总罢工"运动中保持沉默、取消总罢工、背叛整个英国工人阶级的事实来看，斯大林对于该委员会的论断得到了证实："它与列宁主义领导群众的方法背道而驰。这是不正确的，因为尽管西方工会具有反动性质，但它们是无产阶级最基本的组织，是最落后的工人最了解的组织，也是无产阶级最全面的组织。如果我们绕过这些工会，我们就找不到通往群众的道路，也无法赢得他们的支持。采纳托洛茨基的立场，意味着共产党人将无法联系广大群众。""托洛茨基和季诺维也夫奉行他们的'跳过理论'，试图跳过英国工会的落后和反动，试图让我们从莫斯科推翻英国工会总委员会，而不是由英国工会群众推翻。但我们肯定，这样的政策是愚蠢的、冒险的；在我们的帮助下，英国工会运动的反动领袖必须由英国工会群众自己推翻；我们不能忽略工会领导人的反动性格，必须帮助英国工会群众摆脱它。"① 1926年7月14日至23日，联共（布）中央委员会和中央监察委员会联席全会召开，季诺维也夫被开除出中央政治局。同年10月，季诺维也夫向共产国际执行委员会提出辞呈，解除了自己共产国际执委会主席的职务以及目前在共产国际中担任的一切工作。1927年11月，联共（布）中央委员会和中央监察委员会联席全会通过决议将季诺维也夫和托洛茨基开除出党。英俄统一委员会也于1927年秋不复存在。斯大林从世界资本主义发展和英国内政的角度总结了1926年"英国总罢工"发生的原因后（这一分析也影响了后来"第三时期"理论的形成），进一步分析了运动失败的原因及教训，并对英国工人阶级以及英国共产党作出如下评估："英国工人阶级的领袖无法完

---

① J. Stalin, "The Anglo-Russian Unity Committee," Marxists Internet Archive, https：//www.marxists.org/reference/archive/stalin/works/1926/anglo-russian-unity.htm#4, 访问日期：2023年2月14日。

成英国工人阶级的任务。工人运动的总参谋部——工会总委员会及其政治委员会、工党——内部士气低落且腐败横生。这些工人阶级的领袖,在他们的生活方式和地位上与资产阶级越来越接近,与工人群众脱节。英国工会总委员会不认为英国工人的罢工是一场政治斗争,且不认为罢工的胜利只能通过国际无产阶级的团结来赢得。因此,总委员会拒绝接受苏联和其他国家工人团体的财政援助。英国共产党的软弱对总罢工的失败造成了不小的影响,英国共产党在英国工人中缺乏威望,无法起到革命性的领导作用。"① 在此基础上,斯大林逐步放弃在英国进行"世界革命"的目标,转而强调两种性质不同的社会制度之间开展广泛的经贸合作交流仍然是和平共处的主要内容。② 此外,斯大林的和平共处理论中增加了政治上和平共处的新内容,把尊重双方的主权平等和互不干涉别国内政的原则引入了和平共处的理论中。③ 在具体运用经济因素,通过"一国社会主义"建设确保苏联社会主义胜利、体现社会主义制度优越性方面,斯大林在外交实践的积累中也日渐意识到经济因素的重要作用,并将其灵活付诸实践。④

"英苏贸易公司事件"发生后,联共(布)中央委员会和中央监察委员会于1927年8月9日通过了关于国际形势的联席会议的决议。由此,苏联进一步坚定了"英国总罢工"后其对于世界资本主义以及发达资本主义国家的情势判断,"第三时期"理论初现雏形。苏联方面认为,包括英国在内的帝国主义国家内部以及帝国主义国家间的人民矛盾、经济矛盾正在激化;英苏两国的最主要矛盾将主要聚焦于中国革命问题;苏联必须在确保自身经济进一步独立发展的基础上维护国家安全。有鉴于此,苏联必须奉行坚定而一贯的和平政策。为争取和平,政府必须对资本主义国家采取经济上

---

① "The British Strike and the Events in Poland: Report Delivered at a Meeting of Workers of the Chief Railway Workshops in Tiflis," Marxists Internet Archive, https://www.marxists.org/reference/archive/stalin/works/1926/06/08bp.htm, 访问日期:2023年2月14日。
② 中共中央马恩列斯著作编译局译:《斯大林全集》第7卷,人民出版社,1958,第218页。
③ 中央编译局译:《斯大林文集(1934—1952)》,人民出版社,1985,第523、673页。
④ 中共中央马恩列斯著作编译局译:《斯大林全集》第10卷,人民出版社,1954,第109页;向祖文:《苏联经济思想史:从列宁、斯大林到戈尔巴乔夫》,社会科学文献出版社,2013,第103—126页。

的权宜之计。① 共产国际在此时也逐步将其活动重心转向东方各国。1927年下半年，共产国际对中国、埃及的革命情况越发关注。1929年3月，主要负责联系和指导中国、朝鲜、日本、印度支那、菲律宾、印度尼西亚等国家和地区的无产阶级政党工作的共产国际远东局成立。1928年下半年，李维诺夫在真正领导了苏联外交事务人民委员会后，一改契切林此前长期保持与英国对抗的态度和做法。英国与苏联相关外交领导人的变更使得两国的外交关系趋向缓和。

五、结语

"英苏贸易公司事件"促成了苏联与共产国际对以英国为代表的西方发达资本主义国家的外交立场与外交政策的转变。苏联在处理该事件的过程中，发展了相关理论认识，实践了自己对于资本主义世界局势的判断，利用经贸杠杆成功掌握了对英关系的主动权，改善了英苏两国间的经贸和外交关系，也为苏联日后同资本主义国家进行交往提供了经验借鉴。苏联的经验表明，如果试图通过经贸合作巩固国家间关系、促使国家间经济和政治交往的持续稳定与和平发展，首要前提便是以"坚持和平发展，促进合作共赢"的态度积极发展对外经济贸易、建立良好的商业信誉。其次，严格明确和遵守国际法规与相关条约准则，按照法律条约等的规定依法进行合理和及时的申诉与辩护，则是在经贸合作遭遇阻碍时首先应该采取的有力措施。再次，对于突发事件进行及时完整的记录和准确、公开的澄清，建立有效且良好的舆论环境，也有助于相关组织在经贸活动遭受非法侵犯时占领舆论的高地。最后，在国家层面，当国家间经贸合作产生摩擦之时，及时有效地明确国家的态度原则与底线，综合国际和国内环境灵活调整自己的贸易重心与外交政策，也有助于在处理类似事件时游刃有余地掌握主动权。

---

① Документы внешней политики СССР, Т. X, 1 января-31 декабря 1927 г., С. 350-355.

印尼与澳大利亚在加入"科伦坡计划"问题上的谈判（1950—1953）

吴耀庭[*]

摘　要　20世纪50年代，英国、澳大利亚等英联邦国家发起了援助南亚和东南亚国家的"科伦坡计划"。从1950年起，澳大利亚不断调整政策，与印尼积极交流，并作出了一定的妥协让步，推动印尼政府在1953年加入了科伦坡计划。澳大利亚与印尼作为"陌生的邻居"，印尼迟迟不愿加入科伦坡计划，主要原因在于美国政府对印尼的大量援助、印（尼）澳在西伊里安问题上的冲突以及对该计划的政治动机的怀疑；澳大利亚之所以急于将印尼纳入科伦坡计划的轨道中，是为了便于通过科伦坡计划向印尼宣传西方的价值观念、稳定双边关系以及发展两国之间的贸易。

关键词　澳大利亚；印尼；科伦坡计划

第二次世界大战结束后，非殖民化运动再次兴起，大批民族国家走向了独立之路。与此同时，这些国家大多面临着社会动荡、贫困带来的诸多问题，急需国际援助。尽管如此，不少国家担忧接受国际援助会让援助国再次介入国家事务之中。最为鲜明的一个例子，就是印尼与澳大利亚就印尼加入"科伦坡计划"（Colombo Plan）展开的谈判，其背后的博弈与印尼对国际援助制度的疑虑密不可分。

本文选择这一研究角度，首先是为了更好地了解印尼独立初期面对外

---

[*] 吴耀庭，中山大学国际关系学院2020级博士研究生，研究方向为东南亚国际关系史。

来援助的态度。其次，通过考察印尼加入科伦坡计划的过程，可以剖析20世纪50年代初澳大利亚与印尼的双边关系。最后，作为一个充满冷战色彩的计划，科伦坡计划的诞生、运行必然与东西方阵营的对抗有着紧密的联系，对这一问题的深入研究有助于厘清冷战在局部地区产生的影响，以及澳大利亚和印尼在冷战研究中的不同定位。

印尼与澳大利亚在印尼加入科伦坡计划问题上的谈判，是研究印尼与科伦坡计划关系的重要切入点。关于科伦坡计划，国内外学者对其作了较为深入的研究，产生了许多具有代表性的学术成果。[①] 关于印尼与科伦坡计划的关系，国内外学者同样有所关注。[②] 但对澳大利亚拉拢印尼加入科伦坡计划的过程，目前学界研究得较少，为后续讨论提供了一定的空间。

本文将以澳大利亚推动印尼加入科伦坡计划为切入点，主要探讨印尼为何不愿意直接加入科伦坡计划以及澳大利亚如何拉拢印尼加入科伦坡计划。本文主要以澳大利亚外交部和国家档案馆的档案为基础，辅以已有的研究成果，对相关问题进行考察，以期对这一方面的研究有所助益。

一、科伦坡计划的扩大与澳大利亚对印尼的拉拢

1950年1月，以英国、澳大利亚为首的英联邦国家在锡兰（今斯里兰卡）首都科伦坡发起了旨在向南亚和东南亚国家提供技术、资金等援助的

---

① 关于科伦坡计划的研究成果，参见孙建党：《冷战与科伦坡计划的起源》，《历史教学（高校版）》2007年第9期；张绍兵：《冷战视野下的科伦坡计划——以澳大利亚为中心》，《历史教学问题》2017年第2期；Daniel Oakman, *Facing Asia: A History of the Colombo Plan* (Canberra: Pandanus Books, 2005)。

② 关于科伦坡计划对印尼的援助，国内学者的研究成果可以参见张秋生、蒋启良：《略论澳大利亚在"科伦坡计划"中对东南亚的援助》，《东南亚纵横》2010年第12期等。国外学者对这一问题的研究成果更多，详情参见Daniel Oakman, "The Politics of Foreign Aid: Counter-Subversion and the Colombo Plan, 1950-1970," *Pacifica Review*, Vol. 13, No. 3, 2001, pp. 255-272; David Lowe, "Canberra's Colombo Plan: Public Images of Australia's Relations with Post-colonial South and Southeast Asia in the 1950s," *Journal of South Asian Studies*, Vol. 25, No. 2, 2002, pp. 183-204; Maria Elena Indelicato, "Australia's 'Colombo Plan': The Beacon of Western Knowledge in the Asia-Pacific Region," *Critical Race and Whiteness Studies*, Vol. 11, No. 1, 2015, pp. 1-16；等等。

科伦坡计划。澳大利亚之所以重视援助这些国家，一方面是因为澳大利亚在地理上靠近这些地区，另一方面在于澳大利亚的综合实力强于周边国家。1949年，澳大利亚外交部的文件中写道："澳大利亚应该加强与亚洲国家之间的联系，放宽贸易要求。特别是要将注意力放在即将独立的印度尼西亚身上，以获得最大的利益。"①

在澳大利亚政府制定的扩大科伦坡计划的政策中，印尼被列为第三类国家，即"那些对西方国家（特别有可能对澳大利亚）怀有敌意的国家，或者是内部不稳定的国家，很难通过经济援助（从这些国家那里）获得更多的政治利益"。② 尽管如此，对澳大利亚而言，印尼的地理位置十分重要，是澳大利亚双边关系中不可忽视的力量。澳大利亚外交部长珀西·斯彭德（Percy Spender）在向澳大利亚总理罗伯特·孟席斯（Robert Menzies）提交的秘密报告中提到，印尼是澳大利亚的一个特殊邻国，澳大利亚应该尽可能为印尼政府提供实际援助。③ 同时，澳大利亚扩大科伦坡计划的努力也得到了英国的支持。英国外交大臣欧内斯特·贝文（Ernest Bevin）在1950年1月的会议中表示："祝贺印尼成为一个独立的国家，但政治等问题摆在面前，希望国际社会中认可印尼的国家能够对其进行援助，使其以正确的方式发展。"④ 澳大利亚政府不完全信任印尼，但邻近的地缘关系使其不得不重视印尼的地位与作用。

在随后召开的会议中，澳大利亚持续向印尼发出积极的信号。非英联邦国家，尤其是印尼是否加入科伦坡计划，成为澳大利亚关注的重要议题。澳大利亚多次在会上呼吁，应该将援助的重点放在印尼等非英联邦国家上。澳大利亚外交部还多次提出，应该集中有限的援助资源帮助印尼进行经济

---

① Daniel Oakman, *Facing Asia: A History of the Colombo Plan*, pp. 30-31.

② "The Colombo Plan-An Appraisal, 1950," NAA: A4311, 145/1, National Archives of Australia, 1988.

③ "Cablegram from Spender to Menzies," Historical Documents, Volume 24: Australia and the Colombo Plan, 1949-1957, Department of Foreign Affairs and Trade, https://www.dfat.gov.au/about-us/publications/historical-documents/Pages/volume-24/15-Cablegram-from-Spender-to-Menzies.

④ "Colombo Conference-Colombo Plan," British Commonwealth Consultative Committee for Asia and South East Asia, 1950-1956, NAA: A816, 11/301/720, National Archives of Australia, 1988.

建设。然而，澳大利亚发出的这些信号并没有得到印尼的直接认可。

1950年8月，印尼面临内阁换届，澳大利亚方面由此预计印尼在新政府上台前不会对参加9月6日关于科伦坡计划的伦敦会议作出回应。① 加之缅甸、泰国、越南、柬埔寨和老挝均未做好相应的准备，澳大利亚遂向英国提议将伦敦会议的整个议程推迟三到四周。东南亚国家除了对一些技术问题表示怀疑，更多的是在政治上犹豫不决。印尼副总统哈达就曾表示，最符合印尼利益的可能是通过直接谈判进行援助，而不是加入带有政治意味的政府间安排。② 印尼在外交政策方面既不想与大国结盟，也不想在科伦坡计划中承担任何政治责任。

1950年9月，澳大利亚外交部长访问美国，希望美国给予科伦坡计划一定的支持，同时还表示非英联邦国家将会加入科伦坡计划。③ 在随后的会议中，澳大利亚主张科伦坡计划应该制定一个普遍性原则，以探讨非英联邦国家在科伦坡计划框架下进行合作的可能性。④ 9月20日，澳大利亚向印尼发出与英联邦国家共同探讨援助金额和方案的邀请，但遭到印尼的拒绝。印尼向澳大利亚表示，印尼的经济形势良好，对澳大利亚的相关经济贷款方案不感兴趣。⑤ 1950年10月，澳大利亚力促科伦坡计划协商委员会与非

---

① "Minute from Tange to Watt," Historical Documents, Volume 24: Australia and the Colombo Plan, 1949-1957, https://www.dfat.gov.au/about-us/publications/historical-documents/Pages/volume-24/81-Minute-from-Tange-to-Watt.

② "Cablegram from Department of External Affairs to High Commission in London," Historical Documents, Volume 24: Australia and the Colombo Plan, 1949-1957, https://www.dfat.gov.au/about-us/publications/historical-documents/Pages/volume-24/86-Cablegram-from-Department-of-External-Affairs-to-High-Commission-in-London.

③ "Notes on Conversation at the State Department," Historical Documents, Volume 24: Australia and the Colombo Plan, 1949-1957, https://www.dfat.gov.au/about-us/publications/historical-documents/Pages/volume-24/98-Notes-on-Conversation-at-the-State-Department.

④ "Cablegram from High Commission in London to Spender," Historical Documents, Volume 24: Australia and the Colombo Plan, 1949-1957, https://www.dfat.gov.au/about-us/publications/historical-documents/Pages/volume-24/101-Cablegram-from-High-Commission-in-London-to-Spender.

⑤ "Cablegram from Menzies to Spender," Historical Documents, Volume 24: Australia and the Colombo Plan, 1949-1957, https://www.dfat.gov.au/about-us/publications/historical-documents/Pages/volume-24/109-Cablegram-from-Menzies-to-Spender.

英联邦国家的代表举行了相关会议。在会上，印尼表达了其对加入科伦坡计划的忧虑，称如果澳大利亚政府同意荷兰加入科伦坡计划，那么印尼可能会考虑暂缓加入该计划。①

1950年10月，印尼同意派观察员参与科伦坡计划的相关会议，并在澳大利亚的引导下邀请非英联邦国家制定长期的技术援助和资金援助计划。起草科伦坡计划六年发展计划的报告提出：科伦坡计划不仅仅局限于英联邦国家内，它的成功与否同样取决于该地区内其他国家的合作程度。科伦坡计划范围的调整，让澳大利亚政府的态度更为明确。澳大利亚明确向科伦坡计划协商委员会提出，应尽快将印尼等非英联邦国家纳入科伦坡计划的磋商中。

1950年是科伦坡计划提出的第一年，澳大利亚作为发起科伦坡计划的主要国家之一，其拉拢印尼参与的主要做法是通过科伦坡计划协商委员会的援助措施来吸引印尼加入。但在1951年前，印尼对科伦坡计划的质疑多于接受。正如印尼报纸所指出的："科伦坡计划不过是美国'第四点计划'的翻版，让印尼成为英联邦国家的傀儡。"② 在印尼看来，科伦坡计划可能会成为殖民势力重返印尼的跳板。科伦坡计划所提供的援助本应成为印尼政府的重要外援之一，却遭到了印尼政府的排斥。

二、澳印（尼）的谈判与印尼加入科伦坡计划

从1951年开始，澳大利亚提出更多实质性的措施，力图将印尼等非英联邦国家纳入科伦坡计划的轨道中。1951年上半年，朝鲜战争进入停战谈判前最焦灼的时期，而印尼依靠向"联合国军"出口橡胶、石油等战略资源，取得了短暂的经济繁荣，这让澳大利亚不得不重新审视之前的政策。

---

① "Cablegram from McCarthy to Spender," Historical Documents, Volume 24: Australia and the Colombo Plan, 1949-1957, https://www.dfat.gov.au/about-us/publications/historical-documents/Pages/volume-24/112-Cablegram-from-Mccarthy-to-Mpender.

② Daniel Oakman, "Crossing the Frontier Australia: Asia and the Colombo Plan, 1950-1965" (Ph.D. diss., Australian National University, 2002), p. 95.

因此，澳大利亚政府表示愿意为印尼制定一个详细的援助计划，以提供技术援助和福利援助，但又表示希望与印尼保持双边贸易上的平衡。①

澳大利亚政府提出了具体的援助措施，也希望印尼在科伦坡计划的相关会议上更加明确自身的态度。与此同时，处于朝鲜战争中的美国也给予澳大利亚一定的支持。针对1951年2月即将召开的关于科伦坡计划的会议，美国与英国就非英联邦国家参与科伦坡计划的地位问题进行了交流。英国则告知澳大利亚，在邀请非英联邦国家加入科伦坡计划时不应该带有具体的（政治）条件。②

1951年9月，澳大利亚根据联合国在印尼的调查，帮助印尼建立起国民教育的完整档案。基于此，10月澳大利亚政府与联合国教科文组织对教育援助提出具体的措施。联合国教科文组织提出，印尼国内认为澳大利亚对印尼留学生的相关奖学金政策束缚多，不够灵活，限制了印尼留学生前往澳大利亚求学。此外，语言的限制让澳方难以准确教授印尼学生相关知识。联合国教科文组织建议，在澳大利亚政府与联合国教科文组织进行商讨后，对印尼的援助优先级进行调整，把重点放在亟需援助的领域。③ 在同月，印尼驻英大使苏班德里约（Subandrio）访问澳大利亚，澳方向其询问了印尼参与科伦坡计划的相关意见。苏班德里约表示，更希望得到澳大利亚政府的直接援助，并且希望科伦坡计划可以再给出更加实质性的承诺；如不考虑更多的政治性的因素，印尼参加科伦坡计划的可能性会更大。9月20日，澳大利亚新任外交部长理查德·凯西（Richard Casey）再次与印尼

---

① "Memorandum from Doig to Meere," Historical Documents, Volume 24: Australia and the Colombo Plan, 1949–1957, https://www.dfat.gov.au/about-us/publications/historical-documents/Pages/volume-24/138-Memorandum-from-Doig-to-Meere.

② "Cablegram from Australian Government to Government of Ceylon," Historical Documents, Volume 24: Australia and the Colombo Plan, 1949–1957, https://www.dfat.gov.au/about-us/publications/historical-documents/Pages/volume-24/142-Cablegram-from-Australian-Government-to-Government-of-Ceylon.

③ "Memorandum from Gilchrist to Watt," Historical Documents, Volume 24: Australia and the Colombo Plan, 1949–1957, https://www.dfat.gov.au/about-us/publications/historical-documents/Pages/volume-24/199-Memorandum-from-Gilchrist-to-Watt.

外交部代表团商讨关于印尼加入科伦坡计划的问题。①

澳大利亚对印尼加入科伦坡计划的积极运作收到了印尼的反馈。1951年11月，印尼外交部同澳大利亚外交部就印尼加入科伦坡计划的影响展开对话。在对话过程中，印尼国内媒体依然不看好科伦坡计划的动机。② 12月10日，澳大利亚外交部指示澳驻印尼大使馆向印尼政府表示，印尼政府可以不参与科伦坡计划的经济发展方案和咨询委员会，只参与技术合作方案和成员理事会。③ 12月21日，澳驻印尼大使馆向印尼表示，科伦坡计划由经济发展方案和技术合作方案组成，两者独立运作、相互补充（但后者规模小得多）。澳大利亚政府向印尼提供的奖学金和研究基金是技术援助项目的捐款资助的，接受这些奖学金和其他学习机会并不意味着印尼必须参与科伦坡计划。但是，由于澳大利亚可用于向南亚和东南亚国家提供技术援助的资源有限，因此将优先考虑目前在科伦坡计划中担任技术合作理事会成员的国家。该理事会成员已同意相互讨论技术援助的共同需求，以尽可能利用这些资源，从而为各方带来最大利益。④

基于澳大利亚与印尼谈判的结果，1951年到1952年，来自印尼政府部门的50名官员前往澳大利亚接受培训，培训的领域涉及"公共管理、工程、运输、筑路、采矿、银行、贸易促进、电信、社会服务、科学、经济

---

① "Savingram to Posts," Historical Documents, Volume 24: Australia and the Colombo Plan, 1949–1957, https://www.dfat.gov.au/about-us/publications/historical-documents/Pages/volume-24/202-Savingram-to-Posts.

② "Memorandum from Gilchrist to Watt".

③ "Cablegram from Department of External Affairs to Embassy in Jakarta," Historical Documents, Volume 24: Australia and the Colombo Plan, 1949–1957, https://www.dfat.gov.au/about-us/publications/historical-documents/Pages/volume-24/205-Cablegram-from-Department-of-External-Affairs-to-Embassy-in-Jakarta.

④ "Letter from Department of External Affairs to Indonesian Ministry of Foreign Affairs," Historical Documents, Volume 24: Australia and the Colombo Plan, 1949–1957, https://www.dfat.gov.au/about-us/publications/historical-documents/Pages/volume-24/207-Letter-from-Department-of-External-Affairs-to-Indonesian-Ministry-of-Foreign-Affairs.

和医学"。① 经过近两年的谈判,尽管印尼还未加入科伦坡计划,但它与科伦坡计划的联系已经更加紧密。

在与印尼就科伦坡计划展开谈判和举行相关活动后,澳大利亚政府要求驻印尼大使馆评估印尼加入科伦坡计划的可能性,并对相关问题进行积极反馈。② 同时,澳大利亚与英国和美国政府协商,希望美国政府可以增加对英联邦国家的援助。英国政府也承诺,它会默认印尼、泰国和缅甸加入科伦坡计划。在这次会谈后,缅甸宣布加入科伦坡计划。缅甸的加入让澳大利亚政府作出判断,认为印尼将会在近期加入科伦坡计划。③ 1952年1月8日,印尼外交部官员联系澳驻印尼大使馆,表示由于一些外交部官员对接受澳大利亚提供的奖学金或其他课程可能产生的政治影响或道德义务感到关切,印尼政府很快将对科伦坡计划作出"永久性决定"。随后,印尼外交部要求澳方暂时停止根据技术合作计划向印尼学生发放奖学金。1月9日,印尼驻英大使苏班德里约表示他还不知道印尼政府对科伦坡计划的意见,但他个人认为该计划为目前欠发达的亚洲国家提供了思想交流的平台。1月21日,澳驻印尼大使馆告知澳大利亚外交部,印尼愿意继续接受培训设备,但没有正式接受科伦坡计划。这一决定是由印尼外长艾哈迈德·苏巴尔迪约(Achmad Soebardjo)作出的,大使馆认为"他个人觉得没有必要暂停(发放奖学金)"。④

从1951年年底至1952年年中,印尼逐步转变了其对科伦坡计划的态

---

① "Colombo Plan-Australian Policy, 1950-1962," NAA: A1209, 1957/5406, National Archives of Australia, 1993.

② "Memorandum from Plimsoll to Embassy in Jakarta," Historical Documents, Volume 24: Australia and the Colombo Plan, 1949-1957, https://www.dfat.gov.au/about-us/publications/historical-documents/Pages/volume-24/208-Memorandum-from-Plimsoll-to-Embassy-in-Jakarta.

③ "Note by Cumes," Historical Documents, Volume 24: Australia and the Colombo Plan, 1949-1957, https://www.dfat.gov.au/about-us/publications/historical-documents/Pages/volume-24/210-Note-by-Cumes.

④ "Cablegram from Embassy in Jakarta to Department of External Affairs," Historical Documents, Volume 24: Australia and the Colombo Plan, 1949-1957, https://www.dfat.gov.au/about-us/publications/historical-documents/Pages/volume-24/212-Cablegram-from-Embassy-in-Jakarta-to-Department-of-External-Affairs.

度，这其中有多方面的因素影响。首先，澳大利亚认识到科伦坡计划不应带有明显的政治动机。澳大利亚积极地表示科伦坡计划是一个单纯的援助计划，而非"第四点计划"，这一做法使澳大利亚与印尼建立了政治互信，消除了印尼对科伦坡计划的部分疑虑。其次，澳大利亚通过更为实际的援助，例如基础设施建设、奖学金等，引起印尼方面对科伦坡计划的兴趣。澳大利亚的直接援助向印尼表明了科伦坡计划的实用性，让印尼暂时放下了与澳大利亚在领土争端中的不同意见。再次，美国对印尼的援助金额减少，让印尼认识到不能仅仅依靠单一援助。最后，部分非英联邦国家的加入，同样推动了印尼加入科伦坡计划。

1952年8月，澳大利亚从英国驻印尼大使馆处得知，印尼政府最近达成了一项非正式决定，即印尼应参与科伦坡计划的全部或部分内容，而印尼作出正式决定只是时间问题。同时，英方提醒澳大利亚应对此作出适当的评论，以免受到印尼民族主义者的攻击，并在印尼政府提前宣布的情况下作出适当的行政和经济调整。[①] 经过长时间的谈判，印尼政府于1952年12月31日正式同意加入科伦坡计划。1953年1月，经过科伦坡计划成员国的审议，印尼顺利成为科伦坡计划的成员国。

在科伦坡计划提出后，澳大利亚一直十分重视印尼的参与。不过，澳大利亚最初并未提出实质性的措施，而是直到1951年底才通过积极运作和更具体的措施逐步吸引印尼政府加入。最终，在澳大利亚的拉拢下，结合多方面因素，印尼转变了其对科伦坡计划的态度，顺利加入了科伦坡计划。

三、澳印（尼）在印尼加入科伦坡计划问题上的考量

1953年1月，印尼正式成为科伦坡计划的成员国。自此，澳大利亚通过科伦坡计划向印尼提供了大量的经济和社会发展援助，其范围包括公共

[①] "Memorandum from Gilchrist to Watt," Historical Documents, Volume 24: Australia and the Colombo Plan, 1949-1957, https://www.dfat.gov.au/about-us/publications/historical-documents/Pages/volume-24/235-Memorandum-from-Gilchrist-to-Watt.

卫生、教育、食品技术等，几乎涵盖印尼国家发展的所有领域。① 但在科伦坡计划发起的最初三年里，印尼谨慎地对待这个邻国所倡导的国际援助计划，澳大利亚则力求将印尼纳入科伦坡计划的轨道。澳大利亚与印尼被称为"陌生的邻居"，科伦坡计划在双边关系中的存在则值得进一步分析。

（一）印尼对科伦坡计划迟疑的原因

1945年8月日本投降后印尼宣布独立，但荷兰殖民者卷土重来，随后爆发了荷印（尼）战争，直到1949年底荷兰才承认印尼独立。因此，印尼在对外政策中较为谨慎，力求减少西方大国对印尼国家建设的过多干预，只希望得到单纯的经济援助。在最初几次关于科伦坡计划的会议中，印尼愿意以观察员的身份出席会议，对科伦坡计划的整体态度较为谨慎。印尼政府迟迟不愿加入科伦坡计划，其背后的主要原因有以下三点。

首先，在荷兰与印尼的领土争端中，澳大利亚模糊不清的态度让印尼十分不满。印尼独立后，虽然荷兰很快退出印尼，但其仍然控制着西伊里安。澳大利亚对西伊里安问题较为关注，因为西伊里安被澳大利亚认为是"抵抗共产主义扩张的前沿阵地"。澳大利亚政府希望荷兰可以继续控制西伊里安，因为孟席斯政府无法确定"印尼是否会站在共产主义阵营"一方。② 澳大利亚的态度更多的是英联邦国家态度的体现，特别是荷兰积极寻求英联邦国家的支持的体现。

澳大利亚的态度让印尼颇为不满，印尼外交部针对澳大利亚外长斯彭德的声明，提出印尼希望澳大利亚的政策应该与印尼独立战争时期保持一致，不应支持荷兰的行动。③ 两国关系的不稳定，让印尼政府面对科伦坡计划时更加小心谨慎。1950—1951年，得益于朝鲜战争中"联合国军"的军需采购与美国政府的大笔援助，印尼经济进入了一个短暂的繁荣期。1950年初，印尼曾考虑参加科伦坡计划的协商委员会，但澳大利亚驻印尼大使

---

① "Colombo Plan-Australian Policy, 1950-1962," NAA: A1209, 1957/5406, National Archives of Australia, 1993.

② Daniel Oakman, "Crossing the Frontier Australia: Asia and the Colombo Plan, 1950-1965," p. 95.

③ Daniel Oakman, "Crossing the Frontier Australia: Asia and the Colombo Plan, 1950-1965," p. 95.

馆得知，印尼此举只是为了让澳大利亚在西伊里安问题上支持印尼。科伦坡计划与西伊里安问题的结合，让印尼政府对科伦坡计划是否符合国家利益提出质疑。1952年，澳大利亚外长凯西在面对苏加诺政府的强硬态度时无奈地表示，科伦坡计划不会对西伊里安问题的缓和起到决定性的作用。①

科伦坡计划相较于西伊里安问题而言，显得微不足道，因此印尼政府对科伦坡计划的信任度并不高。印尼与澳大利亚之间关于西伊里安问题的分歧，是印尼最初拒绝加入科伦坡计划的重要因素之一。

其次，科伦坡计划潜在的政治动机令印尼政府心存疑虑，尤其是在当时的冷战背景下，澳大利亚与印尼间关于科伦坡计划的认知存在分歧。1950年，当英联邦国家提出科伦坡计划后，印尼对该计划的"纯粹性"质疑声不断。印尼政府认为，科伦坡计划是英国、澳大利亚等国家寻求以经济援助换取"政治上的殖民"。② 印尼国内的报纸指责科伦坡计划企图让印尼重新被殖民者剥削，苏加诺政府也更加倾向于寻求美国政府或者苏联政府的援助。由于英国、澳大利亚等英联邦国家的财力有限，其所提供的援助对于印尼而言可能附带有更多的条款，对印尼政府的约束也更大。这一怀疑也被澳大利亚官员所察觉，部分澳大利亚官员认为像印尼这样刚刚摆脱殖民统治的国家，难免会对西方援助进行怀疑。③ 同时，澳大利亚对外宣称科伦坡计划没有附带任何政治目的，并对印尼表示科伦坡计划的援助是为了促进东南亚、南亚国家的经济发展和社会稳定。

但是，澳大利亚的这番说辞并未打消印尼的疑虑。1950年科伦坡计划的协商委员会与非英联邦国家代表举行了会谈，印尼和缅甸作为观察员共同提出了几个关键性的问题：(1) 科伦坡计划是否适合非英联邦国家加入？(2) 科伦坡计划是否会成为一个区域性的国际组织，成为英联邦的殖民工具？(3) 科伦坡计划的具体承诺是什么？(4) 如果不加入科伦坡计划，非

---

① Ibid.

② Daniel Oakman, "The Seed of Freedom Regional Security and the Colombo Plan," *Australian Journal of Politics and History*, Vol. 46, No. 2, 2000, pp. 67-85.

③ Ibid.

英联邦国家能否获得部分技术援助?① 此外，印尼代表还提出，如果接受科伦坡计划，是否会自动被纳入科伦坡计划所设立的任何组织?② 印尼作为非英联邦国家，加入一个主体是英联邦国家的援助计划中，所得到的利益是否与英联邦国家相同？印尼在科伦坡计划中能否争取到更多的话语权？其国家主权是否会受到损害？

上述问题表现出印尼对科伦坡计划的政治动机的疑虑，印尼担心加入科伦坡计划意味着自己将被卷入一个新的殖民剥削体系中。在印尼看来，英联邦国家在印尼独立运动期间态度不明确，甚至站在印尼的对立面，这让苏加诺政府不得不怀疑加入科伦坡计划后印尼面临的潜在危险。同时，非英联邦国家的身份也让印尼政府怀疑印尼能否在科伦坡计划中做到全身而退。

最后，美国的大量援助让印尼暂时不需要其他国家的零星援助。通过"第四点计划"和福特基金会等官方和私人援助，印尼的战后重建得以顺利进行。虽然冷战开始后美国力求在全世界传播美式价值观，其对外援助也带有明显的政治性，但对印尼而言，美国政府和私人基金会提供的援助实为诱人。正如美国国务卿迪安·艾奇逊（Dean Acheson）所言，未来印尼将会在东南亚事务中占据主导地位。③ 美国政府的援助让印尼可以大胆地观望科伦坡计划的具体进程。毕竟，相较于"第四点计划"而言，科伦坡计划还无法与之抗衡，英国、澳大利亚等国的国力也难以与美国抗衡。基于此，在科伦坡计划刚提出的时候，印尼政府并不急于加入其中。可以说，美国政府对印尼的援助成为澳大利亚拉拢印尼加入科伦坡计划的一大阻碍。

总而言之，在科伦坡计划提出后，澳大利亚试图让印尼第一时间加入该计划。但澳大利亚政府与印尼政府关于科伦坡计划的认知存在分歧，这使印尼不得不全面审视科伦坡计划。一方面，美国政府的援助帮助印尼在

---

① Daniel Oakman, "Crossing the Frontier Australia: Asia and the Colombo Plan, 1950-1965," p. 95.
② Ibid.
③ "Paper by Birch," Historical Documents, Volume 24: Australia and the Colombo Plan, 1949-1957, https://www.dfat.7gov.au/about-us/publications/historical-documents/Pages/volume-24/27-Paper-by-Birch.

建国初期百废待兴的情况下稳定了政权,而朝鲜战争中的"战争特需"也刺激了印尼的经济发展。另一方面,澳大利亚和其他英联邦国家在西伊里安问题上态度不明确,让印尼政府减缓了加入科伦坡计划的脚步。此外,印尼政府怀疑科伦坡计划是英联邦国家对印尼建构殖民主义的新方式。同时,非英联邦国家的身份让印尼担心加入科伦坡计划后可能产生的负面效果。这些成为影响印尼加入科伦坡计划的重要因素。

(二) 澳大利亚拉拢印尼加入科伦坡计划的原因

东南亚被西方阵营视为面临"共产主义渗透威胁"的重要地区,而靠近东南亚的澳大利亚也将其作为自己实施冷战政策的重点。尤其是新独立的印尼,美国、英国以及澳大利亚都担心其变成共产主义国家,成为东南亚地区一颗不稳定的"炸弹"。因此,科伦坡计划的提出符合澳大利亚政府在冷战背景下的整体政策。

1. 输出西方价值观

澳大利亚外长斯彭德认为,共产主义在东方的崛起给澳大利亚带来了一定的威胁,澳大利亚必须对其亚洲邻国——特别是印尼——制定强有力的政策。科伦坡计划就是斯彭德所说的政策。澳大利亚认为,一旦印尼加入科伦坡计划,稳定的援助可以减轻共产主义对印尼政府的影响。澳大利亚同美国一样,致力于让印尼完全站在西方资本主义一方,避免东南亚局势出现不稳定。澳大利亚认为,达到这一目的最直接的方法就是提供经济援助,而科伦坡计划承担了这一政治使命。澳大利亚在科伦坡计划的提案中指出:"……应该继续利用具有凝聚力的英联邦在亚洲的巨大的潜在影响力,逐步建立亚洲与西方的紧密联系……这是澳大利亚在科伦坡会议上采取主动行动的一个主要原因。"①

澳大利亚企图通过定期的经济和技术援助,让印尼人感受到西方援助下的生活差异。澳大利亚通过科伦坡计划向雅加达市民提供了公共汽车和

---

① "Submission from Spender to Cabinet," Historical Documents, Volume 24: Australia and the Colombo Plan, 1949-1957, https://www.dfat.gov.au/about-us/publications/historical-documents/Pages/volume-24/125-Submission-from-Spender-to-Cabinet.

连续的自来水供应,希望以此能体现出澳大利亚的慷慨和善意。为了与本地的公共汽车进行区分,澳大利亚援助的公共汽车印有澳大利亚地图,以期引起雅加达市民的注意。① 除了进行实物宣传,澳大利亚还利用科伦坡计划进一步加强了与印尼的文化交流。通过科伦坡计划,澳大利亚提供了近2.5万英镑,从参与科伦坡计划的亚洲国家中选定了近40人(其中印尼人占大多数)访问澳大利亚,旨在促进澳大利亚与这些国家的交流。虽然该项目被认为是正常的文化交流,但会议记录显示,它实际上是澳大利亚进行冷战宣传的一种手段。② 另外,澳大利亚的海外广播服务也向亚洲国家进行宣传,尤其是向印尼宣传西方的政策。随着印尼加入科伦坡计划,澳大利亚可以更为方便地对印尼进行冷战宣传,并提升澳大利亚的国家形象。

2. 维护澳印(尼)双边关系的稳定

印尼是澳大利亚的重要邻国,澳大利亚外交政策的重点之一是与印尼保持良好的关系。在印尼的非殖民化运动中,澳大利亚也扮演着重要的角色。然而,由于西伊里安问题,澳大利亚与印尼之间关系紧张。因此,澳大利亚希望通过科伦坡计划中的具体援助分散印尼在西伊里安问题上的注意力,缓和两国关系。在印尼加入科伦坡计划后,澳大利亚议会议员亨利表示:"我认可澳大利亚政府根据科伦坡计划给予印尼以及其他亚洲国家的援助。但澳大利亚政府需要对印尼政府直截了当地说明,如果印尼想要在科伦坡计划中获得更多的援助,那么希望印尼可以在西伊里安问题上采取更加合理的态度。"③

虽然印尼政府并没有因为科伦坡计划而在西伊里安问题上作出让步,但澳大利亚拉拢印尼加入科伦坡计划,这对两国关系的改善起到了一定的作用。印尼政府在20世纪50年代初曾因为朝鲜战争中的"战争特需"取得一定的经济繁荣,而经济的繁荣让印尼的外交政策开始转向强硬。西方国家对印尼的激进民族主义表示担忧,认为其与帝国主义的扩张政策相比

---

① Daniel Oakman, "The Politics of Foreign Aid: Counter-Subversion and the Colombo Plan, 1950-1970," *Pacifica Review: Peace, Security and Global Change*, Vol. 13, No. 3, 2001, pp. 252-272.

② Ibid.

③ Daniel Oakman, "Crossing the Frontier Australia: Asia and the Colombo Plan, 1950-1965," p. 95.

没有什么区别。① 但澳大利亚认为，可以通过科伦坡计划与印尼建立更为紧密的外交关系。1949—1951 年担任澳大利亚外长的斯彭德认为，澳大利亚可以通过科伦坡计划的相关援助来维持与印尼间的良好关系。在印尼加入科伦坡计划后，斯彭德的继任者凯西则指出："科伦坡计划是澳大利亚向印尼敞开大门的最好机会，并且澳大利亚可以通过科伦坡计划与印尼建立良好的关系。"② 凯西的这番话得到了印尼媒体的积极回应。印尼日报《阿巴迪报》称："除了西伊里安问题……印尼与澳大利亚之间的关系总体上是好的。随着印尼加入科伦坡计划，两国关系近几个月来有所改善。"③

3. 促进双边贸易的发展

印尼的地理位置、人口和自然资源，决定了其在东南亚地区的重要地位。在印尼非殖民化运动期间，澳大利亚就注意到印尼在澳大利亚对外贸易中的重要性。澳大利亚外交部秘书伯顿曾提出澳大利亚的对外援助应该集中于印尼，这样才能保证获得最大的利益。④ 澳大利亚外交部长斯彭德也提出澳大利亚应该与东南亚国家保持友好的关系，以及促进贸易关系符合澳大利亚的最大利益。⑤

印尼对澳大利亚来说是一个巨大的潜在市场和原材料来源地。一方面，印尼所提供的原材料对澳大利亚的工业发展具有重要的价值。另一方面，印尼对固定设备（澳大利亚可能难以提供）和刺激性消费品（澳大利亚能够提供）存在需求。⑥ 如果通过科伦坡计划建立起稳定的商业联系，澳大利亚的货物出口到印尼所受到的阻力就会减轻。同时，印尼在国家重建和发展方面需要很多材料和设备，而澳大利亚可以从中获得更多的利益。

---

① Daniel Oakman, "Crossing the Frontier Australia: Asia and the Colombo Plan, 1950–1965," p. 95.

② Ibid.

③ "Dispatch from Kevin to Casey," Historical Documents, Volume 24: Australia and the Colombo Plan, 1949–1957, https://www.dfat.gov.au/about-us/publications/historical-documents/Pages/volume-24/254-Dispatch-from-Kevin-to-Casey.

④ Daniel Oakman, Facing Asia: A History of the Colombo Plan, pp. 30–31.

⑤ Ibid.

⑥ "Memorandum from Burton to Heads of Departments," Historical Documents, Volume 24: Australia and the Colombo Plan, 1949–1957, https://www.dfat.gov.au/about-us/publications/historical-documents/Pages/volume-24/36-Memorandum-from-Burton-to-Heads-of-Departments.

虽然印尼加入科伦坡计划并没有让澳大利亚商品打开印尼的整个市场，但也形成了一种双赢的局面。从战略上而言，科伦坡计划使两国贸易联系更为紧密，对两国的经济发展起到了相辅相成的作用。

四、结语

澳大利亚是科伦坡计划的主要发起国之一，并在印尼加入科伦坡计划的过程中起到了重要的作用。印尼最初质疑科伦坡计划的政治目的，不愿成为英联邦国家的附庸。基于此，澳大利亚政府多次与印尼政府展开对话，公开强调印尼对于科伦坡计划的重要性，并承诺印尼可以只参加科伦坡计划中的技术合作项目。随后，通过实质性的经济和技术援助，澳大利亚逐步吸引印尼加入了科伦坡计划。澳大利亚对印尼加入科伦坡计划的积极运作巩固了双边关系，也保障了自身的经贸利益。同时，印尼加入科伦坡计划，也使澳大利亚实现其冷战目标成为可能。

科伦坡计划影响深远，澳大利亚通过其向东南亚和南亚国家提供了经济和技术援助，促进了地区国家的发展。澳大利亚推动印尼加入科伦坡计划，是澳大利亚冷战时期东南亚政策的具体体现。澳大利亚重视与东南亚国家，尤其是与印尼的关系，积极参加东南亚事务，以便在东南亚地区发挥更大的影响力。进入21世纪，澳大利亚政府推出了资助本国学生赴亚洲留学的"新科伦坡计划"，鼓励双向交流，印尼则是首批目的地之一。尽管时代大不相同，但澳大利亚都想借助这些项目拉近与印尼的关系，以及更好地参与亚洲地区的事务。

"石油外交"背后的"大国假象"
——1973年三木武夫出使中东探析

郭鸿毅[*]

摘 要 1973年10月,因第四次中东战争的爆发而引起的石油危机不仅波及了欧美国家,也给日本造成了经济上的冲击。其间,日本政府试图在美国主导的西方阵营和阿拉伯石油输出国形成的"夹缝"间维持中立立场。然而,在石油输出国组织石油政策的压力下,日本官房长官二阶堂进发表讲话,采取了偏向阿拉伯国家的立场,日本政府随后派遣自民党重要人物三木武夫出使中东八国。三木武夫在出使中东期间采取"援助促外交"策略,一方面在口头上答应援助中东国家建设基础设施,另一方面强调日本在日美同盟下的东亚大国地位。三木武夫在出使中东后访问美国,获得了美国对其出使中东一事的谅解。这一"石油外交"的成功使得日本看似能够以经济实力来换取在中东地区的大国地位。实际上,从日美同盟的矛盾性角度来看,这只是在日美安保体系下的"大国假象"。

关键词 石油危机;三木武夫;开发援助;日美同盟;大国假象

国内关于日本田中角荣政权的研究,多聚焦于田中执政时期"恢复对华邦交"的过程和意义,较少关注其治理内政和与他国开展外交的特点。就"石油危机"这一重大课题而言,日本政府的外交立场和举动都不同于

---

[*] 郭鸿毅,首都师范大学历史学院硕士研究生。

此前"一向亲美和反华"的姿态，反而为实现利益最大化而采取亲近阿拉伯国家的策略，同前一任佐藤荣作政府的外交姿态有所区别。

关于第一次石油危机期间日本对中东国家政策的转变，国内学者进行过较为系统的论述。①关于这一转变发生的背景和日美同盟下的"基辛格构想"②的论述，多集中在日本学者和其他国家学者的著作中。③此外，关于日本政府面对石油禁运采取了何种外交上的对策，日本学者池上万奈和白鸟润一郎在各自的著作中从不同角度对这一问题进行了史实层面上的梳理。④但是，以上研究都未涉及"三木武夫出访中东"这一具体问题。

在具体问题上，关于田中政府在派遣三木武夫出使中东这一问题上做了哪些具体规划，以及田中政府希望通过三木武夫的出使获得怎样的外交成果，以上先行研究都缺乏在长远视角上对"三木出使"的定位。在关心以上问题的基础上，笔者试图利用相关史料加以阐释，借此考察石油危机背景下三木武夫出使中东的决策与过程，以及采取这一举措背后的深刻原因。

---

① 国内学者的著述参见李凡：《第一次石油危机中日本对中东政策的转折》，《史学月刊》2002年第8期，第89—94页；程蕴：《日美同盟视角下日本的中东外交：自主外交与同盟义务的矛盾与协调》，《西亚非洲》2022年第2期，第102—118页。

② 1973年4月，美国国务卿基辛格提出了调整美国同其西欧盟国关系的"新大西洋宪章"构想。

③ 相关论文包括：山本健『「ヨーロッパ年」の日欧関係，1973—1974年』、『日本EU学会年報』第32号、2012年、第158—177頁；佐藤晋『田中角栄内閣と石油危機』、『二松学舎大学東アジア学術総合研究所集刊』第48号、2018年、第1—26頁；池田明史『石油危機と中東外交の「転換」』、『国際問題』638、2015年、第16—25頁；Erika Tominaga, "Japan's Middle East Policy, 1972-1974: Resources Diplomacy, Pro-American Policy, and New Left," Diplomacy & Statecraft, 28: 4, 2017, pp. 674-701.

④ 相关著作包括：白鳥潤一郎『「経済大国」日本の外交：エネルギー資源外交の形成（1967—1974年）』、千倉書房、2015年；池上萬奈『エネルギー資源と日本外交：化石燃料政策の変容を通して（1945—2021年）』、芙蓉書房、2022年。

一、石油危机背景下三木武夫出使中东的决策的制定背景

第四次中东战争的爆发是长期以来民族问题、宗教问题未能妥善解决，且有大国从中介入而导致问题升级的结果。中东国家和日本在地缘上距离遥远，日本在第四次中东战争以前是否考虑过中东问题与石油问题间的关系，日本在中东问题上又持有何种立场，白鸟润一郎对此进行过细致的分析。

白鸟认为，日本在中东问题上的立场并非完全"中立"，而是一贯采取"不明确"偏向阿拉伯国家的立场。之所以立场"不明确"，首先是因为日本缺乏对中东国家开展外交的专业人士。"第四次中东战争爆发时，日本外事部门的公务员考试中，通晓阿拉伯语的有 30 余人，而通晓波斯语、土耳其语和希伯来语的不过五六人。驻在一个中东国家的（外交官）也不过几人，且一个使馆经常负责多个国家的事务……对石油方面比较了解的，也只有驻科威特大使石川良孝一人。"此外，日本驻中东国家的大使们也在会议上一致反对立场的"明确化"。他们表示："由于并没有对中东问题的根本解决进行过充分考虑，故没有必要急于在当前时期表明我国立场，我国保持一贯的'中立（impartial）立场'足矣，具体则要根据各国态度来确定我国立场。"① 表面上，日本政府在面对外部纠纷时有保持一贯的"中立"的传统，就中东问题而言，根本原因是日本不重视对中东国家的外交。

1973 年 10 月 8 日，日本内阁官房副长官山下代表政府发表谈话，指出："我国希望早日停止战争。战争爆发的根本原因是中东各国间的长期冲突未能解决。故我国希望以 1967 年联合国安理会第 242 号决议为基础，恢复该地区公正、持久的和平。"② 在"基辛格构想"的背景下，第四次中东战争爆发后，日方确实没有在第一时间指责以色列的战争行径，而是采取

---

① 白鳥潤一郎『「経済大国」日本の外交：エネルギー資源外交の形成（1967—1974 年）』、千倉書房、2015 年、第 171 頁。

② 『第 4 次中東戦争に関する山下官房副長官発言』、1973 年 10 月 8 日、『外交青書』18 号、第 115 頁。

相对中立的态度，并未偏于西方国家的立场，指责战争的某一方。随后，10月16日和17日，阿拉伯石油输出国组织①在科威特召开了两次会议，宣布立即减少石油产量，并决定以9月份各成员国的产量为基础，每月递减5%；对于美国等支持以色列侵略的国家的石油供应，逐月减少5%，②"直到以军撤出1967年6月占领的阿拉伯国家领土以及恢复巴勒斯坦人的合法权利"，并"对友好国家按原有量供应石油"。③ 10月19日早上，包括阿尔及利亚、伊拉克、埃及、利比亚等11国在内的阿拉伯石油输出国的驻日大使拜访日本外务大臣大平正芳，希望得到日本方面的明确答复，并带来了"希望日本政府能够表明立场，支持遭受侵略的阿拉伯国家以及支持巴勒斯坦难民们的合法权利"的信件。大平在与这些大使面谈时也进一步强调了石油断供会对日本造成的不利影响。他表示："在我来看，目前可以获得阿拉伯各国的理解以及保障石油的稳定供应。鉴于中东战争导致石油供应削减，从而对日本造成重大的不利影响，我恳请得到各国的理解，并将积极与各国合作解决问题。"④

实际上，阿拉伯石油输出国组织并不信任日本政府的一面之词，这主要是因为日本政府对于中东战争的爆发未表达出明确的立场。长期以来追随美国的日本不由自主地进入了亲以色列国家的行列，当阿拉伯石油输出国组织对亲以色列国家进行制裁时，也对日本经济造成了巨大影响。11月5日，阿拉伯石油输出国组织决定将石油产量减少至1973年9月产量的25%，并在12月削减11月产量的5%。⑤ 对此，1973年11月6日日本官房长官二

---

① 石油输出国组织（OPEC）于1960年9月14日由伊朗、伊拉克、科威特、沙特阿拉伯和委内瑞拉五国创立。第三次中东战争之后，石油输出国组织中的阿拉伯成员国于1968年1月9日成立了另一个重叠的组织"阿拉伯石油输出国组织"（OAPEC），以集中向支持以色列的西方国家施压。

② 『OPEC湾岸諸国石油大臣会議コミュニケ』、1973年10月16日、『外交青書』18号、第170—171頁。

③ 『OAPEC（アラブ石油輸出国機構）石油大臣会議コミュニケ』、1973年10月17日、『外交青書』18号、第171—172頁。

④ 『大臣記者会見要旨（10月19日）（在京アラブ諸国大使の来訪他）』、1973年10月19日、『大平正芳関係文書』100309300。

⑤ 『OAPEC石油大臣会議声明』、1973年11月5日、『外交青書』18号、第172頁。

阶堂进对中东问题发表讲话，表示鉴于阿拉伯国家大使陈述的意见，日本"绝对反对"一国以武力获得领土；希望双方根据联合国安理会第 242 号决议的要求缔结停战协议，并希望在该地区有巨大影响力的美苏两国尽最大努力解决问题。① 11 月 19 日，沙特阿拉伯石油大臣提出："缓和石油供应以日本与以色列断交为前提。"②

基辛格此前于 11 月 14 日到访过日本，大平正芳在与基辛格会谈后表示："基辛格非常热衷于解决中近东问题，为此不惜努力……我方将石油供给限制问题对其进行了说明。"同样地，尽管欧洲对于日本参与"基辛格构想"存有疑问，但基辛格认为，美国政府并未放弃让日、美、欧三方发表共同宣言。对此，大平指出："日本对阿拉伯国家的政策是日本自己的事，不应与美国讨论。"③ 从这方面看，日本外务省方面正极力摆脱美国对日本开展对阿拉伯国家外交的干涉，而且也不希望所谓的"基辛格构想"影响日本解决石油问题。通产省大臣中曾根康弘对基辛格提出了三点要求：（1）向日本提供一些国际石油资本的石油储备；（2）驻日美军的石油需求由美国直接提供，不占用日本民间使用的部分；（3）尽快实现中东和平。然而，基辛格对此的反应则是严词拒绝。他表示："关于驻日美军的石油供给我们可以努力，但是我们无权命令国际石油资本对日本进行通融……不能和阿拉伯各国轻易达成妥协。"中曾根对此的反驳是："如果日本经济崩溃了的话，安保条约也难以正常发挥作用，美军也将变得寸步难行，从而给整个'自由主义阵营'造成不良影响。"④

在开展对阿拉伯国家外交前，"虽然阿拉伯国家积极要求日本政府，若想成为'友好国家'，就要在立场上表示对阿拉伯国家的支持，但美国方面

---

① 『中東問題に関する二階堂官房長官の発言』、1973 年 11 月 6 日、『外交青書』18 号、第 115—116 頁。

② 高坂正尭『戦後日米関係年表』、PHP 研究所、1995 年、第 139 頁。

③ 『大臣記者会見要旨（11 月 14 日）（キッシンジャ米国務長官との会談終了後）』、1973 年 11 月 14 日、『大平正芳関係文書』100310300。

④ ［日］中曾根康弘：《政治与人生：中曾根康弘回忆录》，王晓梅译，东方出版社，2008，第 219—220 页。

却要求日方不要向阿拉伯国家'屈服'"。① 日本政府的处境变得极为被动，导致内部呈现分歧：在外务省内部，对于阿拉伯国家提出的声明，大平正芳明确表示不赞成，但事务次官等却表示赞同；在通产省内部，中曾根康弘和资源能源厅长官表示赞成，事实上形成了双方意见对立的局面。

由此，在"夹缝"之中的日本政府选择了最符合本国利益的立场。11月22日，官房长官二阶堂进针对中东问题发表谈话，提出支持在联合国大会上对巴勒斯坦人自决权有关问题进行讨论，并提出了解决中东问题的四点原则：（1）不得武力获得和占领领土；（2）要求以色列退出第三次中东战争期间占领的全部土地；（3）尊重区域内所有国家的领土完整和领土安全，采取一定的保障措施；（4）实现中东公正和持久的和平，承认并尊重巴勒斯坦人基于《联合国宪章》的正当权利。此外，他对以色列占领阿拉伯国家领土深感遗憾，强烈要求以色列遵循上述原则。② 该举措也被称为日本的"新中东政策"。

然而，美国政府却表示"日本需要重新思考其对以色列的政策"，"对日本政府作出这一表态深感遗憾"。③ 尽管日本曾选择维持中立立场，作为对阿拉伯国家外交的"缓兵之计"——大平面对阿拉伯国家在外交立场上的发难，认定采取一贯的中立政策已无可能，因此选择以"二阶堂发言"为接下来的外交斡旋提供余地——但美方的这一态度表明，日本难以避免在这一问题上与美国产生对立。"日美之间的摩擦，同样是一个由日美双方重新确认'比日本本国利益更重要的利益'的过程。"④

---

① 池上萬奈『エネルギー資源と日本外交：化石燃料政策の変容を通して（1945—2021年）』、第67頁。

② 『中東問題に関する二階堂官房長官談話』、1973年11月22日、細谷千博等『日米関係資料集：1945—1997』、東京大学出版会、1999年、第888頁。

③ 『同声明に対する米政府の反応』、1973年11月23日、細谷千博等『日米関係資料集：1945—1997』、第889頁。

④ 池上萬奈『エネルギー資源と日本外交：化石燃料政策の変容を通して（1945—2021年）』、第69頁。

二、三木武夫出使中东八国过程探析

(一) 决定派遣三市武夫出使中东八国的过程

日本学者高坂正尧在其编著的《战后日美关系年表》中指出,决定派遣三木武夫出使中东八国的时间是 1973 年 11 月 22 日,① 也就是"二阶堂发言"出台的当天。然而,三木武夫的相关文件却未体现这一决定是在 11 月 22 日作出的。出于考证这一矛盾的必要性,笔者试图结合资料探讨日本政府内部决定派遣三木武夫出使中东八国的过程。

在《大平正芳文件集》中,11 月 22 日"二阶堂发言"出台后,外务大臣大平正芳在随后的记者发布会上透露:"通产省方面,中曾根大臣提议,日本方面或可派出使节向阿拉伯国家表明立场,但具体还在商讨。"② 同样,中曾根在与大平正芳会谈时也提及派遣特使一事,并表示"这要在党内、政府内进行商议,还未确定派遣哪位官员出使";"派遣出使的国家不仅有产油国,还有非产油国。对于以色列方面,就由法眼(晋作)外务次官向日本驻以色列大使传达日本的态度"。③ 最早在 11 月 28 日的文件中,大平正芳表示"总理大臣希望三木副总理担任特使,三木副总理答应了这一请求"。随后的内容也讨论了三木的各工作事项,却删去了"会在内阁会议上决定由三木担任特使"的字样。④ 真正表明确定由三木担任特使的是 11 月 30 日的"中近东特使派遣会议"的相关文件:"内阁会议决定派遣三木担任特使";⑤ "今日确定了担任中近东特使的人选,三木副总理与总理以及

---

① 高坂正尧『戦後日米関係年表』、第 139 頁。
② 『大平大臣記者会見要旨(11 月 22 日)(アラブ諸国在京大使と会見後)』、1973 年 11 月 22 日、『大平正芳関係文書』100310900。
③ 『大第号大臣記者懇談要旨(11 月 22 日)(中東問題に関する官房長官談話に関連して)』、1973 年 11 月 22 日、『大平正芳関係文書』100406600。
④ 『大臣記者会見要旨(11 月 28 日)』、1973 年 11 月 28 日、『大平正芳関係文書』100311300。
⑤ 『大臣記者会見要旨(11 月 30 日)(中近東特使派遣関係閣僚懇談会後)』、1973 年 11 月 30 日、『大平正芳関係文書』100311200。

各相关阁僚进行了商议"。①由此可以推断，高坂正尧在其《战后日美关系年表》中所指出的于 11 月 22 日确定派三木武夫出使不过是根据后来的出使者进行的推断，事实上出使者并未在当天就被确定。

在《三木武夫文件集》中，决定派遣三木出使中东八国一事公布于 11 月 30 日。相关文件中指出："自从 11 月 22 日'二阶堂发言'公布之后，阿拉伯国家对此表示欢迎，且解除了 12 月对日本和欧洲国家削减供应量 5% 的举措，但未确定 1 月份是否会继续削减……"当时确定出使的国家一共有四个：沙特阿拉伯、埃及、科威特和阿联酋。文件中还体现了日本政府"希望向各国陈述我国实情，请求各国考虑缓解对日本的石油供应削减"的要求。然而，这一文件中删除了两个部分："有必要开展让阿拉伯国家把日本视为'友好国家'的工作"，"希望各国对日本采取特别待遇"。②由此来看，三木出使的目的本来是改变阿拉伯国家对日本的态度，进而改善日本在中东的外交环境。然而，外务省方面考虑的是日本与美国、欧洲国家的中东政策相协调，不宜特别突出中东国家对日本方面的友好态度。

根据三木武夫的个人秘书岩野美代治撰写的回忆录记载，日本政府内部各方对派遣三木武夫出使中东一事呈现出意见上的分歧。中曾根康弘在其回忆录中强调"大平正芳过于执着在石油问题上该如何协调日美关系，而没有考虑到石油问题本身的严重性"，三木的秘书在回忆录中却指出"本应由中曾根作为特使前往中东八国，这是理所当然的事，但不知为何，确定人选的过程竟然如此不顺，我认为是中曾根当了逃兵"。一方面，三木是"主动向田中角荣请缨"成为前往中东的特使，理由在于"如果仅仅以问答的形式来表明日本的立场，无论如何都缺乏谈判力度，所以一定要用出使的方式解决"。另一方面，三木曾历任外务大臣和通产大臣，他前往中东或许也是出于为自己提供参与下一轮总理大臣竞选机会的考虑。此外，三木还要向美国说明"日本并不是向阿拉伯国家'乞讨石油'，而是阐明日本能

---

① 『（閣議後）大臣記者会見要旨（11 月 30 日）』、1973 年 11 月 30 日、『大平正芳関係文書』100311100。

② 『特使（三木副総裁）の対中東諸国派遣について』、1973 年 11 月 30 日、『三木武夫関係資料』4112-42。

够为世界和平作怎样的贡献"。①

综上所述,作出派遣三木武夫出使这一决策的过程并不顺畅,原因主要在于"派遣三木出使"是日本政府内部两大利益集团之间妥协的产物。三木武夫成了通产省和外务省之间的夹缝人物:以中曾根为首的通产省,考虑的是石油问题对国内产业、经济带来的损害;而以大平为首的外务省,考虑的是"亲阿"立场是否会影响日美关系。选择三木为特使,原因则在于佐藤荣作下台后,各派政治势力亟需增强自身实力,故希望提高自身在日本政府内部的地位,而这一出使任务对三木武夫个人来说也有着重要的意义。

(二) 出使之路——三木武夫出使中东八国的筹备过程

日本外务省通过"二阶堂发言"获得"石油禁运"问题的一时缓解,派遣特使出使中东来扩大外交成果则显得迫在眉睫。11月30日公布派遣三木出使一事之后,日本政府内部就三木武夫的出使任务、出使国家以及"换取石油的条件"等事项开展了长时间的动议。日本内阁召开的"中近东特使派遣会议"也把三木的出使比喻为"点菜",指"三木和外务省之间会对以往的中东政策进行梳理,而对中东国家开展的经济合作等事项则交由经济部门商议,为此会另开一场座谈会进行发布"。会议上也对经济合作相关问题的处理提出了批判,甚至提出"相关部门在处理问题上进展迟缓,为此必须再设一个经济合作大臣"。② 由此可见,日本政府抓住了解决这一问题的关键,即以"经济合作"促进"能源、外交问题的解决"。然而,这一过程也体现出了政府内部意见的分裂:外交部门与经济部门之间缺乏合作,事实上形成了对决策的掣肘。其中,外务省方面对三木出使持积极态度,且提出"会以三木的考虑为基轴制定出使计划……三木也在内阁会议

---

① 岩野美代治『三木武夫秘書回顧録:三角大福中時代を語る』、吉田書店、2017年、第109頁。

② 『大臣記者会見要旨(11月30日)(中近東特使派遣関係閣僚懇談会後)』、1973年11月30日、『大平正芳関係文書』100311200。

上提出要尽可能出使更多的国家"。①

根据《三木武夫文件集》，日本内阁在12月4日就开始讨论三木出使一事，包括出使的时机、国家、与特定国家谈论的特定事项以及出使期间须注意的事项。在这一点上，《大平正芳文件集》中也有所记载："要收集出使国的情况，以及三木访问的各个国家的态度。此事会在一两天内办妥，将所有问题交予内阁会议讨论"，"会尽量在这周内确定出使计划"。② 一方面，日本外务省对出使对象国的情况进行了探查，了解其国内的"动静"，例如科威特外交部长萨巴赫·艾哈迈德·贾比尔·萨巴赫（Sabah Al-Ahmad Al-Jaber Al-Sabah）与三木"很早以前就是朋友"，"会尽最盛之礼接待之"，"12月14日之前阿联酋方面的各行政长官都会留在阿布扎比"。③ 另一方面，尽管基辛格已出使埃及，但美国方面缺乏解决中东问题的诚意，"埃及方面并不信任美国的外交政策"。④ 这为三木的出使提供了极好的机会，可以借美国在中东地区的暂时失势"乘虚而入"，在经济合作问题上体现出日本的优势。

在三木访问沙特阿拉伯的计划文件中，需要注意的是日本提出的三个方面的要求：（1）要强调日本方面对阿拉伯国家立场的支持，以及说明本国的中东政策和关于解决中东问题的意见；（2）推进两国之间的合作；（3）缓和对日本的石油供给限制。第二点强调的是与沙特方面签订经济技术合作协定，推进技术合作，且指出当前双方合作的条件较差，亟待改善。以第二点换取最重要的第三点"缓和石油供给限制"，体现在"日本以前并没有想过让阿拉伯国家当即视日本为'友好国家'，但沙特国王也提出，眼下沙特的石油政策给发达国家带来了巨大影响，也使他倍感心痛……日方相信沙

---

① 『大第号大臣記者懇談要旨』、1973年12月3日、『大平正芳関係文書』100407100。

② 『大臣記者会見要旨（12月4日）（閣議後）』、1973年12月4日、『大平正芳関係文書』100311400。

③ 『特使派遣（クウェイト・アブダビ両国要人の動せい）』、1973年12月4日、『三木武夫関係資料』4112-39。

④ 『キッシンジャー長官の訪あい（新聞論評）』、1973年12月5日、『三木武夫関係資料』11778-10。

特在缓和石油政策的过程中，贵国的这一态度会对'优先处理日本的问题'起到重要作用"。①

为了使这一出使活动顺利进行，日本政府对沙特、埃及、科威特、阿联酋、叙利亚以及伊拉克的国情进行了调研。其中，值得注意的是这些国家与日本的贸易情况及其在外交上的不同立场。沙特在这些国家中是最为重要的争取对象。尽管其未曾与日本签订过何种协议，但在贸易上是日本最大的原油进口国，在外交上是亲西欧的国家，且与社会主义国家间没有外交关系。埃及曾于1967年6月与美国断交，又在1973年11月与美国复交。埃及和日本在1969年9月签订过经济技术合作协议，日本于1973年4月为埃及提供过1000万美元的贷款，且接收埃及研修生333人，并向埃及派遣专家58人。科威特对日的原油出口量排在沙特之后，但也高于其他四国，并且它与西欧国家、苏联和中国都有外交关系。阿联酋在对日原油输出方面位列第三，但未与日本签订任何合作协定；日本曾向阿联酋派遣过28名技术专家，但日本与阿联酋间的经济技术合作协定还处于商讨阶段。阿联酋与沙特间存在领土纷争，且没有与社会主义国家存在外交关系。日本方面判断叙利亚、伊拉克的外交立场为"反帝、反殖民主义"（事实上叙利亚于1973年与英国和约旦复交）；伊拉克与日本有着经济上的合作，并且希望在1973年3月改善与西欧国家间的经济关系。在12月8日的"三木特使访问国概况"中，又增加了卡塔尔和伊朗两国。卡塔尔同样是中东地区较为重要的石油输出国，与阿曼、沙特之间有较为密切的外交联系，但和日本之前缺乏经济上的交往。与卡塔尔不同，伊朗与日本之间不仅签订过贸易协定，并且接受过日本1700万美元的贷款。日本还接收伊朗研修生462人、派遣专家191人，人数上多于埃及，而伊朗在外交方面的主要立场是"确立在波斯湾的安全保障体系"。②

就以上分析来看，日本与中东国家开展谈判并非毫无可能，而是存在较大的外交斡旋空间。即使中东国家敦促西方国家表明对中东战争的外交

---

① 『三木特使の訪サ（意見具申）』、1973年12月5日、『三木武夫関係資料』4112-36。
② 『三木特使訪問国概況』、1973年12月8日、『三木武夫関係資料』4120-01-01。

立场，实际目的也是体现其石油资源对资本主义国家的重要性。日本虽被中东国家纳入到了资本主义阵营之中，但其长期与中东国家缺乏外交上的联系，且不同于与中东国家间存在利益纠纷的英国、法国等国。这或许是日本能够开展对中东国家的外交，进而扩大对中东地区的经济援助，借此发挥其大国作用的重要时机。

（三）特使之道——"开发援助"换取"解除石油禁运"

为了脱离外交立场上的两难局面，"大平外交"将落脚点放在了"三木出使"之上。对于日本政府来说，似乎长期以来对东南亚各国所采取的"提供基础设施援助以换取外交和解"的策略同样也适用于与中东国家的关系。在大平正芳和三木武夫的相关文件集中，时常体现出"援助促外交"的理念，即试图通过资金补偿、提供技术开发援助等办法来实现对中东国家外交上的突破。

根据《三木武夫文件集》11月30日的记载，三木的出使时间将选在12月，且要求在12月26日的伊斯兰教巡礼前完成出使，还要避开基辛格参加12月11日的北约国家高层会议以后即将访问中东和12月14—15日欧洲首脑会谈这两件事，① 以免在对中东外交上与美欧产生误会。日本政府内部在制定三木出使计划的同时，也在注意欧洲国家中东政策的动向，三木出使的日程也体现了这一点。12月8日的文件显示：在基辛格12月13—14日访问埃及之际，三木在沙特开展为期3天的访问；到14日基辛格抵达沙特之际，三木就飞往埃及开展为期3天的访问。在三木访问埃及期间，即15—17日，基辛格已遍访叙利亚、约旦、黎巴嫩和以色列，而三木的出使时间跨度是12月10—29日，较基辛格时间更长，开展的工作也更多。②

在以大平为首的外务省和以中曾根为首的通产省策动下，三木武夫成了表面上为解决中东和平问题，实际是为解决石油问题的日方谈判代表。

---

① 『特使（三木副総裁）の対中東諸国派遣について』、1973年11月30日、『三木武夫関係資料』4112-42。

② 『三木特使中東諸国訪問日程（中東関係主要事態発展との比較）』、『三木特使一行名簿』、1973年12月8日、『三木武夫関係資料』4120-01-02。

外务省在派遣三木出使之前对中东国家有了足够的了解，不仅分析了各国对日贸易的依赖程度，还分析了不同国家的立场及外交上的可行性。这一点很明显地体现在了三木出使各国的顺序上：首先是阿联酋，其次是沙特阿拉伯、埃及、科威特、卡塔尔、叙利亚和伊朗，最后是伊拉克。选择阿联酋作为第一个出使的国家，一方面是如前所述，阿联酋领导人在12月14日前会留在阿布扎比，如需要在12月份尽快出使中东，则应该先选择能够直接面见其领导人的国家；另一方面则是两国贸易方面尚有可操作的余地，因为阿联酋未与日本签订过贸易协定，且双方间的技术协定还处于商讨阶段。同样，12月8日的"特使派遣"文件对访问科威特、阿联酋（阿布扎比酋长国）以及卡塔尔的理由进行了梳理：三个国家都是重要产油国，资金方面充足，但正处于实施其"开发振兴计划"的时期，故工作重点应放在"技术、经营方面的援助"上。此外，文件要求"特别注意不要无理由地给予中东国家经济援助，避免对日本的外汇产生影响"，还要求"突出石油禁运政策给日本的经济发展带来的损害"，"日本的积极态度不逊于英法两国，中东方面没有给日本差别待遇的理由"。这当中，阿联酋和科威特对日本的态度较为积极。阿联酋方面"为了加快国内经济发展，故有意与日本开展经济合作"。日方要求建立大使馆，科威特对此反应积极。① 卡塔尔则还没有建立日本使馆，且实际上对日本的态度并不积极。因此，在这三国当中，日方对卡塔尔的期待并不高。② 此外，日本对沙特进行了相应的评估，认为沙特在石油问题上把日本视为"友好国家"，但日本只是获得了不会受到"1973年12月的石油产量削减5%"政策的影响的保证。③

从三木出访中东八国的主要过程来看，其在体现"诚意"的基础上，又以隐晦的方式表达了自己的目的。首先，三木在面见对方的外交官员时，会先阐述日本在中东问题上的立场，而不是急于表明其"以援助换石油"的真实目的。例如在与阿联酋外长会谈时，三木首先说明，日本能够理解阿拉伯国家削减石油产量的决定并非是出于伤害"友好国"经济的目的，

---

① 『特使派遣』、1973年12月8日、『三木武夫関係資料』4112-35。
② 『三木特使中近東8ヵ国訪問』、1974年1月、『三木武夫関係資料』9682。
③ 『三木副総理訪サ関連資料』、1973年12月10日、『三木武夫関係資料』4120-41。

而是出于让世界各国注意到中东问题的目的。但是,日本不会采取像英法等国那样的方式来解决问题,"日本不会实施武器援助"。① 其次,在非正式场合,三木会尽可能谈及"技术援助"为对象国带来的利益。例如在与阿联酋第二副总统一起参加的餐会上,"三木在餐桌上看着蔬菜沙拉,提到沙漠地区种植蔬菜该如何提取地下水来灌溉",并表示"日本能够尽力做的,就是通过水资源的开发来绿化沙漠,同时结合阿联酋的石油收入,让阿联酋成为世界上最富裕的国家之一"。并且在餐桌上,阿方提到日本在高架铁路方面有很好的建设经验。阿联酋交通拥堵严重,特别是大型巡礼日期间会有各地的人前来参拜,因此希望日本能帮助阿联酋建设相应的铁路设施来缓解问题。三木则表示"会认真考虑此事"。② 再次,三木也通过当地的驻在人士来了解对象国家的相应要求,以便促成其"援助换石油"的目的。例如原富士石油副社长、阿拉伯石油公司负责人林昂建议三木在面见沙特代表时答应以下要求:(1)希望日本帮助沙特绘制用于国土防卫、城市建设、道路修建、农业水利等方面的地形图(topographic map);(2)希望日本参与沙特与北也门的经济合作,日本的重要性特别体现在勘探资源和绘制地形图方面,因为"日本的技术是世界上的模范之一";(3)希望日本参加对利雅得周边地区石油的开发;(4)希望新日铁公司在当地建立制造铁丝网(barbed wire)的工厂,以便发展当地的"和平事业"。③ 最后,由于对象国家对日本的期待很高,故提出的要求多以技术援助为主。例如在两国达成的经济援助项目中,沙特在工业方面对日本期待很高,提出从石油化工、汽车制造、天然气开采等重工业,到电气设备、玻璃板、工业苏打、纤维、渔业等各种产业,都需要日本的技术援助。④

---

① 『三木副総理とスウェイデー・UAE外相との会談』、1973年12月12日、『三木武夫関係資料』4112-28-01。

② 『第二副首相フアハド殿下午餐会に於ける主な談話要旨』、1973年12月12日、『三木武夫関係資料』4106。

③ 『書簡』、1973年12月12日、『三木武夫関係資料』4119-02。

④ 『三木特使のサウデイ訪問(経協関係)』、1973年12月15日、『三木武夫関係資料』4112-25。

从以上方面来看，三木的访问过程较为顺利。这主要是因为日本外务省在三木出使之前就做好了准备工作，并能够从各种渠道获悉对象国对日本的不同期待和要求。三木在出使期间不断答应对象国的"援助请求"，也是日本作为"技术大国"的一个重要体现。但在三木出使的另一面，是不可避免地以"自由世界阵营"的话语对阿拉伯国家进行一定程度的"恐吓"。例如在见到沙特国王费萨尔时，三木表示："日本作为'自由世界'的一方，在国际政治方面有重要影响力。减少对日本的石油供应，会令日本更加难以对亚洲发展中国家提供支持……从'自由主义阵营'的角度考虑，贵方的石油策略只会对我们抵抗社会主义阵营产生消极影响。我也在思考，为何贵方在试图提高发展中国家抵抗'社会主义渗透'的积极性时，会忽视日本在当中的作用……我会前往美国，向其总统传达贵方的回复。"[①]这事实上也说明，日本方面虽然有着技术上的优势，但在政治上却缺乏谈判的底气。

在12月25日石油输出国组织的会议上，鉴于三木武夫出使中东国家，为解决石油问题而奔走，故将日本作为"特殊国家"对待，取消了对其实施的禁运政策。同时，会议也提及美国舆论当中"反对以色列扩张主义和支持阿拉伯国家"的观点有所抬头。[②] 这或许在某种程度上体现了"以援助换石油"的可行性。

（四）美国方面对三木武夫出使中东一事的反应

美国一直强调日方要在外交方面与美国保持联络。1973年12月6日的美方档案指出，日方解决石油危机的各种举措确实考虑到了美国的立场，而美方也声称"无意"对日本政府的中东政策施压。同时，美方也肯定了三木武夫的外交行动"是为了在严重的国内危机当中寻求解决办法"，并承认美日双方在对中东国家的政策上有所不同。因此，美方提出"不必进一

---

① Erika Tominaga, "Japan's Middle East Policy, 1972-1974: Resources Diplomacy, Pro-American Policy, and New Left," p.691.

② 『OAPEC（アラブ石油輸出国機構）石油大臣会議声明』、1973年12月25日、『外交青書』18号、第173—174頁。

步表明美方对中东国家的策略"、"三木的行动不代表美国"、"在石油禁运对日本造成的政治、经济影响问题上,与日方保持联络"。① 对日方采取的中东政策,美方也强调"不再向日方施加过多压力"。为此,美方还提出了两项措施来帮助日本解决问题:一是加强与日本在技术上的交流;二是驻日美军的油料尽量由美方自己提供,"尽管国防部方面态度不会积极,但我们会建议国防部考虑一下日方正在面临的情形"。②

  1973年12月28日,三木武夫结束了其为期18天的中东八国之行。一周多以后,他就访问了美国。1974年1月7日的报告指出了三木在访问中东八国之后访美的目的:"三木到访中东各国并非是为了寻找石油,而是日本必须尽力去维护中东地区的和平,同时也要强化与阿拉伯国家间的关系"、"石油问题不会解决,直到中东地区恢复和平局势"。这样的说辞很明显是为了维持日本在阿拉伯国家和美国之间的外交平衡,即日本不以美国为靠山,独立解决石油问题,却需要向美方解释自己的外交行为并不背离美方的政策方向。报告指出,"中东各国都不希望伤害日本及欧共体国家,而且萨达特和费萨尔都强调自己会以'朋友'身份对待日本,同时也致力于其他国家也对日本予以同样的待遇"。同时,报告也强调"美国是唯一能够让以色列撤军的国家。阿拉伯国家领导人也希望日本请求美国向以色列施压,进而缓解局势"。③ 1974年1月9日三木武夫访美,双方会谈时日方反而表明了三木出使的真实目的是"确保阿拉伯国家对日本石油供应的稳定。同时,日方会以技术援助和产业发展援助作为交换,但这并不是为了'敲诈'阿拉伯国家"。会谈备忘录中还指出了日方向中东各国提供援助的

---

  ① "U.S. Policy Actions toward Japan on Oil" (United States Department of State, Secret Cable, December 6, 1973), National Archives, Record Group 59, Records of the Department of State, Central Foreign Policy Files, 1970–1973, Subject-Numeric Files, POL Japan-U.S.

  ② "Japanese Middle East Policy" (Action Memorandum, December 6, 1973), National Archives, Record Group 59, Records of the Department of State, Central Foreign Policy Files, 1970–1973, Subject-Numeric Files, POL Japan-U.S.

  ③ "Report on Miki Visit" (Confidential, Cable January 7, 1974), National Archives, Record Group 59, Records of the Department of State, Central Foreign Policy Files, 1970–1973, Subject-Numeric Files, POL Japan-U.S.

类型。美方则表示:"不支持三木武夫的单独行动。我们坚信应当团结一致,共同面对阿拉伯国家施加的压力。"随后,会议谈及了美国的中东政策,并且强调各石油消费国应一致面对此类危机。此外,会议提及以美国为首的各石油消费大国应建立起一个合作组织,并对石油进口价格进行了讨论,讨论的目的主要是应对当前的油价上涨形势,以及与日本和其他石油消费国家进行合作,进而控制局面。①

以上两个实例表明,美国并不希望日本单独解决石油危机对日本造成的动荡,而是主张与各石油消费国家进行合作。同时,美国也希望日本在制定政策时考虑到美国的意见,而不是单独作出意在独立解决问题的行动。

三、何谓"大国假象"?——对三木武夫出使中东的定位

(一)"美国后退,日本向大国目标前进"的理论来源

日本著名现实主义政治学者高坂正尧认为,1970年前后的日美关系出现了急剧变化,并称之为"冲击时代"。其间的"冲击",包括基辛格、尼克松访华给日本带来的"尼克松冲击",也包括第四次中东战争引起的"石油冲击"。对此,高坂评价20世纪60—70年代日本外交的特点为"美国后退,日本向大国目标前进"。他认为,日本是在这一时期凭借其一路上升的经济地位走向了政治大国之路。

不过,从高坂的现实主义理论来看,重视权力政治也是必须的。高坂认为,"如果我们对权力政治的理解不充分的话,我们高举的理想就会变成没有实体的空想"。同时,考虑"国家应该追求的价值"这一问题是很有必要的,"并且从长远来看,将价值的问题纳入考虑后,会使更加现实地追求

---

① "Your Meeting with Miki (Wednesday January 9, 3:00 p.m.) " (Briefing Memorandum January 9, 1974), National Archives, Record Group 59, Records of the Department of State, Central Foreign Policy Files, 1970-1973, Subject-Numeric Files, POL Japan-U. S.

契合国家利益的政策成为可能"。① 高坂正尧在其文章《自立的条件》中指出，日本在日美安保体制当中有必要维持"自立"。在现代世界，"大国与小国之间的关系当中，'支配—从属'关系的色彩淡化，而基于相互利益构成合作关系的特点有所强化"，"那么在这一前提下，即使是日美关系：美国作为大国，日本作为小国，这关系当中未必美国就有利，而对日本就不利"。"在日美关系当中，特别是在经济关系这一方面，体现得尤为明显……在日美合作关系当中，日本的利益被最大化了"。高坂的这些观点表明，他是以"合作获利"的角度来衡量当前大国间的关系，而20世纪60—70年代的日本确实是在经济领域从日美关系当中获利。

通过以上对三木武夫出使中东这一外交行动的解读可以看出，日本的大国形象是背靠美国的大国地位，再独立开展以"开发援助"为主轴的经济外交来建立的。这不仅是日本长期以来追随美国立场的一种体现，也是日本必须采取的外交策略。日美同盟对于日本的重要作用，是以经济利益的最大化来掩盖政治利益的"最小化"。然而，面对第四次中东战争引发的石油危机这样的重大国际事件，日本虽然试图利用其东亚大国的地位来解决石油禁运问题，但这实际上只是一种"大国假象"。

（二）田中政府对中东国家政策转变的背后根源

南开大学李凡教授认为，这一时期"日美同盟关系仍然处于主导地位，所以日本的'亲阿拉伯'政策的独立性只能是相对的"。② 日本经济利益的最大化是以维持日美安保为前提的。事实上，"冲绳归还"奠定了这一时期日美关系的一种基调。从随后田中政权开展的外交活动来看，由于这一基调的存在，日本最终也没有实现外交上的独立，反而不断地为美国的亚太战略作出更大的牺牲，而石油危机中的对美依附就是典型的例子。

就在中东国家解除对日禁运，日本脱离石油危机后，日本主要的外交

---

① 『現実主義者の平和論』，高坂正尧『海洋国家日本の構想』，第5頁。转引自张帆：《高坂正尧早期国际政治思想述评》，《国际政治研究》2012年第2期，第176页。

② 李凡：《第一次石油危机中日本对中东政策的转折》，《史学月刊》2002年第8期，第94页。

课题又回到了日美安保体制上。1974年1月30日，大平外相与山中防卫厅长出席第十五次日美安保协商委员会会议。会议对上一次会议上提及的"整合驻日美军设施和区域（归还）计划"的进展情况作了说明，表示将32处军事基地归还（包括部分归还）给日本，另有10处军事设施须经继续商议后再归还。① 1974年11月18日，美国新任总统福特访问日本。田中角荣在与福特会谈时对美国海军上将拉洛克所提出的美国海军第七舰队将携带核武器靠港表示不满，称"日本表明的是不将核武器引入日本的立场。但这个问题关乎安保条约，甚至两国间的信赖关系"。② 但是，19日田中角荣的演讲和20日的《日美共同声明》中却没有提及引入核武器的问题，而共同声明也只是强调日美间在安保条约下的合作关系。③ 可以想见，在引入核武器的问题上，日美间是以默认的形式来维持"问题不解决"的状态。

关于日本政府的中东政策为何有所转变，南开大学程蕴副教授从长远的眼光和理论性角度分析了其背后的原因："在威胁情境下，弱势一方之所以产生被牵连的恐惧，根本性原因在于它倾向于将自身定位为事件的'局外人'。"④ 日本政府在面对石油危机时，首先是以弱势者的身份期待日美同盟关系能够发挥作用，祈求美国出面解决问题。然而，"同盟中的角色定位改变，影响了弱势一方的利益认知；利益认知的改变重塑了自主外交的内涵；而自主外交内涵的变化则从根本上决定了其与同盟义务产生矛盾时的应对方式"。⑤ 这也体现在日本派遣三木武夫出使中东时，一方面要考虑美欧两方的中东政策，并针对基辛格出使的空档来开展外交活动；另一方面要考虑自身在日美同盟中的角色，也就是利用美国在背后的政治地位，通

---

① 『日米安全保障協議委員会「2+2」第15回会合について』、1974年1月30日、『外交青書』18号、第131—134頁。

② 『安保条約問題（総理発言案）』、1974年11月18日、外務省、いわゆる「密約」問題に関する調査結果報告対象文書（1960年1月の安保条約改定時の核持ち込みに関する「密約」問題関連文書1-11）。

③ 『田中総理大臣とフォード大統領との間の共同声明』、1974年11月20日、『外交青書』19号、第99—101頁。

④ 程蕴：《日美同盟视角下日本的中东外交：自主外交与同盟义务的矛盾与协调》，第117页。

⑤ 同上，第118页。

过开发援助的方式提供换取石油问题解决的筹码。

四、结语

　　三木武夫赴中东开展外交斡旋，一定程度上缓解了阿拉伯国家对日本的敌视态度。在此期间，三木武夫也不忘提及日本作为"自由世界"国家的重要地位和作用。这表明，日本在没有放弃对美追随的外交立场下，选择了支持美国"敌对"国家的立场，体现出了对美追随和实用主义相统一的外交理念。从"石油冲击"问题来看，日本以美国的世界领导力作为后盾，希望中东国家解除对日本的石油禁运，进而在下一次访问中东时获得更多的支持。可以说，日美安保关系的长期维持使日本加入了"自由主义阵营"，进而使其在石油危机爆发初期遭受损失，却又最终帮助日本度过了危机。从这一点来看，日本在石油危机后对日美安保关系"派生"出的价值更加重视。此外，从深层次来看，田中政府采取亲阿拉伯立场和派遣三木出使中东八国的背后，是美国在不明确支持日本采取这一立场的情况下，鉴于日本的实际情况和战争形势，放任日本采取此权宜之计，使日本度过危机，从而使其更好地服务于美国的东亚霸权战略。

　　日本学者白鸟润一郎在其文章中将日本能源外交中的"两难局面"归罪于把石油禁运政策作为"武器"、对能源进口国经济增长造成威胁的资源输出国。① 实际上，日本共产党公布的"民主联合政府纲领"中明确指出，"且看日本在独立与安全上的问题。我国在《日美安保条约》的约束下，将自己牢牢地捆绑在美帝国主义的战车上"。② 通过分析三木出使中东后外务省开展的一系列对美妥协性质的外交活动可以看出，日本能够通过维持日美安保关系来实现经济利益的最大化，并提升其国际地位，却最终堕入了美日间的"支配—从属"关系。这不仅体现在美国派遣拥有核武器的舰艇

---

　　① 白鳥潤一郎「エネルギーが武器となる世界で改めて問われる「資源小国」日本の覚悟」、『中央公論』136（9）、2022年9月、第104—111頁。
　　② 「民主連合政府綱領についての日本共産党の提案（前文）」（1973年11月21日）、塩田庄兵衛等『日本戦後史資料』、新日本出版社、1996年、第570—571頁。

停靠在位于日本的美国军港，而日本只能采取抗议的方式这一历史事实上，也体现在日本在面对石油危机时犹豫不决，在日美安保的惯性中丧失了自主性，致使其在20世纪60—70年代经济增长发生停滞这一历史悲剧上。虽然三木武夫的外交行动在背靠美国的前提下取得了一定的成果，但日美安保问题却贯穿始终，且日本未曾在日美安保关系中占到便宜，反而不断沦为美国东亚霸权战略中的棋子和牺牲品。

研究生论坛

英暹《包令条约》订约始末及其影响

张 毅[*]

摘 要 拉玛三世时期,包税制和王室垄断贸易是暹罗王室获得收入的主要来源,代表着王室和权贵集团的利益,具有很强的重商主义色彩。在这一财税和贸易制度之下,西方商船来暹贸易面临三个突出问题:其一,西方商人不能直接与生产商进行贸易,必须接受王室定价才能进行采购;其二,货物在运输过程中会被多次征收过境税;其三,商船需缴纳高昂的"梁头税"。英国政府希望通过修约破除贸易上的种种壁垒,但这势必会损害到暹罗王室和权贵集团的经济利益。随着英暹关系的恶化,拉玛四世不得不在国家安全和经济利益之间作出选择。最终,暹罗人作出了让步,双方于1855年签署了《包令条约》。该条约以自由贸易为原则,架空王室贸易机构和包税商,使得暹罗传统上的财税和贸易制度遭到了严重的冲击,王室收入也极度缩水。为对冲损失,暹罗进入了改革转型的阵痛期。

关键词 英暹关系;《包令条约》;《伯尼条约》;包税制;王室专卖制度

1855年,时任香港总督的约翰·包令(John Bowring, 1792 – 1872)出使暹罗,代表英国与暹罗缔结了《英暹友好通商条约》(Treaty of Friendship and Commerce between Her Majesty and the Kings of Siam),史称《包令条约》

---

[*] 张毅,澳门大学历史系硕士研究生。

(Bowring Treaty)。与 1826 年东印度公司派出的谈判代表亨利·伯尼 (Henry Burney, 1792-1845) 不同,包令代表的是英国政府的利益,主张完全的自由贸易。香港报刊《遐迩贯珍》称此条约"尽善尽美","两边欢喜押名"。① 但实际上,《包令条约》与 1856 年补充签订的《英暹友好通商条约增补协议》(Agreement Supplementary to the Treaty of Friendship and Commerce between Greet Britain and Siam) 使得暹罗原先的财税制度和王室专卖制度遭到了巨大的冲击,财政收入极度缩水,引发了暹罗财税制度的转型和改革。

《包令条约》的签订不仅是英暹关系史上的一个重要事件,还对中暹关系、英国的亚洲政策、暹罗对外贸易体系及财税制度转型等有关问题产生了连锁反应。西方学界对《包令条约》的探讨较多,主要以拉玛四世 (Rama Ⅳ,本名蒙固,《清史稿》称其为蒙格克托、郑明,1851—1868 年在位) 为中心,认为暹罗内部的西化因素对促成条约签订有着积极意义。② 然而,这一观点带有较强的西方中心思想,夸大了拉玛四世的开明程度和亲

---

① 题为《公使包令往暹罗立约节略》,《遐迩贯珍》第 3 卷第 6 号 (总第 23 号),1855 年 6 月 1 日,第 14 页 b—15 页 a,收入内田庆市、沈国威编著:《遐迩贯珍——附解题·索引》,上海辞书出版社,2005,第 518 (201) —517 (202) 页。

② 时人往来的书信和回忆录是该问题主要的参考资料,读者可以借此了解英暹双方争论的焦点和各自利益点所在。参见 John Bowring, *The Kingdom and People of Siam*: *With a Narrative of the Mission to that Country in 1855* (J. W. Parker, 1857); John Bowring, *Autobiographical Recollections of Sir John Bowring* (H. S. King & Co., 1877); John Crawfurd, *Journal of an Embassy from the Governor-General of India to the Courts of Siam and Cochin China* (Colburn and Bentley, 1830), 2nd ed.; Sir James Brooke, *The Private Letter of Sir James Brooke, K. C. B.*, *Rajah of Sarawak*: *Narrating the Events of His Life, from 1838 to the Present Time*, ed. John C. Templer (Richard Bentley, 1853);[英]莱恩·普尔、[英]弗雷德里克·维克多·狄更斯:《巴夏礼在中国》,金莹译,广西师范大学出版社,2008;以及戈岱司 (Georges Coèdes) 等人从英国外交部档案和泰国文化部等机构中抄录的往来书信。关于《包令条约》的研究有:Nicholas Tarling, "The Mission of Sir John Bowring to Siam," *Journal of the Siam Society*, Vol. 50, No. 1 (1962): 92-118; Robert Bruce, "King Mongkut of Siam and His Treaty with Britain," *Journal of the Hong Kong Branch of the Royal Asiatic Society* (1969): 82-100; G. F. Bartle, *Sir John Bowring and the Chinese and Siamese Commercial Treaties* (John Rylands Library, 1962); Philip Bowring, *Free Trade's First Missionary*: *Sir John Bowring in Europe and Asia* (Hong Kong University Press, 2014);等等。相关研究多围绕主要人物展开,突出了拉玛四世与包令的主观能动性,但在一定程度上夸大了人物在历史事件中的作用。

英倾向，忽略了暹罗实际上所受到的外部威胁。泰国学界比较关注这一时段暹罗与列强的关系，特别是经济关系，然而较少有学者专门针对条约的原文和签约始末进行探讨。① 中国学界对于《包令条约》还没有较为系统性的研究，甚至未有该条约完整的中文译本。提及《包令条约》的文字大多是评论性的，且带有很强的殖民史观，认为该条约是泰国与西方列强签订的第一个不平等条约，但并未论及签约的具体过程和原因。研究的空缺使得我们很难对英商在《包令条约》签订前所遇到的贸易障碍、双方利益诉求以及条约对暹罗财税制度的影响等诸多问题进行探讨。因此，本文拟从1826年英暹双方签订的《伯尼条约》入手，介绍旧框架下英暹贸易的流程和双方利益诉求，探讨《包令条约》的订约始末及其后续对英暹两国的影响。

一、自由贸易动了谁的"奶酪"

17世纪末到19世纪初，西方与暹罗的贸易与政治往来十分有限。1688年5月，由于法国雇佣军介入了暹罗的王位争夺战，西方势力遭到新国王帕碧罗阁（Phetracha, 1632-1703）的全面清算，这使得西方在暹罗的商业运势骤然衰落。② 直到1818年，为了满足国内基督教徒的需求，暹廷才与西

---

① 《包令条约》的签订是英暹关系史和暹罗外交史中的重要事件，泰国学者主要关注条约对暹罗的对外关系和经济发展的影响，相关研究的代表性著作有：Manich Jumsai, *King Mongkut and Sir John Bowring* (Chalermnit, 1970); Namngern Boonpiam, "Anglo-Thai Relations, 1825-1855: A Study in Changing of Foreign Policies" (Ph. D. diss., University of Nebraska-Lincoln, 1979); Neon Snidvongs, "The Development of Siamese Relations with Britain and France in the Reign of Maha Mongkut, 1851-1868" (Ph. D. diss., University of London, 1960); Peter Sek Wannamethee, "Anglo-Siamese Economic Relations: British Trade, Capital and Enterprise in Siam, 1856-1914" (MPhil thesis, London School of Economics and Political Science, 1990). 关于《包令条约》具体条文的分析和签约始末等问题还有待后人进一步研究。

② David K. Wyatt, *Thailand: A Short History* (Chiang Mai: Silkworm Books, 2004), pp. 102-103; Nicholas Tarling (eds.), *The Cambridge History of Southeast Asia* (Cambridge University Press, 1992), Vol. 1, p. 445; Walter F. Vella, *Siam Under Rama III, 1824-1851* (Cambridge University Press, 2009), p. 115; Sarasin Viraphol, *Tribute and Profit: Sino-Siamese Trade 1652-1853* (Harvard University, 1977), p. 12.

方世界有了官方性质的来往。葡萄牙领事卡洛斯·曼努埃尔·西尔韦拉（Carlos Manuel da Silveira）进驻曼谷，任暹罗基督教主教，但暹葡双方并没有达成任何商贸协定。① 1821 年，暹罗入侵吉打（Kedah，今马来西亚吉打州），引起了印度总督弗朗西斯·罗登－黑斯廷斯（Francis Rawdon-Hastings, 1754-1826）的高度关注。为避免英暹两方在马来半岛北部发生利益冲突，黑斯廷斯派出约翰·克劳福德（John Crawfurd, 1783-1868）访问暹罗，以进一步了解暹罗在马来半岛的行动计划。然而，暹王却对克劳福德一行抱有戒心。克劳福德在报告中提到，暹廷内的华人提醒国王要警惕英国人关于提倡贸易的花言巧语，并以印度为例说明英国是如何一步步吞噬一个国家的。② 在第一次英缅战争期间（1824—1826），东印度公司又派出了亨利·伯尼访问暹罗，其目的就是维持英暹两国的友好关系，并监视、防止暹罗介入缅甸南部战事。③

在暹罗人的世界观中，缅甸一直是仅次于中国的世界第二强国，然而英缅战争彻底刷新了暹罗对英国实力的认知。战争结束后，英国为打开暹罗市场以及与暹罗明确马来半岛领地的主权归属，派出特使亨利·伯尼与暹罗进行谈判，最终双方签订《暹英条约》（Treaty between the King of Siam and Great Britain），史称《伯尼条约》（Burney Treaty）。④ 通过缔约，英国商民可以与任何一个拥有大量商品的暹属领地进行来往和贸易，并且不受第三方干预（第五条、第六条）。⑤ 同时，条约第十条规定英属领地的华商、南亚和中亚商人也可通过水路和陆路前往暹属领地自由地进行贸易：

---

① O. Frankfurter, "The Unofficial Mission of John Morgan, Merchant, to Siam in 1821," *Journal of Siamese Society*, Vol. 11, No. 1 (1914), pp. 5-6.

② John Crawfurd, *Journal of an Embassy from the Governor-General of India to the Courts of Siam and Cochin China* (Colburn and Bentley, 1830), 2nd ed., Vol. 1, pp. 138-139.

③ "The Burney Paper," 1910-1914, Vol. 1, Vajiranana National Library, pp. 600-666.

④ 《伯尼条约》全文可参见 C. U. Aitchison, *A Collection of Treaties, Engagements, and Sanads Relating to India and Neighbouring Countries* (Office of the Superintendent of Government Printing, India, 1892), Vol. 1, pp. 467-473. 本文所征引的条约中文版为笔者自译。

⑤ C. U. Aitchison, *A Collection of Treaties, Engagements, and Sanads Relating to India and Neighbouring Countries*, Vol. 1, p. 469.

英暹双方相互同意两国在槟榔屿、马六甲和新加坡等英属领地，以及洛坤、博他仑、宋卡、北大年、塔廊（今属泰国普吉府）、吉打等暹属领地进行自由贸易。除缅族人、孟族人和欧裔以外，英属领地的亚洲商人（特指华商、南亚和中亚商人）可通过陆路和水路自由贸易。①

除缅甸人、勃固人和欧裔以外，如今属于英国的墨吉（今缅甸德林达依省丹老市）、土瓦、德林达依、耶城（今属缅甸孟邦毛淡棉市）的亚洲商人（特指华商和南亚商人）前往暹属领地贸易的意向应被允许。他们可凭英国当局颁发的证明通过陆路和水路自由前往暹罗进行贸易。② 但这些商人禁止携带被暹罗列入违禁品的鸦片；如果商人进口鸦片，当地总督应该予以没收、烧毁。③

该条款明确马来三地（槟榔屿、马六甲、新加坡）和缅甸四地（墨吉、土瓦、德林达依、耶城）为英属领地；与马来三地不同的是，英属缅甸四地的华商、南亚和中亚商人须凭英国当局颁发的证明才可前往暹罗进行贸易。另外，为换取与暹罗及其各属地自由贸易的权利，英国作出了让步，承认暹罗对吉打的主权地位；暹罗不得干涉英国与丁加奴（今马来西亚登嘉楼州）和吉兰丹的贸易往来，英国也承诺不对两地动武（第十二条）。④ 这样看来，《伯尼条约》似乎在极大程度上满足了英国的目的：既打开了与暹罗及其属地的贸易之门，又与暹罗瓜分了在马来半岛的势力范围。

---

① 在英文版条约中，孟族人原文为 Peguers，原意为勃固人。勃固王朝由孟人开创，这里使用勃固人的称呼是为了区别缅族人和孟族人。英文版条约此处使用的是排除性的限定描述，排除了缅甸人、勃固人和欧裔；泰文版条约则使用了特指性的限定描述，专指英属领地内的华商、南亚和中亚商人（原文为 khaek，是对南亚和中亚人的一种蔑称）。

② 墨吉在 18 世纪之前为暹罗在安达曼海上的主要港口，后被缅甸占领，1826 年第一次英缅战争后被英国统治。

③ C. U. Aitchison, *A Collection of Treaties, Engagements, and Sanads Relating to India and Neighbouring Countries*, Vol. 1, p. 470.

④ Ibid., p. 471.

然而,《伯尼条约》并没有为英国商人谋得贸易上的便利,这不仅是因为暹罗人对英国怀有戒心,更重要的原因在于开展自由贸易将大大损害暹罗王室以及权贵群体的利益。

当时,包税制(Tax Farming System)和王室专卖制度(Royal Monopoly System)是暹罗王室控制全国资源以及获得财政收入的主要手段。包税制指的是国王将某一区域特定行业的征税权承包给投标额最高的商人,包税商负责向人民征税,并且每年将向王室上缴一笔约定的金额。在缺乏强大的官僚集团和科学的税收系统的情况下,包税制给王室提供了一种高效的征税方式。这一制度早在阿瑜陀耶王朝时期(1351—1767)便得到应用,但当时仅涉及某些特定的行业,例如酒业与赌业。随着王权的增长,征税种类不断扩展,拉玛一世(Rama Ⅰ,1737-1809)时期主要承包出的税种有酒精税、赌税、市场税、渔具税、种植园税;对物产以实物税的方式征收,例如稻米。[1] 拉玛三世(Rama Ⅲ,1787-1851)将包税制应用到了农业生产和交换的网络之中,涵盖了38种商品和服务。[2] 征税对象主要分为四类:一是对生产工具进行征税,包括渔具和生产糖、烟草等其他经济作物的炉子和窑;二是对特定物产征收过境税,包括柴火、豆类、芝麻、胡椒、烟草和糖浆;三是对特定服务业征税,例如赌业、彩票业、酒类销售、进口和销售鸦片的特权等;四是对商贸机构征税,主要指市场税,涵盖小贩和商铺。[3] 与现代财税制度理念不同,包税商的本质是逐利的,故货物在生产和运输途中会被不同的包税商以各种名义多次征税。

王室专卖制度实际上是王室对贸易的垄断制度,暹廷享有对某些物产独一无二的买卖权。这些物产大多是利润极高或生活必需的货品,例如锡矿、大米等。相关生产者必须以极低的价格向王室出售全部货物,而买家

---

[1] Thadeus and Chadin Flood (trans.), *The Dynastic Chronicles: Bangkok Era, the Fourth Reign* (The Centre for East Asian Cultural Studies, 1978), pp. 303-304.

[2] Prince Damrong Rajanubhab, *Latthi Thaniam Tang Tang* (Various Principles and Customs), Reprinted, 1972, pp. 158-159, quoted in Lysa Hong, "Tax Farming System in the Early Bangkok Period," *Journal of Southeast Asian Studies*, Vol. 14, No. 2 (September 1983), p. 383.

[3] Lysa Hong, "Tax Farming System in the Early Bangkok Period," pp. 387-388.

只能通过王室来购买这些货物。财务部（Phraklang／Treasury）在地方设立王室商馆（Royal Factories）和收购中心（Collecting Centers）收购货物，在中央设立王库（Klang Sinka／Royal Warehouses）用以存放货物，再以官方的形式进行垄断贸易，将本国货物统一出售给外国商人，并购入外国商品以供王室享用或转售至国内市场。① 负责运营这一垄断贸易的官员又具备商人的性质，实际上就是王室的代理商，本质上同样是逐利的。这些官员拥有很大的权力，可以对进口货物进行估价，来暹贸易的商船通常要向官员和王室献上见面礼或被索要额外的税款（extra-legal exaction）。② 如果双方展开完全意义上的自由贸易，暹罗王室和权贵群体的利益将大大缩水。

因此，《伯尼条约》看似遵循自由贸易的原则，但在暹罗特殊的财税和贸易制度下就成了一纸空文。在暹罗货物出口环节中，西方商人并不能直接与生产商进行贸易；若想购买暹罗物产，必须接受王室的定价并缴纳出口税；在转口过程中，货物将被不同区域的包税商多次征收过境关税。暹王看似不干预贸易活动，实际上却依靠居间贸易的方式继续垄断市场。在进口西方货物的环节中，西方船只会被征收极高的"梁头税"。根据1821年约翰·克劳福德的报告，欧洲船只将按照每暹寻③118铢（约71美元）的税率上缴梁头税，而中国帆船每暹寻只需缴纳40铢（约24美元）。1827年，英暹两国另外就英国船只来暹贸易的细节补充了六条商贸协定，其中第一条再次强调了自由贸易的原则并规定了梁头税的数额：

> 属于英属领地臣民的船只欲往曼谷进行贸易，必须在各方面遵守暹罗的既定法律。来到曼谷的商人被禁止购买稻谷或大米作为出口商品。如果他们进口枪支、子弹或火药，它们将被禁止出

---

① Sarasin Viraphol, *Tribute and Profit: Sino-Siamese Trade 1652-1853*, p. 21.
② Ibid., p. 26.
③ 暹寻，长度单位，泰文的拉丁文转写为 wa。根据 1833 年《暹罗国王与美利坚合众国友好通商条约》（又称《暹美友好通商条约》），1 暹寻等于 78 英寸（约 1.981 米）。John Crawfurd, *Journal of an Embassy from the Governor-General of India to the Courts of Siam and Cochin China*, Vol. 2, pp. 114-115.

售给除暹罗政府以外的任何一方。若暹罗政府不需要这些枪支、子弹或火药，商人必须将它们全部重新出口。除了这类军用物资、稻谷和大米，商人、英国臣民和在曼谷的商人可以在不受任何人干涉的情况下自由地进行买卖。前来贸易的商人应根据船舶的宽度及时支付全部关税和费用。如果该船载有进口货物，则每暹寻需缴纳1700铢；如果该船未携带进口货物，则每暹寻需缴纳1500铢。除此之外，暹罗当局不得再向英国商人征收任何进口税、出口税或其他关税。①

1833年，以《伯尼条约》为蓝本的《暹罗国王与美利坚合众国友好通商条约》第三条有着类似的规定：

> 所有雅弥理嘉国（美国）商船至暹罗所属地方贸易，非可照船之转载多少纳饷，亦非为贸易之官牌纳饷，亦非纳何类进口货物之税，但是照船之阔窄，杖之纳税，一饷如左②：其有双舱盖者，就量其下舱盖面；若单舱盖者，就在盖面量之。其船或长或短，须量在船之中半为准，量之阔窄。若装货物之船，每暹国寻当纳暹国例银一千七百铢。若空船入港，带银前来买货，每寻当纳例银一千五百铢。其量船寻式，计暹国钮九十六为一寻，雅国钮七十八为一寻。既纳此梁头税银外，不准再征何样税饷也。又若雅国何船或有何处逢风失桅失舵，欲就暹国所管地方修整，或要采买食物等事，抑或船来探问生理之光景，不做生理者，此各项皆准进口修整、买食、探问生理，免纳该梁头税饷，并外何样

---

① C. U. Aitchison, *A Collection of Treaties, Engagements, and Sanads Relating to India and Neighbouring Countries*, Vol. 1, p. 474.

② 原文为竖排右书。

规费矣。①

《包令条约》签署前,暹罗仅与英美两国签订了商贸条约。英美商船来暹贸易,无论是否前来卖货,都须缴纳相对高昂的梁头税。包令也曾评价此类税收办法十分不公,因为华人和暹人的舢板(一种小船)只需交纳8—40铢的税金,且小帆船和大帆船的税金分别为40—60铢和80—200铢。②但若英美商船装载货物前来出售,须缴纳每暹寻1700铢的梁头税;若空船入港买货,也须按每暹寻1500铢缴税。如此不公的税法极大地限制了西方与暹罗的贸易。

在实际贸易过程中,西方商人遇到的问题主要有三:一是暹罗货物价格由王室下属机构决定,西方商人不能直接与生产商进行贸易,导致货物价格过高;二是货物在运输过程中会被不同地区的包税商以不同名义多次征收过境税;三是西方商船需缴纳高昂的梁头税,导致进出口成本过高。暹罗对西方的贸易策略带有浓厚的重商主义色彩,英国所要求的自由贸易实则触动了暹罗王室和权贵集团的利益。若英国商人想跳过居间贸易与生产商直接进行贸易,那么暹罗相关的利益集团将无利可图。故暹罗看似接受了自由贸易的主张,实际上却凭借包税制和王室专卖制度抵制西方资本对本国经济的渗透,《伯尼条约》中关于贸易的部分俨然成了一纸空文。

二、"奶酪"还是和平?

暹罗与英国签订《伯尼条约》的本意是想虚假让渡部分经济利益以抵御西方对其政治上的威胁,然而订约之后西方列强的威胁并没有减弱。英国持续对暹廷施压,指责暹廷对其商船征收高昂的税收,违背了自由贸易

---

① "Treaty of Amity and Commerce between Siam and the United States," March 20, 1833, U. S. National Archives, Part of Record Group 11, the General Records of the United States. 原件有英文、泰文、中文、葡萄牙文四种版本。

② John Bowring, *The Kingdom and People of Siam: With a Narrative of the Mission to that Country in 1855* (J. W. Parker, 1857), Vol. 1, p. 256.

的原则,要求进一步修约;暹廷则认为修约会加强西方对暹罗内政的干预力度,扰乱社会秩序。英国商人罗伯特·亨特(Robert Hunter, 1792-1848)在暹罗走私鸦片的行为又进一步降低了拉玛三世对英国人的好感。① 在中英鸦片战争爆发后,暹罗人提高了对英国的防范。他们加强了对湄南河河口的防御,拦截了英国人在清迈与缅甸之间的贸易考察,扣押了来自英属新加坡的走私鸦片的船只。② 拉玛三世在其统治后期对西方列强的态度越发趋于保守,这种后退的姿态也引起了英国人的不满,时任英国海峡殖民地(Straits Settlement)③ 总督文咸(Samuel George Bonham, 1803-1863)甚至写信威胁拉玛三世,英国人关于修约的呼声也越发高涨。④

1850年,时任沙捞越(Sarawak)总督的詹姆斯·布鲁克(James Brooke, 1803-1868)⑤ 访问暹罗,但迎接他的是充满敌意的示威游行。⑥ 较为保守的拉玛三世更是没有接见他。⑦ 布鲁克向暹廷递交了四封信函,其中包含了他草拟的新条约。⑧ 信中,布鲁克请求暹廷允许英国臣民永居曼谷,然而暹廷认为此举将会扰乱社会治安,例如罗伯特·亨特走私鸦片的行为便是前车之鉴。布鲁克请求暹廷实行宗教宽容政策,但暹廷认为基督教徒在暹罗已获得足够的自由权。实际上,拉玛三世在其统治后期曾下令取缔教堂和修道院,只是迫于西方压力最终没有实现。在贸易问题上,暹廷同样认为不存在所谓的贸易壁垒,若英国商人遇到麻烦,可直接向暹廷投诉。布鲁克要求派驻领事,然而暹廷以1818年葡萄牙派驻领事却未达成任何商贸协

---

① Walter F. Vella, *Siam Under Rama* Ⅲ, *1824-1851*, p.130; R. Adey Moore, "An Early British Merchant in Bangkok," *Journal of Siamese Society*, Vol.11, No.2 (1914), p.27.

② Walter F. Vella, *Siam Under Rama* Ⅲ, *1824-1851*, p.130.

③ 1826年,英国把新加坡、马六甲和槟榔屿合并为海峡殖民地。

④ Dan Beach Bradley, *Abstract of the Journal of Rev. Dan Beach Bradley*, M. D.: *Medical Missionary in Siam 1835-1873*, Edited by Rev. George Haws Feltus (Pilgrim Church, 1936), p.67.

⑤ 1841年英国商人詹姆斯·布鲁克因协助文莱苏丹成功镇压叛乱而被任命为沙捞越总督。布鲁克在次年宣布沙捞越脱离文莱而成为独立王国"布鲁克王国",他也因此成为东南亚地区唯一的白人拉惹(Raja,意为国王)。"布鲁克王国"后得到了美国(1850年)和英国(1864年)的承认。

⑥ [英]莱恩·普尔、[英]弗雷德里克·维克多·狄更斯:《巴夏礼在中国》,第134页。

⑦ Bob Reece, *The White Rajahs of Sarawak: A Borneo Dynasty* (Archipelago Press, 2004), p.86.

⑧ Walter F. Vella, *Siam Under Rama* Ⅲ, *1824-1851*, p.136.

定一事为例，说明此举并不会给双边贸易带来便利。对于享有治外法权的要求，暹廷自以为有足够能力解决域内纠纷，无需英国干涉。布鲁克要求降低梁头税至每暹寻 500 铢，暹廷则认为《伯尼条约》所定税额已足够之低。暹廷还认为大米是主食，禁止大米等谷物出口。① 此次交涉，布鲁克无功而返，暹罗与英国的关系也降至冰点。布鲁克在与友人的通信中称此次出使是彻底的失败，认为英国政府现行的东方政策只是一种权宜之计，终有一天他们会对此政策后悔。他还表示暹罗人必须受到惩罚，在曼谷遭受到的羞辱也将逼迫他采取更加强硬的政策。②

1851 年 4 月 2 日，拉玛三世病逝，其弟蒙固王子即位，是为拉玛四世，英暹关系也由此迎来了转机。与早年便主管外贸和外交工作的拉玛三世不同，拉玛四世幼时就出家为僧，是一名知识渊博的僧侣。在二十多年的僧侣生涯中，拉玛四世游历全国，分别在法国传教士和美国传教士的教导下学习拉丁文和英文，这也是他日后能够直接用英文与外国官员通信的原因。他还通过传教士了解到西方民主政府的形式，这为其日后相对开明的执政思想打下了基础。③

与西方交往密切的拉玛四世深知同英国交恶的结果弊大于利，出于国家安全的考量，他迫切想要改善同西方的关系。1851 年 4 月 21 日，即位未满一个月的拉玛四世便主动向当时的海峡殖民地总督威廉·约翰·巴特沃斯（William John Butterworth，1801-1856）将军去信。拉玛四世在信中首先提到了先王逝世，以及自己被推举为王并将在 5 月 15 日举行加冕典礼的消息。其次，他希望巴特沃斯将军给予他些许时日，他相信自己在处理完先王的丧事之后，能够比前任更加妥善地处理对外贸易事务。接着，拉玛四

---

① "Letter of Brooke to the Phraklang," "Phraklang's Letter to Brooke," *Ruang Thut Farang*, Department of Fine Arts, Thailand, pp. 135-212, quoted in Walter F. Vella, *Siam Under Rama Ⅲ, 1824-1851*, pp. 136-138.

② Sir James Brooke, *The Private Letter of Sir James Brooke, K.C.B., Rajah of Sarawak：Narrating the Events of His Life, from 1838 to the Present Time*, ed. John C. Templer (Richard Bentley, 1853), Vol. 3, pp. 7, 18.

③ 史密斯著，梁瑞平译，苏健璇校：《蒙固王》，《东南亚历史译丛》1986 年第 4 期，第 48—50 页。

世称巴特沃斯将军是他长久以来的挚友,定会为他继位的消息感到高兴,并称先前在曼谷遭受冷落的布鲁克爵士为自己的朋友,由于没有时间,他希望巴特沃斯将军能够将此消息告知布鲁克爵士。很显然,此举是想趁机安抚一下布鲁克爵士,以缓和暹英两国间的紧张关系。再次,拉玛四世还表示自己将按照暹罗习俗派出信使拜访巴特沃斯将军,并告知后者关于新王登基的消息。同时,他规范了通信的格式和流程,使得自己在对外交往中不失身份和地位。最后,拉玛四世还委托信使采购物资,并希望巴特沃斯将军能给予便利。① 5月13日,巴特沃斯派人捎来了数学仪器。② 5月22日,拉玛四世在信中对巴特沃斯表示感谢,并提到自己的加冕仪式已经在5月21日结束,但接下来还将举办副王登基仪式和先王的葬礼,事务繁多,因此希望暂停关于新条约的协商工作,并恳请将英国使团的访问时间推迟至次年(1852年)五六月。③

此后,拉玛四世不断向英国发出示好的信号。1851年11月21日,拉玛四世授权外交大臣斯里·素里亚翁(Sri Suriwongse, 1808-1883)发布了两份公告。④ 第一份公告对暹罗现状和对外贸易条例作了详尽的介绍。首先,公告解释了西方与暹罗贸易规模有限的原因是暹罗物产丰富,暹罗人民只习惯在小范围内进行能够维持基本生活的贸易;若大量的外国商品被运到暹罗,很可能会滞销。该说辞实际上是为拉玛三世的保守政策开脱,言外之意是并不是暹廷有意限制与西方的贸易,而是本国对西方产品的消费力有限。其次,为改善与西方的贸易情况,国王愿意降低梁头税至每暹寻1000铢,并且该税额可以再议。另外,国王允许大米出口,而数量则取决于该季产量丰饶与否。鸦片也被允许进口,并设立鸦片专卖制度,但又同时规定鸦片只可销售予华人。在暹罗居住的英国人和美国人在不违反暹

---

① "King Mongkut to W. J. Butterworth," April 21, 1851, FO 199/43, in Georges Coèdes, "English Correspondence of King Mongkut," *Journal of Siam Society*, Vol. 21, No. 1 (1927), pp. 3-6.

② "King Mongkut to W. J. Butterworth," May 22, 1852, in Georges Coèdes, "English Correspondence of King Mongkut," p. 7.

③ Ibid., pp. 8-9.

④ "Siam," *Singapore Free Press and Mercantile Advertiser*, January 30, 1852, p. 3.

罗习俗和法律的前提下，享有比以前更大的特权，比如在暹罗信仰自由，可自由游历、建立教堂和墓地等。① 第二份公告名为《暹罗国王关于鸦片的公告》(The Proclamation of the King of Siam Concerning Opium)，其进一步向民众声明鸦片只出售予华人，其他国民吸食鸦片则将遭到处罚。② 两份公告充分展现了拉玛四世与英美交好的诚意，以及他就贸易壁垒、关税、大米及鸦片贸易、自由权等争议问题都作出了极大的让步。

英国方面很快收到了暹罗示好的信号。1852年1月30日，《新加坡自由西报》(Singapore Free Press and Mercantile Advertiser) 将两份皇家公告译为英文并全文刊发，称暹罗局势持续向好发展。2月26日，加尔各答《印度之友报》(The Friend of India) 又转载了公告中关于英美两国公民的新规定，称新国王蒙固与驱赶英国公使的前国王大不相同，可能是全亚洲"最为开明的君主"(the most enlightened monarch)；若现在派遣新的公使前往暹罗，将极有可能获得最高规格的接待和一次成功的谈判。③ 上海的《北华捷报》(North-China Herald) 作为在华的"英国官报"，也肯定了拉玛四世在改善英暹两国关系中所作的努力。④ 从这些报刊的报道中可以看出，英国方面密切关注着拉玛四世带来的新变化，希冀派出使团改善与暹罗的关系。

新加坡、加尔各答等地是英国获取暹罗情报最快的地区，但最后两国关于条约的谈判却并非由当时的海峡殖民地总督或是印度总督负责——时任香港总督的包令成了谈判的全权公使。包令早年追随英国哲学家杰里米·边沁(Jeremy Bentham, 1748-1832)，笃信边沁所主张的自由贸易政策。边沁称包令是他最亲密的朋友，他将所思所想都告诉了这个年轻人，这一经历对包令后来的政治理念也产生了很大的影响。⑤ 包令还担任过边沁参与创办的《威斯敏斯特评论报》(Westminster Review) 的主编，长期在该

---

① "Siam," *Singapore Free Press and Mercantile Advertiser*, January 30, 1852, p. 3.

② "The Proclamation of the King of Siam Concerning Opium," *Singapore Free Press and Mercantile Advertiser*, January 30, 1852, p. 3.

③ "Siam," *Friend of India and Statesman*, February 26, 1852.

④ "The Proclamation of the King of Siam," *The North-China Herald*, September 11, 1852.

⑤ Leslie Stephen, *The English Utilitarians* (Cambridge University Press, 2011), Vol. 1, p. 224.

报上宣扬自由贸易的思想,在英国政治经济学界享有很高的名望,这也为他日后参加地方和全国议会选举积攒了人脉关系。1849 年 1 月,在时任英国外交大臣帕麦斯顿勋爵(Lord Palmerston, 1784 - 1865)的邀请之下,包令出任英国驻广州领事一职,并于同年 4 月正式抵穗就任。① 由于时任香港总督文咸爵士因健康问题返英休养,因此包令暂时代任英国驻华公使及中国商务总监的职务,并于 1852 年 4 月 14 日迁往港督官邸办公。②

一直推崇自由贸易理念的包令注意到了暹罗国内发生的新变化,并努力与暹廷建立联系。1852 年 7 月,暹罗派出朝贡使团来华,这对包令来说无疑是游说暹廷最好的机会。根据使团成员拍因蒙提回忆,1854 年使团回国途中路过香港,香港总督包令宴请使节及办事四人,询问使团先前遇太平军所劫一事之后,请暹使奏知暹王:"暹罗已跻于英法美之同等强大矣,不应再向中国进贡也,且此次有其理由矣。"③ 自 1854 年暹罗使团回国后,暹罗果真如包令所言,再也没有派出朝贡使团来华。不过,实际上此次包令在香港与暹罗贡使的见面存在疑点。按照推算,暹罗使团在香港逗留的时间应该为 3 月 29 日至 4 月 4 日,④ 而包令本人在 1853 年 2 月 16 日至 1854 年 4 月 13 日期间正在休假,并不可能与暹罗贡使会面。⑤ 拉玛四世与包令

---

① John Bowring, *Autobiographical Recollections of Sir John Bowring* (H. S. King & Co. , 1877), p. 19.

② Ibid. , p. 21.

③ 拍因蒙提:《泰国最后一次入贡中国纪录书》,陈棠花译,(泰国)《中原月刊》1941 年第 1 期第 1 卷,第 26 页。该文件是由 1852 年暹罗访华使团成员拍因蒙提根据自己模糊的回忆于 1877 年写成的。当时广东官员拒绝暹使改道天津进贡的回函送达曼谷,暹王拉玛五世就访华进贡问题征求了 13 名亲信大臣的意见,同时谕令 1852 年访华使团的成员报告当年的情况,以供参考。参见小泉顺子:《朝贡与条约之间》,《南洋问题研究》2007 年 4 期,第 68—69 页。

④ 参见拍因蒙提:《泰国最后一次入贡中国纪录书》。

⑤ 1853 年 2 月 13 日,香港总督文咸爵士假满返港,包令卸去了兼任之职,再次就任驻广州领事。不过,包令有点厌倦公务生活,所以 2 月 16 日获准休假一年。包令先前往香港主持了一场学术会议,后前往爪哇岛游历,继而返回英国。12 月 24 日,英国女王赐包令爵士勋衔,并任命他为驻华全权公使、中国商务总监、香港总督,接替任期将满的文咸爵士。包令于 1854 年 4 月 13 日抵达香港并宣誓就职。参见 John Bowring, *Autobiographical Recollections of Sir John Bowring*, pp. 21, 232- 242, 216-217;[英]莱恩·普尔、[英]弗雷德里克·维克多·狄更斯:《巴夏礼在中国》,第 125 页。

的通信也可以进一步证明暹使和包令没有见面的结论。1854年4月5日，也就是暹罗使团离开香港后的第二天，还在赴华任职途中的包令立即从新加坡致函拉玛四世，告知自己即将担任香港总督一职，并且女王陛下已经令其筹备与暹罗修约的事宜；他还将按照拉玛四世的要求，就次年来访一事向暹罗财政大臣发出正式的通告。① 香港英资报刊《遐迩贯珍》也提到："公使大臣包接到本国谕旨，令其前赴暹罗国结立和约。"② 9月，拉玛四世特派信使携带书信、礼物前往香港会见包令，《遐迩贯珍》对此事进行了报道：

> 闰七月二十日（1854年9月12日），暹罗有两使臣抵港，挟其国主之图画书札，呈于公使大臣包玲（令）。书中咨询公使何日可往其国，俾预为除道敬迓等语。但令正值中土多事之秋，想公使亦不暇往彼国矣。乍闻此事，不胜欣忭。盖向来东土与西邦，素少往还。兹有暹罗国君，竟尔遣使结好于吾邦，从此通商贸易，可卜将来必共享利益于无穷也。③

包令对暹罗主动遣使结好的行为"不胜欣忭"，对修约通商一事已经有了充分的信心。尽管如此，拉玛四世仍心存顾虑。拉玛四世虽然在信件中以十分客气的口吻称包令为"尊敬的朋友"，询问其来访的日期、礼仪、陪同人员与军舰的数量等事项，以便暹方筹备，但此信的真正目的是了解英国方面是否会派出军舰来暹。他称暹罗是由多民族构成的，他的人民很少

---

① "Bowring to Clarendon," September 14, 1854, FO 17/216, quoted in Neon Snidvongs, "The Development of Siamese Relations with Britain and France in the Reign of Maha Monghut, 1851–1868" (Ph. D. diss., University of London, 1960), p. 260.

② 《遐迩贯珍》第2卷第6号（总第11号），1854年6月1日，第9页b，收入《遐迩贯珍——附解题·索引》，第639（80）页。

③ 《遐迩贯珍》第2卷第10号（总第15号），1854年10月1日，第11页a，收入《遐迩贯珍——附解题·索引》，第607（112）页。有学者认为，拍因蒙所记包令的断贡之议很可能发生在此次会面期间，或为暹罗筹备包令访暹一事塑造"事后诸葛"的合理性，参见王杨红：《从朝贡到早期订约交涉：中暹关系的变迁》，博士学位论文，厦门大学，第87页。

看到外国战舰到访,为避免不实的报道和消除人民的恐慌,他必须了解清楚情况。① 军舰来暹一直是拉玛四世最担忧的问题,先前暹罗国防大臣(Kalahome)一再强调,友好访问的军舰数量不得超过3艘,否则会给暹罗民众带来恐慌。② 包令回信强调这是一次友好访问,并不是为了吓唬暹罗人,所以他只会带少量的军舰前来,希望军舰的到来不会引起暹罗官员的误解,从而影响条约的谈判。拉玛四世在与群臣商议时指出:如果英国人的修约要求再次被拒绝,很可能会损害两国间的友好关系;而1826年的条约实际上是暹王与英属印度总督签订的,双方的地位不对等,应该被纠正。③ 由此可见,拉玛四世已经深刻感受到了来自英国的威胁,知晓修约一事已经迫在眉睫,不可再找借口拖延了。但他仍然不希望包令携带军舰前来,又再次命财政大臣重复了先前国防大臣的观点,称暹罗已做好了谈判的准备,而英国无须携带军舰来证明自己的实力,因为全世界都已知晓英国是一个非常强大的国家。④

拉玛四世与英国官员之间通过书信建立了有效的沟通渠道,英暹关系迎来了转机。在与群臣商议时,拉玛四世还下令建造英国使团的住所。⑤ 他知晓,包令使团的来访仅仅是时间问题了。如果要保全国家,暹罗势必要付出相应的筹码。

---

① "King Mongkut to Sir John Bowring," July 18, 1854, in Georges Coedès, "English Correspondence of King Mongkut," p. 14.

② "Siamese Black Book," J. S. 1215/106, quoted in Neon Snidvongs, "The Development of Siamese Relations with Britain and France in the Reign of Maha Monghut, 1851–1868," p. 263.

③ Thadeus and Chadin Flood (trans.), *The Dynastic Chronicles*: *Bangkok Era, the Fourth Reign*, p. 120.

④ "The Phra Klang to Bowring," November 20, FO 17/226, quoted in Neon Snidvongs, "The Development of Siamese Relations with Britain and France in the Reign of Maha Monghut, 1851–1868," p. 263.

⑤ Thadeus and Chadin Flood (trans.), *The Dynastic Chronicles*: *Bangkok Era, the Fourth Reign*, p. 122.

三、"尽善尽美"的条约

1855年3月12日，包令乘坐军舰"响尾蛇"号（Rattler）自香港启程前往曼谷，随行的还有护卫舰"希腊人"号（Grecian）。[①] 4月18日，英暹两国达成共识，签订了《英暹友好通商条约》，史称《包令条约》。[②] 通过缔约，英国不仅扫清了贸易上的所有障碍，还获得了许多权益。例如：英国享有领事裁判权，可派驻领事于曼谷（第二、第三条）；英国臣民可以在暹罗的所有海港自由贸易，并可在曼谷或条约规定的范围内永居（第四条）；英国臣民可以凭护照在暹罗自由旅行（第五条）；英国臣民还享有信教自由，并可在征得暹罗当局同意的地点自由建造教堂（第六条）；等等。其中，第八条为贸易的核心条款：

> 根据1826年的条约（《伯尼条约》），到曼谷进行贸易的英国船只在此之前缴纳的梁头税将从本条约生效之日起取消，此后英国的航运和贸易将只对上岸或装运的货物缴纳进出口税。对所有进口物品征收3%的关税，由进口商选择支付方式，按货物的市场价值计算，以实物或货币缴纳。如果发现货物无法密封并再次出口，应准予退还全部税款。如果英国商人和海关官员对进口物品的价值有不同意见，这种争议应提交给领事和相关的暹罗官员，后者应有权要求同等数量（不超过两名）的商人作为评估员，以协助他们作出公平的决定。
>
> 鸦片应当予以免税进口，但只能出售给鸦片种植者或其代理人。未经过指定商人安排销售的鸦片应当复运出口，不对其征收进口税。违反本规定的，一律没收鸦片。
>
> 出口货物，从生产之日起至装运之日止，不论是以国内税、

[①] Manich Jumsai, *King Mongkut and Sir John Bowring* (Chalermnit, 1970), p. 42.

[②] "Treaty of Friendship and Commerce between Her Majesty and the Kings of Siam," June 14, 1856, *Gazette*, Vol. 1, No. 51, pp. 1-4. 本文所征引的中文版条约为笔者自译。

过境税或出口税的名义征税，只应缴纳关税。每件暹罗产品在出口前或出口时应缴纳的税款在本条约所附的关税中有明确规定；同时明确约定，在国内已缴纳任何税种的货物或产品，应免除任何进一步的出口税。

英国商人将被允许直接从生产者那里购买他们所交易的物品，并可以同样的方式将他们的货物直接出售给希望购买该货物的各方，且在任何情况下都不受任何其他人的干涉。

本条约所附关税表所规定的税率，是现在对用暹罗或中国船只或帆船运输的货物或产品所支付的税率；双方同意，英国航运应享有暹罗船只或中国船舶或帆船现在享有的或今后可能被给予的所有特权。

英国臣民在获得暹罗当局的许可后，将被允许在暹罗造船。

每当发现盐、米和鱼有短缺的可能时，暹罗政府会保留通过公告的方式禁止出口这些物品的权利。

贵金属条或个人物品可免费进出口。①

以上规定涉及先前英暹贸易中双方僵持不下的几个核心问题。一是进口关税问题。先前，无论英国商船是否携带货物前来销售，都必须缴纳高额的梁头税。如今，征税方式由从量税变为更具弹性的从价税，大大减轻了英国商人的税负压力。他们只需要按照市场价值对上岸或装运的货物缴纳3%的进口税，并且可以选择用实物或货币两种方式缴税。这就意味着，英国商船若空船进港或运载不在暹罗销售的货物，就无须缴税。二是鸦片进口问题。先前，鸦片是暹罗官方明文规定的违禁物，不予进口。如今，鸦片不仅可以进口，还享有免税的待遇，可以说暹罗是作出了极大的让步。但是，鸦片只能卖给暹罗王室指定的商人，并且在暹罗只有华人才可抽食鸦片，暹罗人不得购买和抽食。三是多次征税问题。先前，不同区域的包

---

① "Treaty of Friendship and Commerce between Her Majesty and the Kings of Siam," June 14, 1856, *Gazette*, Vol. 1, No. 51, p. 2.

税商为了谋取利益，常常会对转口的货物征收过境税，来暹商船还会被相关官员敲诈勒索。如今，暹罗出口货物从生产之日起至装运之日止，只会被征收一次关税，不会被多次征税。为此，条约所附关税表特地对贸易品征收的出口关税和国内关税税率作出规定：第一部分所列象牙、藤黄等51项货物，在其生产或转口的过程中免纳国内关税或其他税，并按税表规定缴纳出口税；第二部分所列白糖、红糖等13项货物，须缴纳国内关税或过境税，免纳出口税；第三部分规定，本税则未列明的所有货物或产品均免纳出口税，并只需缴纳一次不超过现行税率的国内关税或过境税。设立关税表的目的是使暹罗税收更加透明化，避免多次征税的现象。① 四是居间贸易问题。先前，在王室专卖制度之下，所有贸易都将通过王室机构进行。如今，英国商人不需要接受王室垄断的高额定价，而是可以直接与生产方进行贸易。

次年（1856年），英国又派出巴夏礼（Harry Smith Parkes, 1828-1885）与暹廷就海关的建立、英国人居住区范围和治外法权等具体问题进行进一步的磋商。双方在5月13日签订《英暹友好通商条约增补协议》②，史称《巴夏礼协议》。《巴夏礼协议》由三部分组成，分别是《增补协议》《花园、种植园及其他土地的税单》和《海关总则》。协议第一条重新对《伯尼条约》的一些条款作出解释。原先的条款规定，英属缅甸四地（墨吉、土瓦、德林达依、耶城）的华商、南亚和中亚商人可凭英国当局颁发的证明通过陆路和水路自由前往暹罗进行贸易。《巴夏礼协议》废除了该条款对人种的限制，即所有英国臣民都可以凭护照越界进入暹罗进行自由贸易。③ 协议第四条将"货物只征一次税"的原则进一步明确化：除了先前条款中提到的土地税和进出口税，暹罗当局不得向英国臣民征收任何额外的

---

① "Treaty of Friendship and Commerce between Her Majesty and the Kings of Siam," June 14, 1856, *Gazette*, Vol. 1, No. 51, pp. 3-4.

② "Agreement Supplementary to the Treaty of Friendship and Commerce between Greet Britain and Siam," June 21, 1856, *Gazette*, Vol. 1, No. 52, pp. 2-5.

③ Ibid., p. 2.

费用或税收。①《花园、种植园及其他土地的税单》规定了种植园与耕地土地税的税率，种植园按照种植数量征税，耕地按照作物面积征税。其中，第一节所列槟榔树、椰树等8种树木，每一任国王统治期间只能按照最初的情况进行一次估税工作。在下一次估税工作完成前，所有种植园和耕地都将缴纳相同税率的年税。第二节所列橘子树、波罗蜜树等8种树木将每年进行一次估税工作，按照当年情况进行征税。第三节所列的6种树木按照税单固定税率每年征收。第四、第五节规定所有耕地按照作物面积每年每莱（rai，1莱约等于1600平方米）征收1萨伦（salung，1萨伦等于1/4铢）1富昂（fuang，1富昂等于1/8铢）；如果是沟渠之地或未经开垦的低地，就不必缴纳土地税。② 英方明确土地税单的目的是防止王室及包税商对相关土地随意征税，以便降低农产品生产成本和价格。但对暹罗而言，固定税率大大损害了权贵集团的利益，也严重侵犯了暹罗的内政自主权。

《包令条约》缔结后，《遐迩贯珍》就其部分内容进行了介绍，并附上了简要评述：

> 英五月十二日，公使包令大人自暹罗国回港。溯其初于二月十二日（或误记，此处应为公历3月12日）在港开行，三月初三日（或误记，此处应为公历4月3日）至暹罗京都邦哥（曼谷），③暹罗王以礼相接，着五位大臣议事。至十八日（公历4月18日），乃商定贸易和约数条，两边欢喜押名。传闻该约条款，尽善尽美。向来暹罗与英商贸易者，其人必先纳财于王，然后方准。故平素与英易贸者，不过数人而已，嗣后则任从众人随意而行。从前货物出入，必征重税。今已革除此弊。凡货入口，只纳百分之三分而已，嗣后英国货船入口所纳税则与唐船同例。英民居于暹罗者，

---

① "Agreement Supplementary to the Treaty of Friendship and Commerce between Greet Britain and Siam," p. 3.

② Ibid., pp. 4-5.

③ 根据包令回忆，使团是于公历4月3日下午6时到达曼谷的，参见 John Bowring, *The Kingdom and People of Siam*, Vol. 2, pp. 262-266。

议于京都左右地方,尽一日程内,任意建屋,设立礼拜堂来往。若有人告英民有犯法之事,任从英国领事官审断。十年之后,两边复议和约,或损或益,当与时为变通。此乃其大概。现有公臣将条约带回英国献于皇后,待皇后验察押名,然后白众,便可知其详细。公使包令能成此事,如此之速而且妥,可谓使于四方不辱君命者矣。而暹罗王能乐交英国,接以尊礼,又能革除有碍贸易诸弊,可谓识天时,而为民之父母者也。①

从《遐迩贯珍》的评述之中可以看出,英国方面对《包令条约》的评价十分之高,认为条约将扫除阻碍贸易的诸多弊端,打破王室垄断贸易的局面,使自由贸易的原则得以施行。先前英国商人在贸易中所遇到的三大难题都被一一解决:对于暹罗王室机构定价高的问题,《包令条约》明确指出英国商人可以直接从生产者那里购买他们所交易的物品,不受第三方干预;对于重复征税问题,《包令条约》及其所附关税表与《巴夏礼协议》反复强调对货物只征一次税的原则;对于梁头税过高的问题,《包令条约》将其予以废除,并以从价税的方式重新规定了极低的进口税率(3%),出口税率则享有与暹罗或中国帆船一样的待遇,并在所附关税表中以固定税率的方式明文列出。此外,利润极高的鸦片被允许进口。马来半岛、缅甸、印度等其他英属领地的商人也可进入暹罗自由贸易。在现代边界观念建立之前,英国商人可以直接进入暹罗北部森林,抢先占领英属领地与暹罗间模糊地带的资源。对英方而言,此条约真可谓是"尽善尽美":不用一兵一卒,既破除了贸易上的种种壁垒,又充分保障了在暹英人的各项权益。

四、冲击与转型

然而,对于暹罗而言,《包令条约》的缔结并非如《遐迩贯珍》所描述

---

① 题为《公使包令往暹罗立约节略》,《遐迩贯珍》第 3 卷第 6 号(总第 23 号),1855 年 6 月 1 日,第 14 页 b—15 页 a,收入《遐迩贯珍——附解题·索引》,第 518(201)—517(202)页。

的那样"两边欢喜押名"。早在《包令条约》谈判阶段,暹罗朝野上下就充斥着反对修约的声音,这些声音大部分来自王室成员、贵族和华人包税商。时任摄政王的巴育拉翁(Prayurawong,1758-1855)是却克里王朝(即曼谷王朝)的老臣,他不愿接受自由贸易的条款而放弃王室垄断的贸易特权。①《包令条约》极大地动摇了暹罗的财税体系,自由贸易的原则影响了王室和广大包税商的利益。第一,每个包税商都有自己所承包的征税区域,货物在运输过程中将被不同包税商多次征收过境税。然而新条约规定所有货物的过境税只征一次,那么就意味着下行区域的包税商将无利可图。第二,自由贸易对应的便是王室专卖制度的崩溃,英国商人可直接与生产商进行贸易,王室则无法对货物进行垄断销售和自由定价。第三,高昂的梁头税被低廉的进出口税所取代,这对王室来说是一笔巨大的损失。例如,每科扬(koyan,指100筐)大米只需缴纳4迪卡(tical,泰铢旧称)的出口税,虽然大米出口量极大,但并不能给王室带来可观的收入。第四,种植园和耕地的土地税被固定,且不能随意修改。随着通货膨胀的影响,包税商和王室在土地税上的收入越来越少,国家也没有兴趣和财力对新的土地进行开垦和投资。因此有学者认为,有限的土地税收入限制了暹罗对农业设施的建设,导致中部平原的灌溉系统没有得到很好的发展。②

由于传统的财税制度已经无法带来可观的收入,包税商对王室的离心力在不断增强。有实力的包税商逐渐形成了一个强大的秘密集团,对包税权的投标金额进行控制,将那些推高投标金额的商人清算出局。1855年,赌业税的承包价格从16,000铢下降到13,000铢,这个数字长年维持不变,直到拉玛四世统治结束。③ 这说明竞标行为已失去了市场竞争的效力,包税权利只集中在主要的家族集团手中。如此一来,王室在包税制中得到的收

---

① [英]莱恩·普尔、[英]弗雷德里克·维克多·狄更斯:《巴夏礼在中国》,第136页。

② Tomas Larsson, *Land and Loyalty* (Cornell University Press, 2012), p.38; Leslie Small, "Historical Development of the Greater Chao Phya Water Control Project: An Economic Perspective," *Journal of the Siam Society*, Vol. 61, No. 1 (1973).

③ Constance M. Wilson, "State and Society in the Reign of Mongkut, 1851-1865: Thailand on the Eve of Modernization" (Unpublished Ph. D. diss., Cornell University, 1970), pp. 635-636.

入停滞不前，包税商集团则由此保证了自己的利润。为弥补《包令条约》所带来的损失，包税商进一步剥削农民和国内商人。包税商常常利用农民的无知以多种名义向他们重复征税，甚至有人以渔具税的名义向使用过湖水和溪水的农民征收"水税"（water tax）。①

包税制在《包令条约》的冲击之下暴露出了种种弊端，也使得暹罗王室的财政收入得不到保证。包令本人在签订条约之际就已预见到，暹罗税收来源的变化势必会引起国家财政制度的改革。② 1868 年，拉玛四世去世，拉玛五世（Rama V，1853-1910，本名朱拉隆功）即位。由于拉玛五世即位时年仅 15 岁，其政事主要由汶那家族（Bunnag family）所掌控，国家的财税命脉则受控于强大的包税商集团。1873 年，拉玛五世完成了正式的加冕仪式，被架空了五年的他渴望重新获得对政府和经济的控制权。为了对冲《包令条约》和包税制对王室财政收入造成的损失，拉玛五世进行了一系列改革。改革的核心是建立完善科学的官僚体制和中央集权的财税机构，并对政府开支进行集中化的预算管理。王室将大部分税收的征税权收归中央，减少包税制所涉及的行业，保留包税商对赌税、酒精税、彩票税等税收的征收权，但要求公开竞标赌业和鸦片贸易的垄断权。③ 此外，新的官僚体系还积极寻找新的财政收入来源。例如，柚木、锡等一些货物并不在《包令条约》所附关税表的范围之内，暹罗政府可以自主决定这类货物的关税，因此其于 1891 年成立皇家矿业部（隶属于农业部），后于 1897 年成立森林部，加强了对木材资源的控制。④ 根据 1895 年英国外交官的统计，暹罗在柚木税中获得了 648,000 铢（当时约等于 40,500 英镑）的收入。⑤ 然而，在正式划界之前，暹罗北部森林地区人烟稀少，主权归属并不明确。

---

① Lysa Hong, "Tax Farming System in the Early Bangkok Period," pp. 393-394.
② John Bowring, *The Kingdom and People of Siam*, Vol. 2, p. 226.
③ David K. Wyatt, *Thailand: A Short History*, p. 117.
④ Amnuayvit Thitibordin, "Control and Prosperity: The Teak Business in Siam 1880s-1932" (Ph. D. diss., Staats-und Universitätsbibliothek Hamburg Carl von Ossietzky, 2016), p. 41.
⑤ J. S. Black, *Siam: Report on the Teak Trade in Siam* (Her Majesty's Stationery Office, 1895), p. 7.

《巴夏礼协议》又规定英属领地臣民可自由越境前往暹罗贸易,这导致了森林所有者与英国臣民间的冲突。英、暹、法三国对于这些森林资源都虎视眈眈,开展了一系列的边境划界工作,以确定模糊地带的主权归属。拉玛五世也借此机会加强中央集权,在1890年进行了省制行政改革,彻底打破了原有的封建分封制度(萨克迪纳制度)。由此,封建主的授田被取消,地方领主也被中央下派的流官所代替。随着人头税的推行,平民可以为了市场需求而种植水稻和其他经济作物,而并非出于差役或是为了地主和王室而耕种。①

《包令条约》对暹罗的传统经济造成了巨大的冲击,也引发了内部制度的转型和改革。条约缔结后,暹罗被纳入了国际市场当中。根据国际分工原则,暹罗成了资本主义国家原材料的来源地。然而,西方资本的涌入并未催生出暹罗的民族资本主义。包税商的存在本身就是违背现代财税体系逻辑的,最富有的一批人不用缴纳所得税,反而以征税作为他们的牟利手段。包税商收来的钱也不用于资本投资和生产,而是流入了利润最高的行业,例如博彩业、鸦片销售、酒业等。由于关税较低,西方货物大量倾销进入暹罗市场,导致了暹罗传统手工业的崩溃,也将暹罗的民族工业扼杀在了摇篮中。②

五、结语

《伯尼条约》未能为英商谋取在暹贸易的便利,其原因在于自由贸易的原则触碰到了暹罗权贵集团的利益。在交通不便、信息传递速度缓慢的时代,国家对地方资源的控制有限,包税制和王室专卖制度对充盈王室财库有着巨大的作用。王室通过下属机构对全国贸易进行垄断,在此框架之下,西方商人只能通过王室所定价格购入商品,且会被多次课以重税。

1855年缔结的《包令条约》打破了暹罗经济的生态,自由贸易的原则

---

① David K. Wyatt, *Thailand: A Short History*, pp. 200-201.

② Dhitiphong Meethong, et al., "The Bowring Treaty with the Economic Impact of Thailand Buddhist Era 2398" (Nakhon Pathom Rajabhat University, July 2020), p. 2659.

使得王室和包税商的利益大幅缩水。为了对冲自身损失，包税商和王室纷纷推出了应对措施。包税商对国王的离心力加强，他们形成了秘密集团以控制包税投标金额，并加大了对农民的剥削力度。对此，拉玛五世进行了行政体制改革，建立了新的官僚体系和财税系统，将税收的主要权力收归中央，减少了包税制在国家税收中的比重。此外，政府大力发展《包令条约》所附关税表中未列出货物的贸易，并成立了专门的部门控制矿业、森林等资源，使中央权力得到了集中。

总体上看，《包令条约》对暹罗经济影响深远。暹罗被纳入世界资本主义体系之中，成为西方资本主义国家的原料生产地和产品输出地。资本主义的生产和销售方式也进一步加快了暹罗封建制度（萨克迪纳制度）与奴隶制的瓦解。同时，传统徭役被人头税所取代，市场机制取代王室成为社会分配阶段的决定性因素。暹罗的例子符合维多利亚时代中期和晚期英国帝国主义政策的基本思路，即通过商业渗透［"无形帝国"（informal empire）］和政治影响控制最适合被并入帝国经济体的地区。签订或强加给弱国"自由友好通商"的条约可能是英国扩张最常见的政治手段，接下来的任务就是鼓励当地建立一个稳定的政权和培养资本主义的生产分配方式以保障高回报率的投资，这是最廉价也是最高效的扩张策略。① 如果在扩张过程中遭到阻力，英国人很可能会采取军事行动等暴力手段迫使弱国屈服，其扩张成本也会相应上升。在英暹贸易和中英贸易中可以发现很多相似之处：原有的居间贸易都存在着关税不透明以及关税、船钞征税重等问题，英国人通过武力威胁和缔结条约达到了自由贸易的目的，也引起了中、暹等国内部制度的改革和转型。

---

① John Gallagher and Ronald Robinson, "The Imperialism of Free Trade," *The Economic History Review*, Vol. 6, No. 1 (1953), pp. 11, 9.

20世纪初日本在中国东北的林业扩张
——以"吉黑林矿借款"为中心

程 丹[*]

摘 要 1918年,段祺瑞北洋政府与日本秘密签订"吉黑林矿借款",日本由此获得采伐吉黑地区森林的优先权,这严重损害了中国的森林利权。日本寺内内阁基于"对华经济借款"的行动方针,用3000万日元借款要求财政支绌的北洋政府同意以吉黑两省国有林矿资源为抵押,以及组建中日合办公司、优先商借日款、聘用日本技师等条件。但是,由于北洋政府与日本签订"吉黑林矿借款"的消息外流,引发中国民众和俄、美等国的强烈反对,致使日本派遣技师以干预东北林政的计划搁浅,不得不将重心放置于创设中日合办的木材公司上,以此渐趋主导中国东北的林业市场。"吉黑林矿借款"的签订与实施过程,揭示了日本以隐形的经济侵略方式掠夺中国自然资源的模式。这一模式不仅使日本大仓、三井、三菱等财阀加强了对中国东北地区的经济侵略,也导致了日伪之后对东北林业的统制和掠夺。

关键词 吉黑林矿借款;地方抵制借款运动;中日合办公司;经济侵略

"吉黑林矿借款"是中日两国"西原借款"的组成部分。1918年段祺瑞重任北洋政府国务总理后,因政府财政紧张,欲向日本借款。其以吉黑

---

[*] 程丹,浙江大学历史学院博士研究生,研究方向为近代中日关系史。

地区的林矿资源作为借款担保,让日本取得了森林采伐和森林担保的优先讨论权,① 这不仅侵害了东北人民的利益,也激化了中央与地方的矛盾,更侵害了中国利权。目前学界多将"吉黑林矿借款"归于"西原借款"的整体论述之中,综合讨论"西原借款"的范围、用途、影响及外债整理等,② 概括式探讨偏多;或将其视为继"二十一条"后日本又一露骨的侵略条约,③ 较少关注日本以侧面性的投资方式掠夺东北资源的转变。针对"吉黑林矿借款"的研究,鲜有讨论《吉黑两省金矿及森林借款合同》的签订经过及合同落实的相关情形,缺乏对东北地区不同利益集团博弈过程的探讨,也鲜少分析经过第一次世界大战的刺激,森林等自然资源如何成为日本侵华政策的重要内容。

"吉黑林矿借款"签订后,吉林、黑龙江两省人民强烈抗议,后因北洋政府还款能力不足,本利偿还、派遣日本技师等条例并未真正履行,以致该合同造成的巨大危害多被忽视。事实上,日本凭借《吉黑两省金矿及森林借款合同》,大规模创办中日合资公司,收购俄人经营的林场,将森林采伐路线从鸭绿江沿岸扩至吉林,并渐次深入"北满"地区。因此,"吉黑林矿借款"的签订不仅是日本扩大采伐中国东北森林的规模的切入点,也呈现出日本以投资的方式掠夺中国资源的经济侵略模式,更显示了日本欲排除苏俄在吉黑地区势力的外交政策之变化。

鉴于此,本文拟利用《日本外交文书》《西原借款资料研究》《民国外债档案史料》和民国报刊等资料,梳理《吉黑两省金矿及森林借款合同》的签订过程、履行合同的困难及北洋政府与日本各自作出的妥协与调整,借以厘清林矿借款合同的履行情况及其对中国利权的危害,进而探讨北洋

---

① [日]"满史会"编著:《"满洲"开发四十年史》上册,东北沦陷十四年史辽宁编写组译,营口:辽宁省内部图书,1988,第27页。
② 裴长洪:《西原借款与寺内内阁的对华政策》,《历史研究》1982年第5期;赵占伟:《论西原借款在日本对华侵略中的特殊作用》,《史学月刊》1997年第2期;孙志鹏:《西原借款述评》,《日本问题研究》2013年第4期;孙志鹏:《外债与外交:西原借款研究》,博士学位论文,东北师范大学历史系,2013。
③ 王长富编著:《东北近代林业经济史》,中国林业出版社,1991,第155页。

政府时期日本对华政策的变化。

一、"吉黑林矿借款"的签订背景

1916年袁世凯去世后，北洋政府内部的权力斗争越发激烈。国务总理段祺瑞决意"武力统一"中国，但因中央财政拮据，必须借款才能稳固内阁并继续对护法军政府（即广州军政府）用兵。彼时，英、法等国忙于欧战，无暇顾及中国；美国则借口中方宣战时间过晚，不适用美国为参战各国提供贷款的方案，拒绝援助中国。因此，段祺瑞不得不向日本借款，且逐渐靠拢日本。① 时值寺内正毅在日本上台，欲改变大隈内阁时期露骨的侵华政策，转以投资之方式侵略中国。②

具体来说，是时日本调整对华外交政策的主要原因有四：第一，此前大隈内阁推出的"二十一条"遭到中国人民的强烈抗议，亦被欧美国家批评为侵略中国的"恶魔手段"，故日本不得不调整对华政策。第二，鉴于第一次世界大战期间东亚局势，日本需诱使中国参加协约国共同作战，以清除德、奥在东亚的势力。第三，受第一次世界大战影响，日本流进大量外币，造成资本过剩、市场畸形繁荣，因此需要加大海外投资，并设法调节金融，以防经济过热、发展失调。第四，日本军需资源及铁、棉花等其他物资短缺，依赖进口。在战时状态下，日本容易受制于他国，而中国资源丰富、市场巨大。日本若与中国结成密切的经济关系，将有助于缓解本国的压力。③ 因此，日本决定对华借款，以经济渗透的形式进一步谋取在华

---

① 美国先是鼓动中国对德断交，后鉴于日本转而支持中国参战的态度，担心其独占德国在山东的权益和扩张在华势力，而主张中国暂不参战。其后，美国在驻华公使芮恩施的多方奔走下，决定对中国参战实行财力支持，与日争夺在中国参战上的主导权，继而因"府院之争"中黎元洪的失势又转为反对中国参战。具体参见秦珊：《美国威尔逊政府对华政策研究》，中国社会科学出版社，2005，第115—135页。

② 陈志奇辑编《中华民国外交史料汇编》第2册，台北：渤海堂文化事业有限公司，1996，第496页。

③ 王一凡、徐明译：《西原借款资料选译》，中国社会科学院近代史研究所近代史资料编辑组编《近代史资料》总45号，中国社会科学出版社，1981，第174页。

利益。

　　这一转变后的政策可概括为所谓的"中日亲善"政策，其目的是实现"中日经济提携"，实则为了进一步扩大对中国的经济侵略。① 由此，作为寺内正毅心腹的西原龟三开始张罗对华借款一事，并促成了一系列借款，"吉黑林矿借款"即是其中之一。

　　日本对中国东北的森林资源觊觎已久。早在日俄战争期间，日本便开始对长白山森林资源进行调查，以期建立军用木材厂，并派人调查奉天省（今辽宁省）和吉林省的森林资源，为日本林业资本进入中国东北提供资料，更利用"南满洲铁道株式会社"（以下简称"满铁"）多次调查图们江与牡丹江等地的森林资源。② 1908年，日本通过设立在安东（今丹东）的鸭绿江采木公司，开始承办"南满"一带及鸭绿江浑河等处森林资源的经营活动。③ 该公司名义上为中日合办，"然技术经济使用之大权者，皆在日人之手"。④ 不过十年左右，浑江流域就已童山濯濯，几无可采之材。⑤ 第一次世界大战开始以后，日本用材量激增，导致森林采伐量猛增，造成上述东北地区交通便利之地的森林渐次减少。日方认为随着人口的增加、产业的发达，用材量势必年年增高。⑥ 为便利木材采运和进一步扩张日本在中国东北的势力，日本迫切希望承办修建吉会铁路（吉林—朝鲜会宁）的工程，从而缩短中国东北与日本殖民地朝鲜之间的陆运距离。吉会铁路的辐射范围内有松花江、牡丹江、图们江三江上流地区的森林，特别是牡丹江和松花江的分水岭牡丹岭、张广才岭、老爷岭一带有未经斧钺的茂密森林。1918年5月，日本农商务省山林局的调查显示，上述三江地区的森林面积

---

① 鈴木武雄監修『西原借款資料研究』、東京：東京大學出版會、1972年、第123—124頁。
② 吉林市林业局林业史志办公室译编《伪满时期东北林业史料译编》第3册，吉林市林业局林业史志办公室，1986，第79页。
③ 苏林：《东省林业》，哈尔滨：中东铁路经济调查局，1931，第51页。
④ 石明：《日本侵略下之满蒙》，上海：大东书局，1931，第86页。
⑤ 《鸭绿江采木公司为报安东木业事务所与吉林华森公司协议采伐濛江木材订立合同情形事给奉天省长公署的呈》，辽宁省档案馆馆藏，档号：JC010-01-007738-000033。
⑥ 三上安美編「満州材の日本に対する価値」、南満洲鐵道株式會社庶務部調査課『満鉄調査資料』第131編、大連：南満洲鐵道株式會社、1930年、第7—10頁。

可达 3,541,989 町步（3,512,718 公顷），森林蓄积量有 2,081,883,040 石（579,338,050 立方米）。据此推测，若每年采伐量为 1000 万石，可采伐 20 年；以每年 500 万石计，则可采伐 40 年。① 吉会铁路附近丰富的森林资源和铁路开通后将带来的经济价值，刺激了日本采伐吉林省森林资源的欲望。

从日本的木材供应状况来看，其所需木材主要来自北海道和桦太岛（库页岛），只不过勉强维持而已，而它还需要从其他地方寻找木材以向朝鲜和中国台湾地区输出。故日本的木材实难自给自足，要依靠从外国进口，其中大部分仰给于美国。日本认为，这从国策上或国际借贷关系上看，都不是一种乐观的现象；况且美国可以独立经营木材事业，而中国东北的森林则"必须借日本的技术和资本来开发才成"。② 于是，日本希望进一步侵占中国东北的森林资源，并将之视为确保其"生命线"、维护其特殊权益乃至在国策上解决木材不足问题的重要途径。③

日本认为，北洋政府无法妥善利用吉黑两省最为丰富的森林与矿产资源，且天然林遭野火毁坏和盗伐情况屡有发生。如果北洋政府能整顿吉黑林矿，不但能增加北洋政府的收入，以应还款之需，还能解决日本建筑用材与制纸材料不足以及木材价格暴涨的问题。此前，日本虽依靠朝鲜总督府和鸭绿江采木公司分别采伐鸭绿江两岸森林，但为长远计，其仍需开发吉黑两省森林，加紧对中国的侵略和掠夺。④ 然而，根据《日俄密约》，"俄国不在日本范围内——及日本不在俄国范围内——觅取足以损害彼此特殊利益之任何特惠及让与权"。⑤ "北满"一带属俄国的势力范围，如果日本要求中国以吉黑两省的森林矿山作为借款担保，实际上就是将日本的势力扩至俄国的势力圈，等于无视《日俄密约》的约束，不仅将得罪俄国，也将

---

① 邵汉明、王建朗主编《近代日本对华调查档案资料丛刊：第一辑·满铁调查月报》第 25 册，国家图书馆出版社，2019，第 335—336 页。

② 日本工业化学会"满洲支部"编《东三省物产资源与化学工业》上册，沈学源译，吉林省图书馆伪满洲国史料编委会编《伪满洲国史料》第 8 册，全国图书馆文献缩微复制中心，2002，第 105 页。

③ 庄田作輔『満蒙林業事情概要』、東京：満蒙智識社、1932 年、第 178 頁。

④ 鈴木武雄監修『西原借款資料研究』、第 318 頁。

⑤ 步平等编著：《东北国际约章汇释（1689—1919）》，黑龙江人民出版社，1987，第 442 页。

破坏美国提出的"机会均等主义"。① 因此,日本十分担心遭到其他帝国主义国家的干涉。

正在日本政府犹豫不决之际,1917年俄国爆发十月革命,无暇顾及远东情势,日本趁机将势力扩至"北满",并出兵海参崴(符拉迪沃斯托克),武装干涉苏维埃政权。日本凭借地缘优势,以推进"中日经济提携"为幌子,加大对华投资和攫夺中国利权的力度,并与美国争夺中东铁路及俄国在远东地区的利益,② 将势力从"南满"渐次扩至东三省地区。可以说,第一次世界大战和俄国十月革命的爆发使西方国家放松了对中国的侵夺,给了日本进一步扩大对中国东北的经济侵略的机会。此外,北洋政府急需借款维持局面,也为日本扩张在华林业势力和掠夺金矿资源提供了可能。

二、东北官民对"吉黑林矿借款"的抵制

第一次世界大战期间,西方国家相对放松了对中国的经济掠夺,中国民族工业获得了一定的发展机会,也激起了中国保护"富源"的利权意识。时人意识到,"欧战告终在即,木植、矿产必昂。若政府注意经营林矿,获利奚止万万"。③ 在这种情况下,日本极力宣扬"中日亲善"政策,以图麻痹中国人民的排日思想。由此,日本大藏大臣胜田主计和西原龟三开始推行寺内内阁确定的"对华借款方针",④ 以期获取对中国森林、矿产等资源的优先支配权。日本将包括林矿借款在内的"西原借款"伪装为经济借款,借以避人耳目和避免中外激烈反抗,以及减少借款的政治色彩,规避四国

---

① 「勝田藏相ヨリ西原ニ対スル指示事項中注意ヲ要スル点ニ関スル外務省調書」(1918年5月23日)、『日本外交文書』大正7年第2冊下卷、第802頁。

② [苏] B. 阿瓦林:《帝国主义在"满洲"》,北京对外贸易学院俄语教研室译,商务印书馆,1980,第203—209页。

③ 《吉江两省林矿抵借事》,1918年7月,台北"中央研究院"近代史研究所档案馆馆藏"北洋政府外交部档案",档号:03-20-037-03-003。

④ 寺内正毅在组阁前曾任朝鲜总督,西原则在当地经营纱业,胜田任朝鲜银行总裁。"西原对于银行事务恒贡意见,因是行务重振,寺内遂器重之。"参见章宗祥:《东京之三年》,中国社会科学院近代史研究所近代史资料编辑组编《近代史资料》总38号,中华书局,1979,第92页。

银行团的干涉。① 是以，日本在对华借款前改革"特殊银行团"的组织并提高其机能，明确了对中国的投资范围，即政治借款主要由日本横滨正金银行负责，经济借款则由日本兴业银行、台湾银行及朝鲜银行共同承担，② 借以掩盖日本对华借款的政治属性。"表面上务避去垄断利权或侵害中国主权之举动，盖此为从来各国所易犯之弊也"，③ 以此保障"对华借款"方针的推行。

日本外务省担心"吉黑林矿借款"会因为破坏美国提出的"机会均等主义"和违背《日俄密约》而引来西方国家的反对，所以希望"林矿借款合同"的签订能秘密进行。这便不能由政府出面，而是委托日本兴业银行等三家银行与中日合办的中华汇业银行签约。④

其实，北洋政府因"四国银行团"限制太多，亦不愿向其举债，遂欲再度商借日款，并委托西原从中斡旋。⑤ 日本提出，"吉黑林矿借款"须以两省森林与矿山为担保，设置森林局、矿务局，并采用中日合办的方式，聘用日本人协助调查、管理该地资源。以这些条件为基础，日本可以向中

---

① 「勝田藏相ヨリ西原ニ対スル指示事項中注意ヲ要スル点ニ関スル外務省調書」（1918年5月23日）、『日本外交文書』大正7年第2冊下卷、第801頁。1912年，为了避免"四国银行团"（1910年由英国汇丰银行、法国东方汇理银行、德国德华银行、美国花旗银行等20多家银行组成的银行团）的业务与日俄在"满洲""蒙古"地区的既得利益相抵触，日俄遂加入四国银行团（日本横滨正金银行即为日本银行团的代表）。然而，原四国银行团以无权讨论政治问题为由，规避关于日俄两国在"满蒙"地区既得利益的讨论，拒绝承认日俄的侵略权益。之后，英国提出唯六国银行团才能对中国进行投资的规定不合理。经屡次讨论，会议决定银行团的共同投资仅限为政治借款，不涉及商业借款。参见勝田龍夫『中国借款と勝田主計』、東京：ダイヤモンド社、1972年、第8—9頁。
② 鈴木武雄監修『西原借款資料研究』、第127頁。
③ ［日］胜田主計：《西原借款真相》，第83页。
④ 「黒両省金鉱森林借款契約案要旨報告及請訓ノ西原電報写送付ノ件」（1918年6月8日）、『日本外交文書』大正7年第2冊下卷、第831—835頁。
⑤ "吉黑林矿借款"签订前，北洋政府与日本已签订两次交通银行借款和有线电报借款等合同。因日方交款迅速，以应中国财政紧缺之急，因此中央政府在借款即将用罄之际，欲向日本二次借款。曹汝霖：《西原借款之原委》，中国社会科学院近代史研究所近代史资料编辑组编《近代史资料》总38号，第174页。

国贷款 3000 万日元,再商谈采掘金矿和开发森林借款的归还方法。① 由于北洋政府用款甚急,财政总长曹汝霖很快就接纳了日方提案。他辩称,银行方面只知要数量较大之抵押;若以森林为抵,数量虽大,银行却不知其采伐困难。② 曹汝霖企图虚抵森林,③ 以获得日本借款,并向地方传达林矿借款事宜,希望尽快落实合同。

北洋政府接受以地方林矿资源为借款担保,并聘用日人协助管理等方案,这遭到了黑龙江督军鲍贵卿、吉林督军孟恩远及省长郭宗熙的反对。其理由为:第一,日本人赞襄改良一节,涉嫌直接干政,若给予参与之权,恐怕其会借此垄断把持林矿权;第二,森林金矿为边省生机,以此为担保,不但有损于省库收入,亦会损及人民财产,致使群情激愤。④ 对此,北洋政府直言"军需紧迫,待款孔殷",⑤ 希望地方予以理解。

同时,日本内部对银行作为债权者也产生了分歧。日本驻华公使林权助反对此举,并向胜田主计建议减少借款金额,理由是日本人森恪刚借给吉林省 200 万日元,条件是以濛江县(今靖宇县)森林为担保,合办中日采伐事业,且具体面积和其他事项尚不得知。因此,"吉黑林矿借款"的担保范围不明,不知其实际价值如何。⑥ 但是,寺内内阁急于实现通过对华经济借款掠取东北林矿资源的目的,因此胜田并未采纳林权助的减额主张,

---

① 「西原ニ対スル指示事項」(1918 年 5 月 23 日)、『日本外交文書』大正 7 年第 2 冊下卷、第 799 頁;章伯锋译,邹念之校:《西原借款回忆》,中国社会科学院近代史研究所近代史资料编辑组编《近代史资料》总 38 号,第 155 页。

② 曹汝霖:《西原借款之原委》,第 174 页。

③ 张一麐所著《五十年来国事丛谈》中载有五四运动后已被定性为"卖国贼"的曹汝霖对"吉黑林矿借款"的看法。曹汝霖认为:"人皆以借日款咎余,实则余所抵押者,如东三省之森林本在其势力范围内,一如无抵押而借巨大之款,尚不便宜乎?"参见张一麐:《古红梅阁笔记》,上海书店出版社,1998,第 60 页。

④ 财政科学研究所、中国第二历史档案馆编《民国外债档案史料》第 6 册,档案出版社,1990,第 425—427 页。

⑤ 中国第二历史档案馆编《中华民国史档案资料汇编·财政(二)》第 3 辑,江苏古籍出版社,1991,第 1092 页。

⑥ 鈴木武雄監修『西原借款資料研究』、第 230 頁。

而是重申林矿借款合同一定要秘密进行。① 7月3日，北洋政府与日本签订林矿借款的初步合同，但此事外泄，激起了吉黑两省人民强烈的反抗浪潮。

草约签订次日，吉林省人民即闻得借款消息。省议会直接致电中央，表示获此风声已有数日，屡请军政长官代达未果。今报纸纷传，万众愤怨，恐引暴动，希望中央取消借款。其后，省议会聚众三千余人，群情激愤，一路去督军省长两署门前请愿，另一路赴林务局长胡宗瀛和交涉署科长范厚澥家宅，搜翻卖国证据。② 日本驻吉林领事深泽暹亦向外务大臣后藤新平报告此事："7月10日约五六百人集聚，捣毁吉林林务局长和顾问范氏家宅，破坏家具器材与重要文书，掠夺约四五千万日元的现金器物。"同时，日本将设森林、金矿警察队，侵夺地方警察权，以及随意修建铁路的传言沸沸扬扬。③ 面对日益高涨的排日情绪，督军省长一面致电北洋政府请求解决之法，另一面鼓励代表进京请愿，分散压力。

先是吉林全省团体联合会代表以"生路断绝"为由致电财政总长："窃维国家富源三省为冠，吉黑林矿冠甲三省，而森林范围尤为广大，国有私有界限未分，人民依此生活者，何只数十万众。自外人势力侵入'满洲'，铁路实业屡被蚕食。经济亡国，已见先兆。……于是群情慌惧，万众惊骇、学者废课、商贾辍业、农夫弃锄、妇女停织。不约而集者数万人，皆曰林矿被押，生路断绝。"④ 接着吉林代表初兆声等七人赴京，与农商总长田文烈商谈数小时。吉林交涉员王嘉泽则致电外交部，称"维实业借款条款虽闻签字，然条约尚有修改之时，条款容有掀翻之地"，⑤ 希望通过外交途径取消借款，以慰人望。

---

① 「黒吉金鉱森林借款ヲ秘密ニセラレタシトノ中国政府ノ希望ニ付公使館側ニ申出デザル措置ヲ請ゼラレタキ件」（1918年6月17日）、『日本外交文書』大正7年第2冊下巻、第850頁。

② 中国第二历史档案馆编《中华民国史档案资料汇编·财政（二）》第3辑，第1093—1095页。吉省人民最初只知生计被夺，误将怒火发泄在胡、范二人身上。

③ 「吉黒両省ノ省議会議員ノ借款反対ノ情況報告ノ件」（1918年7月14日）、『日本外交文書』大正七年第2冊下巻、第884—885頁。

④ 财政科学研究所、中国第二历史档案馆编《民国外债档案史料》第6册，第429页。

⑤ 《吉黑林矿借款事》，1918年7月，台北"中央研究院"近代史研究所档案馆馆藏"北洋政府外交部档案"，档号：03-20-037-03-001。

吉黑两省请愿运动持续发酵，使北洋政府不得不考虑地方意见。西原认为是冯国璋泄露的林矿借款消息，是冯借孟恩远之手向吉省人民散布谣言，并向军方散播南北议和之声，唱衰段内阁，致使地方反对情绪炽烈。抗议最为激烈的是商借日款与组织中日合办公司两项。曹汝霖建议日方在书面上撤回该项条款，以缓和反对浪潮，但这恰是日方最主要的诉求，其自不允许。① 在一片反对声浪中，北洋政府与日本于1918年8月2日正式签订《吉黑两省金矿及森林借款合同》。为缓解地方抵制情绪，借款合同中加入了"依中国当事人之希望"等语。②

　　然而，吉黑两省人民对中央追加的合同条款并不满意。合同正式签订后，吉林团体联合代表会开始与黑龙江省赴京代表接洽，讨论应对办法，俾一致行动。代表们决定一面将此合同油印多份，分散商民阅览；另一面宣扬该借款是为残杀南方同胞之用，扩大其影响。③ 张作霖亦为此事发声："政府办事亦不太值得，以区区三千万日币合中国现洋不过一千八百余万，便将两省林矿抵押去了。三省人民万难忍受，每人出钱一元，亦要将此合同取消云。"④ 不过，拟认借款、分省平摊实现起来较为困难。此时，吉黑两省人民仍希望通过请愿运动和借助督军力量，促使政府取消合同。然而，中央得款心切，督军也只是助力赴京代表向政府反映，未有进一步动作。

　　值得一提的是，从日方收藏的档案来看，团体联合会不但一直向北洋政府请愿，还向日本驻华公使馆递交过陈情书，希望日方能取消合同。8月20日，联合会代表李忠选向日政府陈情，指责段祺瑞等人私将吉黑两省林矿抵押并已先收取1000万元借款的行为。他指出，吉黑两省林矿皆在人民土地所有权或共有权范围以内，并非国有，实系共有或私有。且此地数百

---

① 「黒吉金鉱森林借款ニ反対ノ馮総統及孟吉林督軍ニ懐柔策講セラルル様依頼ノ件」（1918年7月22日）、「黒吉金鉱森林借款ニ対スル反対運動ニ鑑ミ右ニ附帯スル覚書ノ撤回承認方ノ件」（1918年7月22日）、「黒吉借款覚書ニ定ムル日本資金商借及中日合弁事業ノ二点ハ撤回困難ナル旨訓令ノ件」（1918年7月24日）、『日本外交文書』大正七年第2冊下巻、第890—891頁。

② 财政科学研究所、中国第二历史档案馆编《民国外债档案史料》第6册，第431—436页。

③ 《吉黑反对林矿借款之坚决》，《民国日报》1918年8月6日第7版。

④ 《反对林矿借款纪事》，《新闻报》1918年8月12日第5版。关于认款一说，《时报》中亦刊载："吉黑两省拟各认一千五百万元还清林矿借款。"见《时报》1918年8月5日第2版。

年间人民自由采伐，并受现有法律保护，是全省人民之一大命脉。如今双方私立借款合同，侵犯生业，致使民怨沸腾。因此，其希望日本公使鉴于两国"亲善"之际民间却逐渐出现排日情绪，能够解除合同。① 针对日本在借款中已获得的权益，他认为，可以在民间协商解决，而非通过政府渠道。团体联合会一直为取消借款或更改合同条例以降低对当地的侵害而努力，但正式合同签订后，北洋政府和日本政府均未采纳他们的意见，得不到督军有力支持的联合会日渐式微。

《吉黑两省金矿及森林借款合同》的签订主要是胜田主计、西原龟三、曹汝霖暗中勾结的结果。日本以侵夺利权和转移国内过剩资本、北洋政府以急需借款为首务而签订的合同，因众多秘密条款外泄，引发两省人民强烈抗议。地方反对借款运动的展开既有人民对生计被夺和曹汝霖等卖国行为的义愤，亦是北洋政府中枢权力斗争、结托地方势力，暗中推动请愿运动的结果。地方的反对借款运动虽未能使北洋政府和日本取消"吉黑林矿借款"，但将诸多隐秘内容广为传播，招来各方注目与抵制。

三、《吉黑两省金矿及森林借款合同》的履行及其局限

北洋政府与日本密结"吉黑林矿借款"一事在报纸上纷传，日本担心西方国家干预，遂敦促中方尽快履行聘用日本技师、优先商借日款、偿还本利、创办中日合办公司等合同条款，落实其在东北的所得权益。现就《吉黑两省金矿及森林借款合同》的履行情况作一梳理，并分析第一次世界大战期间日本对中国东北的经济侵略方式。

关于聘用日人技师一项，日方认为不能选择单纯的技术人员或者学者型人物，而是选择技术上要有素养，行政上亦有手腕的人员，② 以此干涉中国东北的林矿事业。日方督促中华汇业银行提供技师的具体待遇条件，及吉黑两省森林局和采金局的经营明细书。此时，中方还没有具体的实施细

---

① 「吉黑森林金鉱借款ノ件」、日本アジア歴史資料センター（JACAR）、Ref. B04010878000（日本外務省外交史料館）。

② 鈴木武雄監修『西原借款資料研究』、第237頁。

则，因此只回应会按照顾问待遇并以从优薪俸招聘日本技师。① 在北洋政府与日本交涉之时，俄国感觉到日本在中国东北的渗入行动将影响其既有利益。故而，俄国驻日公使、驻华公使相继质问日本外务省和林权助，指出若确有林矿借款一事，日方则违背了《日俄密约》的精神及协定，损害了俄方利益，要求日本给予说法。面对俄方压力，日本大藏、外务两省召开"对华借款问题"会议，认为以俄国此时的情况，如果日本公然废弃《日俄密约》，恐怕会招致非议，且在华外国人本就对日反感强烈，因此决定暂缓派遣日本技师。

不止俄国，美国对于中日签订"吉黑林矿借款"一事亦非常敏感。美国驻华公使马克谟就"优先商借日款"一项询问北洋政府外交部，"中国在林矿事业上拟由他国借款时，应预先与日本商议"，"承认日本优先承借权"，是否属实。② 很多其他国家的驻华公使也纷纷质问此事。北洋政府外交部次长陈箓辩称，合同附函中关于商借日款有"依中国当事人之希望"之语，并未不允许与他国人进行合作，③ 以此搪塞。转瞬欧战告捷，中国作为战胜国参加巴黎和会。此时，北洋政府希望能联合美国，限制日本在中国的扩张，因此决定在和会上公开第一次世界大战期间的有关密约。④ 于是，由财政部将林矿借款合同等正式文本及签订详情抄送各部，并由外交部正式对外公布。⑤ 面对中外压力，日本急于保障其既得权益，便提议成立

---

① 「吉黑両省森林局採金局ノ聘用技師待遇条件及両省ノ金鉱森林経営ノ明細書請求ニ対スル中国側回答文送付ノ件」（1919年1月18日）、『日本外交文書』大正八年第2冊下卷、第939—940頁。

② 《吉黑林矿借款报载合同函件是否属实希见复由》，1918年7月，台北"中央研究院"近代史研究所档案馆馆藏"北洋政府外交部档案"，档号：03-20-037-03-007。

③ "The Chinese Ministry for Foreign Affairs to the Chargé in China（MacMurray）," August 21, 1918, FRUS, 1918, Doc. 152, https：//history.state.gov/historicaldocuments/frus1918/d152.

④ 参加巴黎和会的中国代表团实行"联美制日"方针，为打击段祺瑞，暴露皖系军人与日本之密切合作关系，选择公布"中日密约"。这反映北洋政府内部以徐世昌为首的文治派和推动武力统一之段系的激烈争斗。具体参见唐启华：《五四运动前之公布"中日密约"问题》，《近代史研究》2021年第1期，第7、17页。

⑤ 《开送林矿电报借款经过情形节略由》，1919年3月，台北"中央研究院"近代史研究所档案馆馆藏"北洋政府外交部档案"，档号：03-20-037-03-022。

新的四国银行团，将"满蒙"从银行团的范围中排除，但遭到英美断然拒绝。① 同时，围绕山东问题，中日矛盾越来越深，中国掀起五四运动，反日氛围高涨。

林矿借款合同以谋吉黑两省森林金矿发达为虚名，实际上，北洋政府主要将款项用在陆海军费、内外债利息偿还、行政费和购买兵器上。② 按照借款付息办法，中方每年1月15日和7月15日前要预付半年利息。1920年，财政部在中华汇业银行的存款已不足预付利息，遂由该行垫付，每月利息一分二厘（政府屡次借款，月利一分二厘至一分五厘不等），由盐余、关余匀还。③ 其后，汇业银行转向日本兴业银行、朝鲜银行、台湾银行三银行借款垫付利息，是时电报借款亦应交付利息，遂与林矿利息合并借贷。

表1 吉黑林矿等利息借款表

时间	名称	债权者	债务者	金额（千日元）	备注
1920.7	林矿及电报利息代办借款	中华汇业银行	中央政府财政部	1803	吉黑林矿及第一次有线电报借款1920年上半期的利息支付
1921.1	林矿电报借款利息借款	汇银←兴银、朝银、台银	中央政府	4048	吉黑林矿及第一次有线电报借款的利息支付
1922.1	电报林矿借款利息借款（第3次）	汇银←兴银、朝银、台银	中央政府	1125	吉黑林矿等逾期利息的借款

---

① 孙书祥译，刘剑桥校：《西原借款始末》，中国社会科学院近代史研究所近代史资料编辑部编《近代史资料》第51册，知识产权出版社，2006，第220—225页。
② 铃木武雄监修『西原借款资料研究』，第486页。
③ 财政科学研究所、中国第二历史档案馆编《民国外债档案史料》第6册，第450—451页。

续表

时间	名称	债权者	债务者	金额（千日元）	备注
1923.7	林矿借款利息借款（第4次）	汇银←兴银、朝银、台银	中央政府	5533	吉黑林矿等逾期利息的借款
1924.9	电报林矿借款利息借款（第5次）	汇银←兴银、朝银、台银	中央政府	7608	吉黑林矿等逾期利息的借款
1925.4	电报林矿借款利息借款（第6次）	汇银←兴银、朝银、台银	中央政府	2660	吉黑林矿等逾期利息的借款
1925.11	电报林矿借款利息借款（第7次）	汇银←兴银、朝银、台银	中央政府	9119	吉黑林矿等逾期利息的借款

资料来源：金子文夫『近代日本における対満州投資の研究』、東京：近藤出版社、1991年、第345—348頁。

北洋政府财政日渐恶化，盐税、关税已不足偿还欠款，中华汇业银行和日本兴业等三银行的借款本息却越滚越大。林矿等利息借款经过中华汇业银行的七次垫借，到1928年底已欠14,757,913.92日元。[1] 借款十年期满，北洋政府不仅未还本金，亦未支付千万利息。南京国民政府成立后，"吉黑林矿借款"被排除在偿还范围外。1932年，日本扶植伪满洲国成立，其在处理林矿借款时，单方面将债权者"中华民国政府"过渡为伪满洲国，要求它继续以两省金矿、国有森林及相关"政府"收入作为担保。[2] 日本一面尽可能确保其在中国东北所侵占的实际权益，另一面向李顿调查团申诉"西原借款"主要用于中国偿还内外债利息和参战军费，与其他国家借款并无二致，不应受到不同对待，要求南京国民政府还款，但南京国民政府未

---

[1] 徐义生编《中国近代外债史统计资料（1853—1927）》，严中平等编《中国近代经济史参考资料丛刊》，科学出版社，2016，第149页。

[2]「中華滙業吉黑森林金鉱借款關係」（1932年1月20日）、日本アジア歴史資料センター（JACAR）、Ref. B08061004600。

予支付。①

  日本于林矿借款本利无着，又因外国势力的干预，致使聘用日人技师和优先商借日款一项推行受阻。表面上看，日方在《吉黑两省金矿及森林借款合同》中并未侵占中国权益，实际上，日本一直凭借合同大肆创办中日合办木材公司，并利用中国在采木事业上缺乏资金的情况，贷款给中国法人，控制资本和趁机掌握主导权，不断扩张日本在中国东北的林业势力。换言之，合同中危害最深的创办中日合办公司和商借日款一直都在进行。

  按照当时有关规定，日本人需依赖中日合办公司的形式获得森林利权，即对中国国有森林的采伐权。第一次世界大战前，在"满铁"的支持下，吉林贸易公司成立。之后，松茂洋行等私人公司也继之而起，但因水灾屡发及其他原因，这些企业大受打击。② 可以说，在"吉黑林矿借款"签订前，日本设在吉林的林业公司不仅规模小，且多经营不善。《吉黑两省金矿及森林借款合同》生效后，日本一改往日徐图缓进的态度，开始千方百计地获得林场所有权。③ 日本将林业视线从鸭绿江流域转移至中东铁路方向，趁着俄国国内爆发革命又遭外国军事干涉之际，私下与俄国林商订立砍伐林木合同，或成立日俄合资公司，或直接收购俄人经营的林场，由此开启日本经营中东铁路森林的时代。

  中国东北地区距日本较近，交通方便且森林资源蕴藏丰富。日本认为其可以凭借《吉黑两省金矿及森林借款合同》使财政困顿、还款困难的北洋政府履行抵押两省国有森林等合同义务，④ 以改善日本木材供给不足的状况。基于此，日人对中国东三省林业投资之企业数量甚为可观。

---

 ① 孙书祥译，刘剑桥校：《西原借款始末》，第234页。
 ② 「沿海州及満洲に於ける所謂森林利権についての件」（1927年11月28日）、日本アジア歴史資料センター（JACAR）、Ref. A08072205900。
 ③ "中央研究院"近代史研究所编《中日关系史料·东北问题（三）》，台北："中央研究院"近代史研究所，1989，第1306页。
 ④ 「日本の国策上より見たる木材の研究」（1927年8月27日）、日本アジア歴史資料センター（JACAR）、Ref. A08071604800。

表 2　中日合办木材事业表

投资时间	投资额（元）	投资地区	投资形式	事业名称（投资者）	状态（截至1928年）
1919	470万	中东铁路东部线海林附近	中日合办	东拓	采伐中
1922	500万	中东铁路西部线免渡河附近	中日合办	"满铁"	休业
1919	350万	吉林省牡丹江下流三道河附近	中日合办	三井物产	解散
1919	50万	中东铁路东部线小市附近吉敦县、敦化附近黑龙江省嫩江上流	中日合办	大西库治、赵守真共同出资	部分采伐中
1920	30万	吉林省方正县	中日合办	鸭绿江采木公司	采伐中
1926	30万	中东铁路东部线牡丹江附近	中日共同经营	植田一夫、裕宁新公司	采伐中
1918	61.6万	吉林省	中国人名义	中日丰材公司	用共荣起业会社名义经营
1919	41.3万	吉林省	中国人名义	兴林公司	用共荣起业会社名义经营
1918	103.4万	吉林省	中国人名义	富宁公司	用共荣起业会社名义经营
1918	113.1万	吉林省	中国人名义	黄川公司	用共荣会社名义经营
1918	289.1万	吉林省	中国人名义	华森公司	用共荣会社名义经营
1920	39万	吉林省	与中国人订立采伐合同	吉林木材株式会社	日本无法收回投资

续表

投资时间	投资额（元）	投资地区	投资形式	事业名称（投资者）	状态（截至1928年）
1918	30万	吉林省	与中国人订立采伐合同	三井物产分公司	日本无法收回投资
1918	8万	吉林省	与中国人订立采伐合同	三菱合名分公司	日本无法收回投资
1920	5万	吉林省	与中国人订立采伐合同	吉林采木公司	日本无法收回投资
1924	70万	吉林省	丹吉公司名义	"满铁"	日本无法收回投资
1918	10万	吉林省	与中国人订立采伐合同	日华合	日本无法收回投资
1918	15万	吉林省	与中国人订立采伐合同	石光洋行	日本无法收回投资（约5万）
1918	1.3万	吉林省	与中国人订立采伐合同	鸭绿江制材无限公司	整理中
1918	20万	吉林省	与中国人订立采伐合同	内垣实卫	
1918	50万	吉林省	与中国人订立采伐合同	住在吉林的一位普通小木材商	
1908	300万	鸭绿江流域	中日合办	鸭绿江采木公司	
1920	7万	奉天省兴京县	山林采伐权	东拓	
1924	6.9万	奉天省本溪湖大边沟	山林采伐权		

续表

投资时间	投资额（元）	投资地区	投资形式	事业名称（投资者）	状态（截至1928年）
1918	25万	松花江上流	从中国分包商处收购林场权之投资	"满洲"制材会社	由于多种原因，日本对中国东北地区的投资大部分不能收回。收购林场使投资有了相应的保障
	20万			东亚兴产会社	
	105万			松永洋行	
				阿川洋行	
				高桥商会	
				三井物产（长春分公司）	
				三菱商事（长春分公司）	

资料来源：「満洲特有樹種の関税免除要請」（1928年11月）、日本アジア歴史資料センター（JACAR）、Ref. A08071604700。

由表2可知，《吉黑两省金矿及森林借款合同》签订后，日本在中国东北广设林业公司，主要有中日合办、借中国人名义兴办和与中国人订立采伐合同三种形式，且投资不菲。但碍于自然灾害、森林铁道尚未完成、木材运输条件有限等情形，日本人难以在短时间内完成开采中国东北森林资源的计划并将木材运送至国内。① 日本独占中国东北后，加强了经济侵略，并借伪满政府之手对中国东北林业进行统制和掠夺。

金矿方面，日本对松花江上游金矿和黑龙江沿岸砂金做了充分调查，亦对吉林省夹皮沟金矿的开采给予了大量资助。但在张作霖的干预下，这些金矿都未实现企业化。从1918年到"九一八"事变期间，多种原因致使采金业陷入萧条或停滞状态。② 伪"满洲国"成立后，日本将作为林矿借款

---

① 吴自强译：《满蒙经济大观》，吉林省图书馆伪满洲国史料编委会编《伪满洲国史料》第30册，全国图书馆文献缩微复制中心，2002，第186—188页。

② ［日］"满史会"编著：《"满洲"开发四十年史》上册，第776—777页。

担保品的中国国有金矿的矿业权无偿转交给"满洲采金株式会社",[①] 由其垄断该地的金矿采掘权。

要而言之,从表面上看,"吉黑林矿借款"在本利偿还、派遣日本技师等诸多方面均未落实,不过一纸空文。实际上,日本在《吉黑两省金矿及森林借款合同》的掩盖下逐渐扩张林业势力并深入调查金矿,为日后进一步掠夺当地资源奠定了基础。林矿借款合同最严重者,莫过于日本对中国东北地区的利权侵害。段祺瑞因自身派系利益而置地方权益于不顾,虽曰"虚抵"[②],森林担保范围亦不确实,但使日本得以凭借此合同大量创办中日合办企业和收购俄人经营的林场,将采伐路线从"南满"推进"北满",逐步侵占了中国东北的森林资源。伪"满洲国"成立后,日本堂而皇之地将林矿借款的债务者变更为伪满政府,并托此开采该地的国有森林和金矿。

四、结论

综上可知,日本利用第一次世界大战期间其在东亚的独特优势,与北洋政府密谋"吉黑林矿借款",企图侵占中国东北地区的林矿资源。其通过对华经济借款,换取对中国东北林矿资源的开发,并以提供资本和技术为主要方式,实现攫夺中国富源和满足其国内所需的目的。这不同于"二十一条"那种讹诈、威胁的侵略政策,而是日本寺内内阁趁着第一次世界大战和俄国十月革命的"东风",以"中日亲善"为幌子所进行的更为隐秘的经济侵略。"吉黑林矿借款"体现出日本以经济渗透方式掠夺中国东北资源的模式。通过分析"吉黑林矿借款"的签订和执行过程,可以得出以下结论。

第一,日本签订"吉黑林矿借款"最主要的目的,是实现其对中国东北林矿资源的切实占有。日本的木材供应能力有限,因此不得不寻求并保

[①] 「満洲採金会社に関連する黒吉林鉱借款処理方針」(1933年7月10日)、日本アジア歴史資料センター(JACAR)、Ref. A08072206900。

[②] "颇闻政府以虚抵二字为借口,作蒙混两省人民之计。"见《吉林团体代表为反对吉黑林矿借款上政府书》,(天津)《大公报》1918年7月20日第3版。

障稳定的海外木材来源。中国东北地区森林资源十分丰富,"南满"木材工业又被日本人占据十余年。日本认为,如果可以整备一切运输机关并加以改良,则有充分可能实现以东三省木材代替日本国内现在所用之木材。① 为实现这一目的,日本急于扩充其在中国东北的林业势力。但受当时有关法规的限制,日本只能以中国人的名义或中日合办的形式在中国东北经营林业,这就使其不能效仿俄国与清政府订立伐木合同,直接租借林场,开展木材事业。日人在中国东北森林采伐权的获予上缺乏外交援助,一些中小企业在吉林的林业投资又大都失败,使日本木材业者对是否进一步投资中国东北林业多持观望态度。为促进日本开拓中国东北林业市场,寺内内阁以3000万日元的借款换取了吉黑两省国有森林的优先采伐权。日方认为,《吉黑两省金矿及森林借款合同》保证了其对中国东北地区的森林开采,"木材界的不安将一扫而空"。② 一时间,日本在中国东北广设木材公司,大仓、三井、王子制纸等财阀资本纷纷涌入中国东北。

第二,日本对《吉黑两省金矿及森林借款合同》的实施效果并不满意。日本原希望利用中国东北森林资源以改善其国内木材供给不足的状况,然中国利权回收运动高涨、交通运输不便、企业纠纷等因素,致使其投资不容乐观。另外,日本派遣日人技师以干预吉黑两省森林局与采金局经营的目的也未实现,究其原因主要与中日两国政情及国际形势的变化有关。一方面,"吉黑林矿借款"签订不及两月,日本原敬内阁上台,推翻了寺内时期"财政援段"的政策,停止了助长中国南北争乱的借款,以改变国内外对于日本干涉中国内政的印象。另一方面,段祺瑞"武力统一"的政策亦遭到国内的强烈反对,因此他不得不辞去国务总理之职。③ 推动"吉黑林矿借款"签订的中日两国执政者的倒台,使借款合同的执行缺乏有力的政府支撑。第一次世界大战结束后,列强重新争夺在华利益与建立国际新秩序,日本在东亚的优势地位不保。随着中国人民反日情绪渐盛,日本不得不暂

---

① 日本工业化学会"满洲支部"编《东三省物产资源与化学工业》上册,第100—106页。
② 「日本の国策上より見たる木材の研究」(1927年8月27日)、日本アジア歴史資料センター(JACAR)、Ref. A08071604800。
③ 孙书祥译,刘剑桥校:《西原借款始末》,第215—217页。

缓执行一些合同条款，以缓和中外反对声浪。

  总体来说，《吉黑两省金矿及森林借款合同》在聘用日本技师、创办中日合办公司等条款的落实上不如日本预期，或者说难以满足日本掠取中国东北森林资源的野心。此外，日本依靠经济手段侵略中国的政策，也随着第一次世界大战结束后日本资本逐渐枯竭与国际收支逆转而推行受阻。①"九一八"事变后，日本进一步攫夺中国东北森林、矿业资源的计划死灰复燃，其践行"大陆政策"的野心也不断膨胀，开始对中国东北林业实行统制政策，并成立"满洲林业株式会社"全面垄断了中国东北的木材采伐业，以满足本土及其殖民地的木材需求。令人吊诡的是，即使在日本侵占中国东北后，这一"空合同"竟仍被充作其"正当"统制东北林业和金矿的"法理依据"。

---

  ① 胜田主计：《确定对中国借款方针》，王一凡、徐明译，中国社会科学院近代史研究所近代史资料编辑组编《近代史资料》第45册，第216页。

中英滇缅界务谈判中的双轨交涉问题

王 果[*]

摘 要 在中英滇缅界务问题的谈判中,清廷采取了明暗双轨交涉同时并进的外交策略:一是委托洋员赫德以私人身份探听英国态度,并与英方秘密交涉缅甸问题;二是默许驻英公使曾纪泽自行与英国外交部正式交涉缅事。赫德浸淫中国官场多年,深知"朝贡"对清政府意义之深重,遂劝谕英国外交部在交涉中保存"缅祀",换取英国对全缅的控制权以及展拓滇缅商务的"实利";而曾纪泽为了维护中国的利益,主张放弃宗主国的"虚名",保证中国展拓边界至八莫。虽然赫德的交涉以失败而告终,但英方采纳了他提出的"弃名取利"计策,中英两国政府有关缅甸问题的谈判最终以签订《中英缅甸条款》,英国事实上获得缅甸而告终。

关键词 中英关系;清政府;滇缅交涉;曾纪泽;赫德

引 言

1885年英国发动第三次侵缅战争,企图将缅甸收入囊中,清缅宗藩关系即告断绝,中英滇缅界务问题亦因之发生。然而,此时清政府尚未看清英国以缅甸为跳板,进而打开中国西南大门的阴谋。当英国已经集结重兵准备进攻缅甸时,清廷还寄希望于劝谕缅王向英王认错"赔罪"来抚平英缅衅端。在这一阶段,中英之间围绕着拓界、通商等问题展开交涉。英籍

---

[*] 王果,中央民族大学历史文化学院2020级硕士研究生。

中国海关总税务司赫德（Robert Hart）站在英帝国主义的立场上，主张英国同意保存中缅朝贡"虚礼"，以完全控制缅甸，并趁机在滇缅边境开辟通商口岸。清政府驻英公使曾纪泽则主张中国放弃朝贡"虚名"，展拓边界至八莫（Bhamo）。然而，由于中英两国实力悬殊，加之清政府对于国际公法愚昧无知，最终导致交涉失败，中国被迫签订《中英续议滇缅界务商务条款》（1894年）和《滇缅界务商务续议附款》（1897年），丧失了大片国土和重要的商务利益。目前，学界对中英缅甸问题交涉的研究在内容上侧重于中英签订之条约及中国丧失之利权；在研究对象上着眼于参与交涉的重要人物，如曾纪泽、赫德、欧格讷等。① 学界已有研究多限于此，其中对赫德与曾纪泽双轨交涉同时并进的问题并未展开专题研究。本文拟以双轨交涉为视角，探讨清政府如何使用明暗两条交涉路径来处理缅甸问题。

一、缅甸问题交涉缘起

早在第三次侵缅战争爆发之前，清政府已经知道英国将要出兵缅甸的消息。1884年8月14日，暹罗驻新加坡领事陈金钟告诉南游的清朝轮船招商局总办郑观应："夫一英在缅，缅已不支，再加之以法，缅之亡在旦夕矣。缅亡，则中国云南恐不可收拾矣。君为中国官，当熟筹深计也。"② 鉴于西南边疆日益紧张的态势，清政府不再坐以待毙，力图维护缅甸兼保西南边疆的安全。然而，清政府既担忧英国占领缅甸之后进而侵扰中国西南边疆，又惧怕支持缅甸雍籍牙王朝抗英会引发中英冲突，且恰逢"英兵进滇，俄兵亦由伊犁进，使中国首尾不能相顾"。③ 此外，其时清廷亦深陷于

---

① 目前有关中英缅甸交涉的研究主要集中在以下几个方面：其一是清政府对于英国出兵缅甸的态度，参见余定邦：《清政府对1885年英国占领缅甸的反应》，《中山大学学报（社会科学版）》1995年第1期。其二是赫德在缅甸问题中所扮演的角色，参见张志勇：《赫德与中英缅甸交涉》，"近代中外关系史"国际学术讨论会，北京：中国社会科学院，2008；姜宇：《平衡于两国之间的自我角色：赫德与中英缅甸事务》，《佳木斯大学社会科学学报》2015年第3期。其三是中英交涉失败导致中国的利权丧失，参见何瑜、张波：《清代中缅宗藩关系述论》，《江海学刊》2007年第2期。
② ［清］郑观应：《郑观应集》上册，上海人民出版社，1982，第977页。
③ ［清］王彦威、王亮辑编《清季外交史料》卷1，书目文献出版社，1987，第27页。

中法战争泥沼，无暇顾及缅甸。当英国公使威妥玛（Thomas Francis Wade）向李鸿章表明英国侵占缅甸的野心之后，李鸿章以缅甸断贡为由，宣布清政府与缅甸之间的宗藩关系已经破裂："缅甸自同治末年进贡后，迄今并未进贡，我们现在不管他（缅王）的事。"①

然而，缅甸旧为中国属国，如对缅邦置之不理，恐损天朝威严。此外，"英攻缅甸甚急，恐将并占北缅，则滇边西界后患甚长。缅甸为华属，近年已在若存若亡之间，然唇亡齿寒，似未便全置不理"。②中法战争告一段落后，清廷遂将目光转向缅甸，拟以缅甸宗主国的身份充当调停人，调节英缅之间的冲突。③李鸿章深知英国发动侵缅战争的主要目的是与法国争夺在中南半岛的势力范围，便以此为切入点劝解英方："缅甸南方海口已归英国，今属缅王者只有北方一隅。英国恐为法得，故欲借虐待英商之事而取其地。现法国似无此意，英国亦不必过虑。"④但是英国并未理会李鸿章的调和主张，仍在部署兵力。

英缅战争前夕，曾纪泽向总理衙门汇报："英久占南缅，今图其北，防法取也。"⑤曾侯请示光绪帝，是否应该与英国外交部交涉缅事。光绪帝此时尚未明白英缅衅端详情，遂询问曾纪泽："英图北缅，有无规画进取，显然布置情事？"他还嘱咐曾："缅亦朝贡之邦，倘彼谋未定，遂与开谈，是启之也。所筹一节，候旨遵行，慎勿轻发。"⑥为了打探清楚缅事，光绪帝电敕云贵督抚岑毓英、张凯嵩："密探英缅近日详细情形，赶紧驰奏。一面相机筹措，固我边陲，勿得稍涉张惶。"⑦数日后，清政府又命驻英公使曾

---

① ［清］李鸿章撰、吴汝纶录：《李文忠公全集·译署函稿》卷18，朝华出版社，2018，第10页。

② 同上，第7—8页。

③ 余定邦：《清政府对1885年英国占领缅甸的反应》，《中山大学学报（社会科学版）》1995年第1期，第84页。

④ ［清］李鸿章撰、吴汝纶录：《李文忠公全集·译署函稿》卷18，第7—8页。

⑤ ［清］王彦威、王亮辑编《清季外交史料》卷61，书目文献出版社，1987，第16页。

⑥ 《总理衙门致曾纪泽电》（1885年10月24日），中国近代经济史资料丛刊编辑委员会主编《中国海关与缅藏问题》，中华书局，1983，第3页。

⑦ ［清］王彦威、王亮辑编《清季外交史料》卷61，第16页。

纪泽务阻英国发兵缅甸,"该大臣熟悉英国情势,务当竭力辨阻,抑或另筹办法,勿失机宜"。① 10月28日,曾纪泽向总理衙门奏报了英缅衅端缘自"缅官判英木商歇业,否则罚洋百万元"。② 清廷认为英缅问题并非不可解决,遂确定了调和的方针,并饬曾纪泽向英国外交部询问缅甸问题。1885年10月30日,清廷就英缅战争正式表态:"今知缅判英木商歇业,因此生隙,尚非不可解释之事。着曾纪泽向英外部告以缅系朝贡之国,中华与英友谊相关,可设法调处。令滇督等派员向缅开导改判谢过,以弥兵端。"③

二、清廷明暗双轨交涉同时并进

英缅战争一触即发,清政府必须作出决断。然而,清廷并不想承担传统宗藩体制上宗主国的责任,竭力避免将缅甸问题公开化和正式化,于是委托刚刚协同清廷解决中法问题的英籍中国海关总税务司赫德以私人身份与英国外交部进行秘密交涉。与此同时,驻英公使曾纪泽以维护中国权益的责任感出发,自行与英国外交部展开了交涉。

(一) "弃名取利"——赫德的秘密交涉

清政府不愿通过中国驻英使馆或英国驻华使馆来处理缅甸问题,以免太快的官方接触使问题公开。因为一旦此事正式谈判,中国将不得不公开担起传统宗藩体制中的宗主国身份,而这种身份一经担起便很难推卸,中国的处境则将更为棘手。④ 在这种情况下,总理衙门大臣⑤奕劻(1884—1901年在任)找到曾经协助清廷处理中法矛盾的赫德,请求他私下向英方

---

① [清]王彦威、王亮辑编《清季外交史料》卷61,第17页。
② 《曾侯致译署,光绪十一年九月二十一日酉刻到》,顾廷龙、叶亚廉主编《李鸿章全集》(一),上海人民出版社,1985,第564—565页。
③ 同上,第566页。
④ "Saturday 31 Oct.," *Hart Diary*, Vol.31, p.75, 英国女王大学藏。转引自张志勇:《赫德与中英缅甸交涉》,第101页。
⑤ 1861年初设时有奕訢、桂良、文祥三人,后增至七八人到十多人不等。

探寻英缅矛盾详情及英国的诉求。奕劻询问赫德："缅甸究竟是怎么一回事？我们听说英国已提出最后通牒，并准备进兵。缅甸是我们的属邦，中国有宗主权，将不得不干预，但英国是我们的友邦，我们希望友好解决，因此我们愿意先做准备，如能事先预防纠葛，岂不比纠葛发生以后再设法补救更妥当。我们不愿经由曾侯或北京英使馆探寻意见，怕前者会造成困难，而后者会造成外交上的疏隔。请由私人方面先探明缅甸究竟有何过失，英国愿取得什么补偿，以后如有必要，我们再正式解决。"①

此时，赫德也不知晓英国将要对缅甸采取什么行动，但他向奕劻允诺会向英国外交部询问此事。② 事实上，赫德已经密切关注缅甸问题许久，一直苦于没有合适的机会插手此事，奕劻此举恰好给赫德以私人身份参与中英滇缅界务交涉提供了合理的借口。1885年10月24日，赫德与中国海关驻伦敦办事处税务司金登干就缅甸问题进行了讨论。金登干告诉赫德，伦敦《泰晤士报》上发表了一篇文章，称"英国应邀请中国参加友好解决缅甸问题，将中国边界扩展到八莫，使之能成为另一赤塔，并化除中国对'朝贡'的敏感"。③ 赫德并不认可这种说法，他询问英国外交部常务副大臣朱利安·庞斯福德（Julian Pauncefote）："鼓励进贡，以使中国出头为所受各种侵凌表示反对，是否合宜？"④ 10月28日，金登干告诉赫德，英国首相兼外交大臣索尔兹伯里勋爵（Lord Salisbury）⑤ 正在考虑赫德的意见。不久，伦敦方面对缅甸问题做了最终表态："除非缅甸接受最后通牒，（否则）军事行动将于11月11日开始，料将（使缅甸）并入英国版图。"⑥

11月1日，赫德将奕劻希望他以私人身份斡旋缅甸问题的情况告知英国外交部，并向英方表示："在现阶段中，最好不经过官方，先由我以私人

---

① 《北京去电第二九二号》（1885年11月1日），中国近代经济史资料丛刊编辑委员会主编《中国海关与藏缅问题》，中华书局，1983，第8页。
② 张志勇：《赫德与中英缅甸交涉》，第101页。
③ 《来电第五三一号》（1885年10月24日），《中国海关与藏缅问题》，第3页。
④ 《北京去电第二九一号》（1885年10月26日），《中国海关与藏缅问题》，第4页。
⑤ 一译沙里士伯，原名罗伯特·盖斯科因-塞西尔（Robert Gascoyne-Cecil）。
⑥ 《伦敦来电第五三四号》（1885年10月28日），《中国海关与藏缅问题》，第5页。

途径安排解决。我相信可以取得友好谅解,在此以后再由官方正式进行。"①赫德浸淫清朝官场多年,知晓清政府在缅甸问题上最看重的就是"存祀",因此多次劝说英国在"缅祀"问题上作出让步:"英国如听任缅甸维持现在的地位,继续致送所谓十年一贡的礼物,中国或可听任英国采取任何行动。"② 英国如若侵缅,则缅甸可能会成为英属印度的一个省,因而此事需要与印度事务部商议,但此时印度事务部大臣伦道夫·丘吉尔(Randolph Churchill)正在忙于竞选,未及时回复赫德的致电。为了使英国外交部接受自己的意见,赫德威胁道:"如英国派兵入缅,中国也必将自云南进兵,发生冲突的结果,必将使中国衔恨英国比憎恨法国还厉害。"③ 赫德这样说是有些私心的,因为一旦中英之间爆发军事冲突,那么中英政府之间不可避免地要进行正式交涉,而赫德主导的秘密交涉定会被取消。与此同时,曾纪泽也向英国外交部发出照会,表明中国与缅甸是朝贡关系,清政府已经谕令缅王就柚木一事向英王作出让步。与赫德带有恐吓威胁的语气相比,曾纪泽的照会中体现出的"中国愿意友好睦谊"的态度更得英国外交部的认同。

赫德与曾纪泽同时代表清廷与英国交涉,但二人截然不同的态度使英方很是疑惑,英方遂要求赫德就此事进行解释。11月初,赫德就曾纪泽照会英国外交部一事询问奕劻。奕劻非常信任赫德,于是将曾纪泽与英国外交部交涉的详情向赫德和盘托出,称总理衙门尚未命令曾纪泽采取行动,也不知未曾得到授权的曾候做了哪些谋划,采取了哪些措施。赫德猜测,"曾候可能未接到命令即照会英外部","伦敦中国使馆大概是自行提出交涉"。④ 赫德将此事告诉英国驻华使馆代办欧格讷(Nicholas R. O'Conor),二人都认为应该警示英国外交部不要与未得到授权的曾纪泽进行交涉。然而,缅甸问题的事态变化远超赫德所想,就在他将此事告知英国外交部之

---

① 《北京去电第二九二号》(1885年11月1日),《中国海关与藏缅问题》,第8页。
② 《北京去电第二九三号》(1885年11月3日),《中国海关与藏缅问题》,第10页。
③ 同上。
④ 《北京去电第二九四号》(1885年11月7日),《中国海关与藏缅问题》,第15页。

前,英属印度政府已经决定对缅王发出最后通牒。①

11月12日,赫德将照会译成中文交给总理衙门。奕劻拿出《大清会典》,向赫德证明中缅确属宗藩关系,明确表示中国唯一想要的不过是缅甸继续向中国朝贡。次日,中方告诉赫德:"英国军队现既难撤回,英国的条件又不是我们所能劝告缅王接受的,如果我们正式干涉,只能增加新的纠葛。因此我们授权给你去设法暗地解决,我们随后再来公开,给予英国以它所要的,也要给中国以它所要的。并且永远关闭第三者想在那里插手的门路。"② 赫德想要独揽缅甸交涉事宜,因而对庞斯福德称:"现在缅甸问题既然交到我手里,我建议不必再向曾候解释、辩论,或答应什么。"③

11月15日,赫德向英国外交部提议由中英两国签订协议:"一、英国应允缅甸得按成例每届十年向中国进贡,中国应允尊重英国在缅甸所立一切条约等;二、中国应允于中缅边境选择一处地方开放对英贸易,其通商税则与其他沿海各口无异。英国应允该处进出口货物均按同样货物在通商各口应纳税则交付关税。"④ 为了劝说英国外交部接受他的建议,赫德致电伦敦对协议作了说明,并列举了这一协议可以给英国带来的诸多好处:(1)"中国所真正要求的,不过是继续进贡,它对缅王向不册封,未派钦差大臣驻扎,亦不干预内政。如能继续进贡,将可取得中国的友谊,如不能继续,将有碍于中国的体面;我建议同意进贡。"(2)"约束缅王,如不通知英国,不得自行对外交涉,未经英国同意,也不得对外订立条约,这样的防范,可以有效地堵塞第三者干预的门路。……英国可任意选择缅甸的统治者。"⑤ (3)"第二款可使英国在一个有利地点吸取云南的财富,允许领事、商人等在那里居住,与通商口岸一样。"(4)税则规定对英国颇有益处,"货物照通商税则纳税,可示好于总理衙门,而化除反对;中缅交通便利,商运费用较轻;法国除贩运酒类、香水外,并无可与英国竞争的工业品"。(5)"任

---

① 《伦敦来电第五四七号》(1885年11月10日),《中国海关与藏缅问题》,第18页。
② 《北京去电第二九八号》(1885年11月14日),《中国海关与藏缅问题》,第25页。
③ 同上。
④ 《北京去电第二九九号》(1885年11月15日),《中国海关与藏缅问题》,第26页。
⑤ 《北京去电第三零零号》(1885年11月16日),《中国海关与藏缅问题》,第26—27页。

何不均等的待遇,将来尚可修正。"①

11月16日,赫德提出的方案被提交到了英国首相兼外交大臣索尔兹伯里和印度事务部面前。此时英缅战争正在如火如荼地进行,英军已经占领了缅甸要塞敏赫拉,因而英国外交部并未立即回应赫德的意见。此外,英国人对中缅朝贡关系的模糊性深感迷惑:缅甸究竟是独立的主权国家,还是中国的一个附属国?这关系到英国应该采取什么样的态度来对待缅甸问题。因此,英国外交部迟迟未回复赫德,这使得赫德与总理衙门都非常焦急。11月20日,总理衙门大臣续昌(1885—1892年在任)向赫德询问英缅战况,以及英国政府在缅甸问题上的最终态度。赫德即致电伦敦:"总理衙门等得不耐烦了……如果英国经由正式途径解决,虽或能同样有利,但也不免会引起严重的纠葛。再耽搁下去,实在是危险而失计的,希敦促印度部迅予设法决定并答复。"②

对于英国外交部和印度事务部未能及时回应,赫德十分不满,他再次致电伦敦要求外交部迅速对缅甸问题表态。赫德称印度事务部一再延宕此事,"也许会激使中国方面颁发谕旨派兵五万自云南入缅,并将对英外交部的抗议提交各条约国"。③ 11月20日,赫德终于收到庞斯福德对于缅甸问题提案的态度:"任何形式的进贡,都是与吞并难于相容的。"④ 对英国来说,保留"缅祀"就是承认"英属缅甸"是中国的一个附属国,这触犯了英国的"体面",英国决意避免这种情况的发生。

11月23日,赫德致电伦敦,极力向英国外交部解释"存祀"对于妥善解决缅甸问题的重要意义:"如(缅甸)继续进贡,中国将不出面干涉;不继续进贡,中国就将干涉;进贡虽然毫无价值,但自尊的中国,却宁愿从事无希望的战争,而不肯轻易放弃。"⑤ 赫德强调,在清政府看来,与英国允诺清廷拓界至八莫的"实利"相比,维系清缅之间朝贡关系的"虚名"

---

① 《北京去电第三零零号》(1885年11月16日),《中国海关与藏缅问题》,第27页。
② 《北京去电第三零七号》(1885年11月20日),《中国海关与藏缅问题》,第30页。
③ 《北京去电第三零八号》(1885年11月21日),《中国海关与藏缅问题》,第34页。
④ 《伦敦来电第五五五号》(1885年11月20日),《中国海关与藏缅问题》,第33页。
⑤ 《北京去电第三一零号》(1885年11月23日),《中国海关与藏缅问题》,第35—36页。

更为诱人。① 因此，他竭力劝说外交部同意"留贡"，即英国在口头上允诺清廷和缅甸可以维系朝贡关系，诱使清政府作出让步。为此，赫德向庞斯福德解释，所谓"进贡"，不过是一种实物租金。为了迫使英国外交部尽快接受自己的方案，赫德再次致电伦敦："缅甸每十年进贡，也是确凿事实，并有不容否认的公私记录，因此中国政府不能逃避某些在中国人眼中认为应负的责任。"此外，赫德不认可将中国的边界拓至八莫的做法，他认为这一举动意味着"瓜分属邦的土地"，它"将因插入一个似是而非的中国地带，使英国与真正的中国永远疏隔，对西南地区的往来和发展都是不利的，对此绝不可鼓励"。②

然而，英国对于"缅祀"一事并不让步，最终拒绝了赫德在缅甸问题上的提案。11月26日，英国正式决定将缅甸问题全部移交至北京，英国外交部不再与中国使馆商谈，而由印度政府派专使与清政府交涉此事。③ 虽然遭到英国外交部的拒绝，但赫德并未停止在缅甸问题上的秘密交涉。为了避免中英决裂，赫德建议英国授权驻华使馆代办欧格讷与清政府交涉缅甸问题，但伦敦方面称，英国的行动方针既已经电令印度，恐难以更易。除非赫德可以列举事实证明缅甸问题将牵涉战争，并由欧格讷来电证实，否则便完全无望。④ 因为清政府并不准备以武力解决缅甸问题，赫德也就无从向英国外交部证明此事，因此赫德以私人身份参与的中英缅甸问题秘密交涉以失败告终。正如赫德之前所料想的那样，当印度总督派来的特使到达北京后，清政府拒绝与特使谈论缅甸问题。⑤ 因此，缅甸问题只能由中国驻英使臣曾纪泽与英国外交部，或是总理衙门与欧格讷共同商办。

赫德被英国外交部排挤出缅甸问题的交涉之后，就竭力促成中英商谈在北京进行，试图借助总理衙门和欧格讷对他的信任来掌控中英交涉的走

---

① 姜宇:《平衡于两国之间的自我角色：赫德与中英缅甸事务》,《佳木斯大学社会科学学报》2015年第3期，第172—173页。
② 《北京去电第三一一号》(1885年11月24日),《中国海关与藏缅问题》，第37页。
③ 《伦敦来电第五六四号》(1885年11月26日),《中国海关与藏缅问题》，第38—39页。
④ 《伦敦来电第五七零号》(1885年11月29日),《中国海关与藏缅问题》，第46页。
⑤ [清]王彦威、王亮辑编《清季外交史料》卷62，书目文献出版社，1987，第26页。

向。尽管赫德还在为解决中英缅甸交涉而努力，但他向英国外交部提出的意见都被英方否决。此时英国大选落下帷幕，索尔兹伯里落选，继任的威廉·格莱斯顿（William Gladstone）推翻了索氏在缅甸问题上的口头协议，赫德也被彻底排挤出缅甸事务。

（二）"去祀拓界"——曾纪泽的正面交涉

1885年11月28日，英军开进曼德勒，将缅甸锡袍王及其王后流放至西印度的特纳吉里，缅甸彻底沦为英国殖民地。曾纪泽认识到缅甸亡国已经无可挽回，且英国重视商务，便主张以滇省商务为砝码获取八莫的控制权。1885年12月2日，曾纪泽就缅甸问题向清政府提出建议："泽意请英以八幕（莫）为我之商埠。彼灭缅，我占八幕。彼保护缅，我保八幕。倘英不允，我即具牍云。英占我朝贡之邦，甚惜之，但不欲失和。俟后再论之，即前数年函电所云普鲁太司特法（Protest，即抗议）也。彼平缅而我不忍，不与议云南商务，彼惧有后患，或易就范，俟示乃开谈。"① 然而，"存祀"始终是清政府在缅甸问题上的根本要求，"缅无礼已甚，英伐之固当。但究系中国贡邦，此后英拟如何之处，全看其作何答复。至开谈须以勿阻朝贡为第一义，但使缅祀不绝朝贡如故，于中国便无失体八幕（莫），通商宜作第二步办法"。②

缅甸陆沉之后，曾纪泽两次致电索尔兹伯里，要求英方安排时间以便双方就缅甸问题正式交涉，但英方始终未对曾纪泽的提议作出回应。③ 英国外交部认为，中国对缅甸的宗主权的根据很是渺茫，要求清政府拿出可以证明中缅宗藩关系的切实证据。12月21日，曾纪泽将英方的这一要求告知总理衙门。④ 12月25日，总理衙门将缅王金印的式样、年月、印文以及历

---

① ［清］王彦威、王亮辑编《清季外交史料》卷61，第37页。
② ［清］王彦威、王亮辑编《清季外交史料》卷62，第27页。
③ "Marquis Tseng to Lord Salisbury, March, 1886," Demertrius C. Boulger, *The Life of Sir Halliday Macartney K. C. M. G.* (Cambridge University Press, 2011), p. 420.
④ ［清］王彦威、王亮辑编《清季外交史料》卷62，第29页。

代缅王的进贡表文等信息告知了曾纪泽。① 然而，英方此举只是玩弄外交手段以延宕交涉时间而已。在曾纪泽和清政府竭力证明中缅之间的宗藩关系时，英国于1886年元旦正式宣布占据上缅甸。英属缅甸与中国云南之间的地理缓冲区不复存在，英国殖民势力借势进一步蚕食滇省，中国西南边防受到严重威胁。② 清政府对于英国强占缅甸的举动十分愤慨，"咨英责其未与华议，遽灭缅甸为食言"。③

鉴于缅甸亡国已经无法挽回，清政府指示曾纪泽在与英方谈判时尽最大限度争取中国的权益。1886年1月9日，索尔兹伯里致函曾纪泽，约定12日会晤，并允诺英国政府将会遵照1769年的中缅协议支持缅甸与中国之间互派使团及交换礼物。④ 次日，曾纪泽向总理衙门汇报了索尔兹伯里的许诺，询问清廷："可否以缅有降表而无约折之。称贡与赐为互贻，可否以缅使依时入贡中朝从未遣使折之。"⑤ 同一时期，总理衙门与英国驻华使馆代办欧格讷交涉缅甸问题，清政府提出："缅不可灭，应另立国王，照旧朝贡。"⑥ 1月12日，曾纪泽与索尔兹伯里会晤，曾纪泽建议在缅王皇室中另立新缅王，但索尔兹伯里认为设立一个精神领袖或活佛即可，以及中缅按照旧俗，每十年互派使团、互送礼物。⑦

1月13日，曾纪泽向总理衙门汇报了与英方商谈的结果："英虑法生事，不允存缅。泽力争良久，沙（索尔兹伯里）允另立王，管教不管政，照旧贡献中国。英摄缅政，以防外患。倘署允此办法，则以后专商界务商务。沙云：英徇华情而立王，华于商务宜宽待英。泽意八幕（莫）事归界务办。"⑧ 曾纪泽深知英国对商务问题的重视，于是把滇缅商务当作中英交

---

① [清] 王彦威、王亮辑编《清季外交史料》卷62，第30页。
② 陈玉科：《（云南省第五区行政督察专员公署呈文）为奉令议拟抚慰刚猛土司以免受某方惑诱遵照议拟呈覆由》（1945年8月8日），云南省档案馆馆藏，档号：11-8-311，第47—49页。
③ [清] 王彦威、王亮辑编《清季外交史料》卷62，第35页。
④ "Marquis Tseng to Lord Salisbury, March, 1886," pp. 420-421.
⑤ [清] 王彦威、王亮辑编《清季外交史料》卷62，第43页。
⑥ 《译署致曾候，光绪十一年十二月初六日申刻到》，《李鸿章全集》（一），第606页。
⑦ "Marquis Tseng to Lord Salisbury, March, 1886," pp. 420-422.
⑧ [清] 王彦威、王亮辑编《清季外交史料》卷62，第44页。

涉的一个重要砝码。总理衙门对曾纪泽的计策也十分认可，嘱咐他务必谨慎对待英国的商务要求，尽量争取中国的商务利益。"彼云商务宽待，须防要挟地步。英括全缅，得利已厚，立王留贡，虚文不足抵。八幕（莫）展界，正可借此立说，须坚持，防他索。"①

英国占领缅甸之后，即向滇省地方官员提出通商要求，英方称："在缅国贸易华商，洋国自当关照，依旧通商。所有客商，复翼晓谕，照常往来。想洋国与中华多年交好，自此之后更望加倍和好。俟后汉官到境，我国亦当关照。"② 为了通商，英国还虚意让出"三端"："界务一端，则愿稍让中国展拓边界，盖指普洱边外之南掌（今老挝），掸人诸土司听中国收为属地也。商务二端，则以大金沙江（伊洛瓦底江）为公用之江，在八莫近处勘明一地，允中国立埠设关，八莫即中国之所谓新街也。"在拓界一事上，英国副外交大臣克蕾（Philip Currie）称："英廷原将潞江（中国称"怒江"，出境流入缅甸后被称为"萨尔温江"）以东之地，自云南南界之外起，南抵暹罗北界，西滨潞江，即洋图所谓萨尔温江，东抵澜沧江下游，其中北有南掌国，南有掸人各种，或留为属国，或收为属地，悉听中国之便。"③

此时，曾纪泽就缅甸问题所争取到的权利已经远超赫德，清政府不仅可以迎来新缅王，还划得了八莫。在曾纪泽看来，将八莫设为商埠，不仅可以使得云南商道经八莫与怒江相连并直抵印度洋，还可以防止英国进一步侵噬我国西南边疆。为了劝说光绪帝同意，曾候多次向光绪帝详陈八莫地理位置之险要，称其为"滇、缅通商巨镇"，"为全缅菁华所萃"。④ 但是清政府对滇缅界务交涉一事非常谨慎，加之对滇省边地情形不甚了解，遂对辟八莫为商埠一事态度趋于保守。值得一提的是，曾纪泽虽深知八莫的战略价值，但对于八莫在何处、是何情形等问题，均没有明确的概念。总

---

① [清]王彦威、王亮辑编《清季外交史料》卷62，第44页。

② 第一历史档案馆编藏：《军机处录副奏折》，外交类，第390—397号，《腾越镇厅译出英人赍投缅字文书贴》。

③ [清]薛福成：《滇缅分界大概情形疏》，《出使奏疏》卷下，沈云龙主编《近代中国史料丛刊》第809册《出使公牍·奏疏》二，台北：文海出版社，第28—29页。

④ [清]赵尔巽等撰：《清史稿》卷528，《属国三·缅甸》，中华书局，1977，第14686页。

理衙门和光绪帝曾向曾纪泽询问:"究竟八幕(莫)坐落何地,与新街是一是二,其中有无野人间隔?……至滇省与缅甸交界各要隘,系何地名?里数若干?暨八募(莫)究竟坐落何处?是否即系新街?"① 曾侯只是仓促答曰:"泽之缅图无汉字,八募是否蛮暮(缅甸边境地区)之新街,中隔野人是否卡瓦(指卡瓦人),均不敢妄定。"② 由此可知,在曾纪泽提出开辟八莫为商埠的建议时,清政府乃至曾纪泽本人都不了解八莫的情形。清政府高层对滇缅重镇八莫竟然颟顸无知至此,可见晚清时期廷枢对于边疆地区地理知识的匮乏及对边疆危机的反应迟钝。至于曾纪泽不知八莫在何处,为何想到争取八莫,有学者认为,曾纪泽作为驻英公使,具有较强的外交敏感性。在与英国外交部长期交涉过程中,他察觉到了英人对八莫的重视,因而格外警惕。③

与此形成鲜明对比的是,英国人对八莫却并不陌生。1858年《中英天津条约》签订后,取得"游历护照"的英人可以持照前往中国内地各处传教、考察游历、通商。此后,便有大批英国官员、商人、学者等"探险家"从缅甸北部以及印度的阿萨姆邦进入中国西南地区进行贸易、地质、经济、文化之考察,试图寻找一条从缅甸八莫到达中国云南的通道,将英属缅甸与中国西部省份联系起来。④ 据《清史稿》载:"初,英人欲觅一自英领缅甸通中国商路,苦为缅隔。后缅王许英人威廉游历缅境,北抵八募(莫),又溯厄勒瓦谛江(伊洛瓦底江)而上,至江上游之山峡。同治六年(1867年),缅廷与英人结通航缅境之约,又命英人代收八募与其他口岸商税。次年,缅王曼同薨,子锡袍嗣位,复命旅于仰光之英工程师威廉、生物理学学士爱迭生、水师兵官暴厄尔与司戗华德、白恩诸人探访运路,而以军佐斯赖登率之行,且谕八募守臣以兵五十人护行。于是安抵八募东北之中国腾越厅(今腾冲市)境。八年(1869年),缅始开厄勒瓦谛江航路,上通

---

① 《总理衙门致曾纪泽电》(1885年10月24日),《中国海关与缅藏问题》,第3页。
② 《曾侯寄译署》(1885年10月28日),《李鸿章全集》21(电报一),安徽教育出版社,2008,第600页。
③ 刘佳:《中缅边界问题的缘起——八莫之交涉》,《南洋问题研究》2021年第2期,第94页。
④ 王铁崖编《中外旧约章汇编》(第1册),三联书店,1957,第97页。

八募,命水师兵官斯讨拉尔驻八募,理其事。"① 可知,英国人对八莫不仅不陌生,反而深知其战略价值。

1886年1月23日,清政府驻英使馆洋员马格里(Macartney Halliday)与英国副外交大臣克蕾就缅甸问题正式开始谈判。马格里向克蕾转达了清政府的要求,即清朝开辟八莫为商埠。克蕾拒绝了这一要求,但是同意清廷在八莫设关收税,并允诺中国商船在伊洛瓦底江自由航行。关于领土争端,克蕾表示英国愿意将萨尔温江东岸划给中国,但中国必须要在朝贡问题上让步。②清政府并未接受英方提出的苛刻条件,坚持开辟八莫为商埠。在领土问题上,除了英方所说的萨尔温江以东掸人居住地,中方还进一步提出将滇省边界展拓至瑞丽江。③1886年1月30日,曾纪泽向总理衙门汇报:"近商缅事颇顺,英择缅教王侯中朝,俞允并照,前进献潞江东地咸归中国均将定议。"④然而,事情的发展并不如曾纪泽和清政府所想。1886年1月,一直参与清缅交涉的索尔兹伯里在大选失败后下台,继任的格莱斯顿推翻了前届内阁向清政府作出的种种承诺。⑤3月7日曾纪泽致电北京,称英方"不但不让八幕(莫),且毁其前任立教王以贡华之议"。作为补偿,英国外交部另议两法:"一、云(云南)督缅督十年互送礼;二、清帝英后十年遣使互送礼。"⑥

面对英国的出尔反尔,曾纪泽提出了"刚柔"二策,主张让出"宗主

---

① [清]赵尔巽等撰:《清史稿》卷528,《属国三·缅甸》,第14684页。

② FO 17/1060, Memorandum by Sir P. Currie, January 23, 1886; Memorandum by Sir P. Currie, January 28, 1886. 转引自[日]箱田惠子:《〈中英缅甸条款〉(1886年)考析——兼论晚清外交之特性》,鹿雪莹译,日本人间文化研究机构现代中国区域研究项目编《当代日本中国研究》(第二辑:法律·对外关系),社会科学文献出版社,2014,第71页。

③ 《伦敦来函Z字第四一六号》(1886年3月5日),《中国海关与藏缅问题》,第65—66页。

④ 《清德宗实录》卷223,中华书局,1986,第4—5页。

⑤ 1885—1886年英国侵略缅甸期间,内阁更换了三次。1885年6月,自由党的格莱斯顿内阁因苏丹军事失败及爱尔兰自治运动引发议会危机而辞职,随后保守党组阁,索尔兹伯里继任为首相兼外交大臣。1886年1月,保守党在选举中失败,索尔兹伯里辞职,自由党重新组阁,格莱斯顿再任首相。时隔半年后,格莱斯顿又因选举失败而辞职,索尔兹伯里再次出任首相。

⑥ [清]王彦威、王亮辑编《清季外交史料》卷64,书目文献出版社,1987,第7页。

国"的虚名，换取拓展边界的实际利益。① 曾纪泽向总理衙门提议："允论界务商务，是认英灭缅之据，不于同时论贡务，则以后仍难再论。倘办到，缅督每十年照缅王旧例，遣使呈仪，而我仍不遣使，可将就了结否。"② 宗主国的身份是清朝拥有至高无上权力的一个标志，成功阻止缅甸"叛逃""背盟"或者被英国所控制，是这个至高无上的地位的必然要求。因此，清政府并不认可曾候提出的方案："允论界务商务，既为认英灭缅，即办到遣使呈仪，何独不然。况与缅督往来，尤失国体，断不可行。前谕本以存缅为正办，而以该大臣八募（莫）通商原议为第二步，此时仍宜坚守存祀前说，与之始终力争。纵争之不得，尚可留等异日也。"③

3月16日，曾纪泽遵照总理衙门指示，再次与克蕾交涉缅甸进贡问题，并以界务和商务为砝码争取缅祀和朝贡。但英方态度非常强硬，称"英据缅甸本可不商中国，中国不允缅督呈仪，一切事可停商议"。④ 3月20日，曾纪泽向英国新任外交大臣罗斯伯里勋爵（Lord Rosebery）重申此前中英就缅甸问题所达成的共识，但是罗斯伯里推翻了此前中英已经议定的各项条约，双方越谈越远。⑤ 4月3日，总理衙门命曾纪泽照会英国外交部，称："但能设法令其复践前说，则缅督进献一节，我亦可通融再商。总须索有照覆议办，方免翻悔。"⑥ 清政府并无实力与英国颉颃，只好称："缅督进献一节，我亦可通融再商。"⑦ 曾纪泽遵照总理衙门的指示，再次与英国外交部交涉。然而，清政府的"存祀"要求与英方的"灭缅"态度针锋相对。直到曾纪泽离任回国，英方仍旧态度强硬，不肯让步。为了迫使清政府妥协，

---

① [清] 王彦威、王亮辑编《清季外交史料》卷64，书目文献出版社，1987，第7页。
② 《曾候致译署，光绪十二年二月初九日午刻到》，《李鸿章全集》（一），第651页。
③ 《曾候致译署，光绪十二年二月初十日午戌到》，《李鸿章全集》（一），第652页。
④ 《曾候致译署，光绪十二年二月初十二日申刻到》，《李鸿章全集》（一），第653页。
⑤ "Marquis Tseng to Lord Salisbury," March, 1886, pp. 418-424.
⑥ 《译署致曾候，光绪十二年二月二十九日巳刻到》，《李鸿章全集》（一），第655页。
⑦ 同上。

英方又在西藏问题上做文章，以马科蕾（Colman Macaulay）暂停入藏①为砝码逼迫清政府在缅甸问题上妥协。② 总理衙门迫于无奈，只好让步。至此，曾纪泽与英国政府所进行的正式交涉也以失败而告终。

赫德与曾纪泽的交涉先后破产后，缅甸问题的谈判主要在总理衙门与英国驻华使馆代办欧格讷之间进行。光绪十二年六月二十三日（1886年7月24日），总理衙门大臣奕劻与欧格讷在北京签订《中英缅甸条款》，对中缅朝贡、中缅勘界、《烟台条约》、英员入藏等问题作出了决议。③ 根据该条约，清政府没有得到八莫，仅获得了朝贡的虚名，而英国不仅完全占有了缅甸全境，还获准在云南设立商埠。值得注意的是，虽然英国承认了"十年一贡"的许诺，但是这项条款遭到缅甸人和英属缅甸当局的一致反对，他们坚持认为中国和缅甸之间没有所谓的宗藩关系，礼物交换不应被解释为臣属于中国的象征。这些争执体现了本土朝贡关系与理性主义的英国人关于现代国际关系的观念之间的对抗。为了获取清政府的允准，英国人采取了一种表面上的不干涉政策，维持了缅甸与中国之间朝贡国主权模糊性的原初状态的假象。随后，英国有意利用这种本土朝贡关系，替代了中国的地位。清政府被英国"让出虚名，求得实利"的诡计所欺骗，中英之间有关缅甸问题的交涉最终以清政府承认英国对缅甸的殖民统治而告终。④

三、清政府进退无据

外交谈判是内政与外交的双重博弈，谈判者的策略是影响谈判目标能否实现的重要因素。在缅甸问题的交涉上，清政府暴露出了许多失误之处，

---

① 1876年《中英烟台条约》规定英人可自甘肃、青海、四川或印度入藏，英印当局即图伺机实行，以期与西藏地方进行政治上的接触。1884年10月，英印政府命孟加拉省财务秘书马科蕾筹办进藏考察商业事宜。1886年初，马科蕾考察团在大吉岭集合，准备入藏，后因西藏地方坚决反对而作罢。

② 《赫德自上海致金登干函》（1886年6月12日），《中国海关与藏缅问题》，第75—76页。

③ 《缅甸条款》（1886年7月24日），王铁崖编《中外旧约章汇编》（第1册），第485页。

④ 余定邦：《中缅关系史》，光明日报出版社，2000，第235—238页。

最终导致中国丧失大量利权。

（一）外交逻辑混乱

清政府的外交逻辑混乱主要体现在频繁更换谈判代表和多轨交涉并行上。早在1884年与法国谈判越南问题时，中方就临时将谈判代表曾纪泽换成了李凤苞。当时清政府认为曾纪泽受主战派影响太深，在对法交涉时态度过于强硬，可能会激怒法国，从而影响清政府取得理想的谈判结果。在中英滇缅界务交涉时，曾纪泽再次采取强硬态度，坚持展拓边界至八莫，力劝总理衙门在缅祀问题上作出让步。鉴于此，曾纪泽尚未处理完谈判事宜就被光绪帝召回国，由新任驻英公使刘瑞芬续谈缅事。这种临时更换谈判代表的行为是不符合国际法的，它不仅打乱了谈判进程，导致谈判缺乏连贯性，还可能导致谈判内容前后矛盾的问题。此外，清政府不熟悉国际法，并不知晓在国际谈判时书面形式是条约的必备条件，口头协议可能会影响条约效力，结果让英方日后反悔，钻了空子。正如上文所提到的那样，中国没有在曾纪泽与索尔兹伯里谈判达成一致时签订具有法律效应的条约，而新上任的罗斯伯里内阁推翻了索尔兹伯里曾经允诺清政府的种种条件。

在多轨交涉这个问题上，与处理中法越南问题交涉时的情形相似，总理衙门一面饬曾纪泽与英国外交部交涉，另一面让洋员赫德展开私人外交。清政府竭力避免将缅甸问题公开化、程序化，以免中英两国政府直接交涉此事。因此，奕劻向曾协助清政府处理越南问题的赫德求助，委托他探询英缅问题以及英国方面的态度。英国外交部难以理解清政府委任洋员赫德来处理至关重要的界务交涉问题，因为"赫德是海关的头子，他的职责与外交无关"。① 中方的明暗双轨外交让英方觉得混乱和不解，在某种程度上也打乱了曾纪泽交涉缅甸问题的节奏，妨碍了中英两国政府解决缅甸问题的谈判进程。② 值得注意的是，拥有合法交涉身份的驻英公使曾纪泽在前期并未取得总理衙门正式授予的训令，直到赫德的秘密交涉失败，清政府才

---

① 王宏斌:《赫德爵士传》，文化艺术出版社，2000，第216页。
② 马勇:《中英缅甸交涉再检讨》，《江苏师范大学学报（哲学社会科学版）》2019年第3期，第45页。

将重心转向曾纪泽与英国外交部进行的正式谈判。

与清政府混乱的外交手段相比,英方显然对外交手段的运用更为熟稔。英国在与清政府交涉的时候,玩弄外交手段,多次进行外交欺骗和外交讹诈。这一时期,英国正处于现代职业外交思想的鼎盛时期,强调商业式和商人式思想的海洋学派把外交当作是有助于开展和平贸易的工具。英籍海关总税务司赫德利用清廷力存"缅祀"的诉求,献策英国"弃名取利",口头允诺英殖缅甸和清政府保持朝贡往来,诱使清廷妥协。同时,英方利用西藏问题做文章,要求清廷同意英国派遣人员进入西藏开埠通商。西藏作为中国的领土,自然要比作为属国的缅甸更为重要。英国多重施压使清政府难以周全,被迫作出让步。英国借助老辣的外交经验,通过娴熟的外交手段,迫使清政府步步退让,取得极大成功。待英国武力控制缅甸主要地区之后,赫德与英国驻华使馆代办欧格讷两人里应外合,最终迫使清政府与英方签订了《中英缅甸条款》,事实上将缅甸从中国的朝贡国转变为英国的殖民地。

(二)宗藩观念的桎梏

从赫德和曾纪泽所主导的秘密和正式两条交涉线索中可以看出,清政府始终把保存"缅祀"作为中英交涉缅甸问题的第一要务。赫德和曾纪泽都知道朝贡问题是清政府的底线,但两人由此点出发设立的谈判策略却分别代表了英中两国政府的利益诉求。负责私人外交的赫德竭力劝说英国外交部"照顾"清政府的面子,放弃"缅祀"的"虚名"而换取对英国更为重要的滇缅商务"实利";负责官方交涉的曾纪泽虽然也遵照总理衙门的旨意要求英国允缅存祀,但他熟稔英方对商务的重视,便以滇缅贸易为砝码,提出了展拓边界的要求。赫德与曾纪泽交涉失败的主要因素之一,是二人了解清政府的"朝贡"诉求,却始终未能认识到"朝贡"问题正是英国所能接受的底线。

清政府拘泥于传统的宗藩关系,不肯稍作变通,这是交涉失败的一个重要因素。在与英方交涉时,清廷始终把"缅祀不绝,朝贡如故"作为谈判的第一要义,坚持要让出"实利",索取"虚名"。① 清政府留恋"朝贡"虚名,在解决西藏、新疆、越南、朝鲜、缅甸危机的过程中,"存祀"一直都是总理衙门与西方列强交涉的首要条件,导致清廷不惜牺牲界务、商务等切实利益,来换取朝贡的虚名。在遭遇西方殖民势力的侵扰时,看似坚固的宗藩体系实则不堪一击,中国所主导的东亚宗藩体系已经事实上解体。英缅战争的失败让缅甸不再信任"属国"的身份可以保障自身的安全,中缅宗藩关系名存实亡。在与英方的交涉中,缅甸逐渐割裂与清政府的宗属关系,正如曾纪泽1885年10月5日寄于总理衙门的电文所言:"此夺缅自主权,须德法俄美允准,未提中国。"② 不能脱离宗藩体系的束缚,以现代外交手段维护国家利权,是清政府在与西方国家交涉时屡屡丢地失利的重要因素。

(三) 缺乏领土主权意识

鸦片战争爆发以前,缅甸、日本、不丹等周边小国都被纳入清政府的宗藩体制之中,与中国长期保持着一种相对稳定的藩属关系,成为中国的藩篱、屏障,与中国并没有划定明确的边界。这些边界地区往往被中央王朝视为"荒渺难稽之域",政府弃而不治,任其荒芜,或是留作两国缓冲地带,徒以边界长官司"羁縻治之"(以夷制夷),并不积极经营。封疆大吏对此地也疏于管理,视其民为"边外野夷",既无实地之考察,又无翔实之舆图。进入现代民族国家时期,重叠边疆和多重主权是不被允许的,两国之间的领土主权必须是不重叠的。可以说,现代边境地区在王朝国家与现代国家时期的最大区别就是某些边地主权存在重叠性或模糊性,地区疆界由"边陲"转向"国界"。③ 曾纪泽希望通过中英双边谈判来确定滇缅边界,实质上是一个"去重叠化"的过程。"去重叠化"一方面使得领土的界

---

① 《北京去电第三一零号》(1885年11月23日),《中国海关与藏缅问题》,第36页。
② [清] 王彦威、王亮辑编《清季外交史料》卷61,第472页。
③ 陈征平:《近代中国边境界务与民族国家的早期塑造》,《思想战线》2005年第3期,第103页。

限更加明确，另一方面也能消除现代国家由边境地区争端所引发的矛盾。①

然而，清廷的国家疆域意识还停留在王朝国家时期，"向不务勤远略"，并不重视疆土的得失。当曾纪泽向清廷提出拓展边界至八莫时，清廷尚不知"八募（莫）是否蛮暮之新街，中隔野人是否卡瓦"。②曾纪泽作为驻英公使，竟然误认潞江为大金沙江，清政府对于边境地区的颟顸无知可见一斑。对当时领土和主权意识薄弱的清政府而言，处理界务纠纷是前所未有的挑战。正如郑观应所言："窃维数十年来，西洋诸国竟知中国幅员辽阔，又有不争远土之名，一遇界务交涉，鲜不虎视眈眈，意存蚕食者"，而"中国素守好大喜功之戒，避开疆生事之嫌，得之则曰犹获石田（贫瘠的田地），失之则曰不勤远略；顾石田而弃腴壤危矣！远略弛而近忧迫矣！我视为荒土而让之，彼一经营，则荒土化为奥区（腹地），以夺我利柄；我见为瓯脱（边地）而忽之，彼一布置则瓯脱变为重镇，以通我岩疆（边远险要之地）"。③

还应指出，由于长久以来华夏与"四夷"的交手中华夏始终占据上风，统治集团的治边思想逐渐出现了致命的问题——"华贵夷贱"的民族偏见，极度膨胀的自我认识，胜利者的优越满足。临近近代，边疆问题的重点由以国内少数民族问题为主，逐渐演变为中华民族与境外民族的关系问题，此时"夷狄"的称呼也就随之从境内少数民族的身上转移出去，主要成了对外国人的称呼。面临外患引发的边疆问题时，统治集团囿于"夷夏观念"的桎梏，往往采用传统的治边思想来应对，导致边疆危机日益严重，最终为19世纪西方列强蚕食我边疆土地埋下了隐患。利玛窦（Matteo Ricci）曾如此评价："他们不知道地球的大小而又夜郎自大。所以中国人认为所有各国中只有中国值得称羡。就国家的伟大、政治制度和学术名气而论，他们

---

① 严赛：《"戛于腊"与傣族土司的跨境纷争及清廷的处置方略》，《中央民族大学学报（哲学与社会科学版）》2019年第2期，第98页。

② ［清］王彦威、王亮辑编《清季外交史料》卷61，第466页。

③ 《清季外交史料有关云南事迹摘抄》，方国瑜主编《云南史料丛刊》第10卷，云南大学出版社，2001，第271页。

不仅把所有别的民族都看成是野蛮人，而且看成是没有理性的动物。"①

四、结语

　　一明一暗、一虚一实的双轨外交策略，折射出以中华帝国为主导的传统东亚秩序濒临崩溃时清廷的进退无据。自鸦片战争爆发以来，随着欧洲资本主义势力的扩张，中国藩篱尽撤，强邻逼处，面临"数千年未有之大变局"。在以英国为主导的资本主义世界秩序的冲击下，以中华帝国为核心的传统东亚调控机制处于一个弱势的地位，"中华世界秩序"开始崩溃。反映在中英两国围绕滇缅界务问题所进行的交涉上，就是清廷的传统秩序观念在西方思潮的冲击下发生分裂。在19世纪80年代清廷要融入国际社会时，它自身传统的世界秩序观即朝贡体制已经危机重重。通洋务的官员，如曾纪泽、薛福成等人的观念已经与国际接轨，他们认清了这样一个现实，即英国代表了一种势不可当的新世界秩序，清政府必须"识实务、弃虚名"。然而，在中央层面，如慈禧太后、总理衙门大臣等，他们的观念还停留在捍卫"天朝上国"的威严上。在这种情况下，清政府在观念上出现了割裂与分化：在国力不对等情况下如何处理属国问题？是照顾面子，还是顾着里子？基于这种复杂的意图，其价值取舍最终导致了曾纪泽与赫德双轨交涉同时并进的诡谲异象。

　　当然，综合国力是决定外交谈判成败的主要因素，"在战场上得不到的东西，在谈判桌上也得不到"。中英滇缅界务交涉，实际是弱国与强国之间的博弈，然而"强凌弱，众暴寡"。在英国的殖民扩张下，清政府被迫通过勘界、缔约等形式划定现代中缅边疆，中国也经历了艰难的现代化转型过程。

---

① ［意］利玛窦：《利玛窦中国札记》上册，何高济等译，中华书局，1983，第181页。

从介入到脱身
——美国对柬埔寨的政策（1970—1973）

李照珂*

摘　要　1970 年，金边发生政变，柬埔寨局势陷入混乱。美国为从越南脱身，决定借机出兵柬埔寨，打击越南民主共和国的势力。此举恶化了柬埔寨的国内局势。美国继而施行"在地防御政策"，支援朗诺政府，使柬埔寨日益卷入东南亚的战争旋涡之中。1973 年《巴黎协定》签署后，美国的越南战争"越南化"政策获得初步成功，决定从柬埔寨脱身。基辛格决定与中国、越南民主共和国谈判，以求和平停战。然而，基辛格对柬埔寨的力量形势判断失当，外交活动陷入僵局。最终，和平解决让位于军事对抗，结束柬埔寨内乱的仍是战火。

关键词　美国；柬埔寨内战；中国；越南

多年来，美国学界中存在这样一种认识，即美国"失去"了柬埔寨，这一说法主要源于基辛格的回忆录。基辛格在回忆录中提到，1973 年，美国政府同中、柬、越各方展开了广泛而有效的谈判，但在停火协议达成前夕，遭到国会出手阻碍，具体的停火时间被提前公布，最终导致各方平衡被打破，使本来触手可及的和平化为泡影，美国就此"失去"了向柬埔寨施加影响及缔造和平的机会。① 由于基辛格特殊的经历，他掌握了大量他人

---

* 李照珂，武汉大学历史学院世界史专业 2021 级硕士研究生。
① Henry Kissinger, *Years of Upheaval* (Boston: Little, Brown & Co., 1982), pp. 335-369.

无法看到的一手档案，垄断了对这一问题的学术解释权，学界虽屡屡质疑他的观点，但囿于资料的限制，反对者一直无法对其形成有力的挑战。①

21世纪以来，尼克松政府档案材料陆续解密，使研究者们可对美国在柬埔寨内战中的外交政策作出新的探索。不过，他们多将这一时期有关柬埔寨和平调解失败的责任归结于尼克松、基辛格的外交手段不够灵活。这不仅有过于简单化之嫌，也忽视了柬埔寨和解僵局形成的复杂性与背后的真正原因。② 相比而言，我国学界对这一问题的探讨极为有限，目前的研究成果基本是将视角集中于中美对话。③ 笔者将根据美国政府相关部门的档案文献，梳理美国政府1970—1973年柬埔寨政策的变化及其原因，以冀有助于我们更全面和深刻地了解美国的东南亚政策。

一、柬埔寨内战爆发与美国的直接入侵

柬埔寨内战的爆发与冷战期间美国的军事干涉脱不了干系。1969年，美国开始对柬埔寨实施秘密轰炸。据美方所称，此举是为了打击在柬埔寨境内的所谓越南民主共和国（以下简称"北越"）的"庇护所"。④ 轰炸对柬埔寨产生了严重的影响，导致该国暴乱、起义不断，柬埔寨在东南亚冲突中岌岌可危的中立立场也被破坏。

1970年3月18日，柬埔寨国民议会与皇家委员会突然召开联合会议，

---

① 英国记者威廉·肖克罗斯（William Shawcross）较早对这一问题进行了研究。肖克罗斯在《次要事件：基辛格、尼克松和柬埔寨的毁灭》（*Sideshow: Kissinger, Nixon, and the Destruction of Cambodia*）一书中痛批尼克松和基辛格的印度支那政策，此书在学界产生了很大影响。肖克罗斯指出，尼克松政府在柬埔寨的秘密军事行动破坏了该国的中立性。William Shawcross, *Sideshow: Kissinger, Nixon, and the Destruction of Cambodia* (London: André Deutsch, 1979), pp. 11-14. 总体来说，《次要事件》中提出了相当多的预设与猜测，对美国政府的具体作为与实际影响论述得不够充分。

② Kenton Clymer, *The United States and Cambodia, 1969-2000: A Troubled Relationship* (London: Routledge Curzon, 2004), pp. 44-86; Philip Dunlop, "Sideshow Revisited: Cambodia and the Failure of American Diplomacy, 1973" (Master of Arts, University of British Columbia, 2010), pp. 69-72.

③ 何慧：《1973年的柬埔寨危机与中美合作》，《国际观察》2006年第2期；孟素燕：《冷战时期美国对柬埔寨的外交政策研究》，硕士学位论文，云南师范大学历史与行政学院，2014。

④ Kenton Clymer, *The United States and Cambodia, 1969-2000: A Troubled Relationship*, pp. 9-10.

决议罢黜西哈努克的国家元首职位，由朗诺（Lon Nol）接任国家元首兼军队总司令，郑兴（Cheng Heng）任总统，此即柬埔寨政变。3月23日，流亡北京的西哈努克成立了柬埔寨民族统一阵线。朗诺上台后，即向美国提出了援助请求。4月22日，美国开始向柬埔寨调拨军事物资，以枪支、弹药为主，有相当一部分是在越南境内收缴的兵器。到6月底，美国和越南共和国（以下简称"南越伪政权"）向柬埔寨提供了3万多支步枪和冲锋枪（包括缴获的武器），以及1000余万发子弹和近1万部无线电设备。① 4月底，尼克松发表电视讲话，声明美国和南越伪政权军队正在进入柬埔寨。②

然而，在一个多月的时间里，入侵柬埔寨的美、南越伪政权联军没有发现任何"庇护所"。美国遂改变军事战略，撤出本国军队，不再亲自参与地面作战，改为协助南越伪政权陆军和南高棉军（由在南越的柬埔寨人组成）在柬埔寨展开行动。6月30日，美军全部撤出柬埔寨，结束了历时两个月有余的军事干涉行动。

美国入侵的时间虽不长，却对柬埔寨的局势造成了巨大影响。美国学者肯顿·克莱默（Kenton Clymer）认为，美军的直接军事行动恶化了金边政府的处境，使得北越军队长驱直入，控制了相当大的一部分地区。美国驻柬使馆也不确定柬埔寨政府是否能够生存下去，表示"如果没有其他直接的援助……就没有什么可供外交处理的了"。③ 自1970年3月18日西哈努克下台以来，柬埔寨政府失去了近一半领土的控制权。金边政府就此完全倚赖外来援助为生，而这些援助的主要提供者仍是美国。

---

① "Memorandum for the President: Actions on Cambodia," June 30, 1970, pp. 1-2, VW00587, Digital National Security Archive.

② "Address to the Nation on the Situation in Southeast Asia," *Public Papers of the Presidents of the United States: Richard Nixon, 1970* (Washington D. C.: Government Printing Office, 1971), p. 407.

③ "U. S. Embassy Phnom Penh to SS, June 9 1970, Tel. 1176," Nixon Papers, Box 589, NSC Files Cambodian Operations (1970), Folder Cambodia: Chronology, Vol. Ⅲ, Nodis/Khmer, 26 May-10 June, NAII. 转引自 Kenton Clymer, *The United States and Cambodia, 1969-2000: A Troubled Relationship*, p. 34。

二、美国对柬埔寨的"在地防御战略"

"庇护所"问题不了了之,美国需要重新评估对柬政策。1970年9月,美国越南特别研究小组(Vietnam Special Study Group)向东南亚高级审查小组(Senior Review Group for Southeast Asia)① 提交了一份国家安全研究备忘录,提出美国在1971财年内对柬埔寨的四种可选择的战略:最低资源战略、有限资源战略、在地防御战略和主动进攻战略。这四种战略选择所需要投入的经济和军事资源依次递增。前两种战略均不主张南越伪政权武装部队(Republic of Vietnam Armed Forces, RVNAF)长期占领柬埔寨领土;在地防御战略是利用南越伪政权军队的资源,在一定的区域(柬埔寨五分之一到二分之一的领土)内进行防御;主动进攻战略则是在老挝南部和柬埔寨北部发动入侵行动。② 10月底,在地防御战略得到尼克松的批准,成为美国对柬埔寨的基本方针。③ 这一方案需要在包含柬埔寨绝大部分人口和资源的领土上进行长期防御,是所有防御战略中花费最高的,仅军费一项就要花费近3亿美元。相比防御战略中的第二选项,美国至少要多支出5000万美元,这还不算附加的经济和军事援助补充。这就需要政府补充拨款、国会批准增加国防预算或从南越伪政权或非东南亚援助项目中转移资源。

美国支出庞大费用干预柬埔寨的原因是什么?这一点颇令人怀疑。备忘录中提到,美国在柬埔寨的利益很少。"美国在柬埔寨没有重大的商业或投资利益,没有长期的政治联系,也没有条约义务。在柬埔寨没有美国的

---

① 越南特别研究小组是国家安全委员会中负责研究越南有关问题的专门小组。时值国家安全委员会成立初期,内部职能和等级方面存在混乱,为了克服这一问题,1970年1月基辛格成立了东南亚高级审查小组。该小组负责对备选政策方案进行技术性、行政性的审查,为国家安全委员会进行进一步审查做准备。

② "U.S. Strategy Options for Cambodia," September 13, 1970, pp. 20 – 21, CK2349549309, U.S. Declassified Documents Online.

③ "National Security Decision Memorandum 89: Cambodia Strategy," October 26, 1970, pp. 20 – 21, CK2349670240, USDDO.

军事基地或永久性情报设施,在可预见的未来,也没有对这些设施的需求。"① 但通过分析可知,问题的根本不在于柬埔寨,而在于越南形势。即便"庇护所"不再是个威胁,牵扯柬埔寨入局的原因依然存在。这是因为,美国始终坚信北越主导、控制着柬埔寨的叛乱武装,而柬埔寨的"中立"使得南越伪政权的实力无法大规模增长。除了可以使用柬埔寨的港口输送物资,使作为"合法政府"的金边政府支持美国提出的东南亚民族自决原则,美国还期待金边政府的存续能帮助其推动越南战争"越南化"政策,提升南越伪政权武装部队的军事力量,从而为美国军队的撤出创造条件。美国政府认为,此时柬埔寨的民族主义情绪正盛,民众对北越颇具敌意。进而,报告认为,金边政府具有民意基础,是一个在美国的支援下有存续前景的政权。② 除此之外,在冷战的阴影之下,美国需要确认柬埔寨不会以任何一种形式倒向苏联,这样方能保障东南亚局势的可控。这一意图在1973 年基辛格与中国的谈判中展现得尤为明显。

美国在1970 年10 月确立的在地防御战略至少延续到了1972 年4 月底。其间,美国的目标没有达成,而以朗诺为首的金边政府(高棉共和国)③ 越发虚弱。首先,金边的政治领导层并不稳定。朗诺在1971 年2 月中风发作,健康状况一度危急。他一旦去世,柬埔寨必然出现权力真空,高层政治斗争在所难免。除此之外,高棉共和国正在失去民众的支持。虽然柬埔寨人在西哈努克统治时期也会抱怨统治者,但他们在战争中得到了政府很大的保护。现在,战争已经蔓延到农村和首都。高棉共和国的新增参军人数锐减,最初的反越情绪在战场上的不利局势中渐渐消退。所有这些都指向了一种逐渐弥漫开来的厌战情绪,它被美国驻柬埔寨大使埃默里·C. 斯万克(Emory C. Swank)定义为一种"飘忽不定而徒劳无益的感觉"。④

高棉共和国的劣势在1971 年8 月发动的"真腊二号"(Chenla Ⅱ)军

---

① "U. S. Strategy Options for Cambodia," September 13, 1970, p. 4, CK2349549309, USDDO.
② Ibid., p. 10.
③ 1970 年10 月9 日,新政府宣布废止君主制,成立高棉共和国(République Khmère)。
④ "Report on Cambodia's Political and Military Situations and That Country's Relations with South Vietnam," April 24, 1972, pp. 6-7, CK2349491811, USDDO.

事行动中直接暴露出来。在美军轰炸机和南越伪政权军队的协助下，朗诺政府主动发起军事行动，结果却是 3000 余名最优秀的军人被消灭，数千人受伤，15,000 人在混乱中直接逃走。到 12 月初，高棉共和国政府军有 10 个营被消灭，10 个营的装备遭受严重损失。在军事和心理上，"真腊二号"行动给高棉共和国带来了无可挽回的巨大损失。事实上，这是朗诺政府发动的最后一次重大攻势。自那以后，高棉共和国专注于巩固对主要中心城市、主要驻军和湄公河—巴萨河下游走廊的控制。① 这也使得本就反对尼克松将战争扩大化的美国国会更加反感美国在柬埔寨的军事行动。

面对这种不利局面，高棉共和国并没有坐以待毙。美国方面掌握的情报是，至少在 1972 年 4 月，"有相当多的证据表明，朗诺已经与中国、苏联和北越本身进行了试探，想知道是否存在可以接受的安排，结束柬埔寨的战争"。② 但这些举措没有产生任何结果，因为朗诺政府在内外皆受制于人，其存续全赖美国的扶持，没有任何可供谈判的筹码。

三、基辛格的两条外交道路

1973 年初，美国的越南战争"越南化"政策有了重大进展。在经历了五年的谈判之后，1 月 27 日，越南共和国、美国、越南民主共和国及越南南方民族解放阵线在巴黎签订了《关于在越南结束战争和恢复和平的协议》（Agreement on Ending the War and Restoring Peace in Vietnam，又称《巴黎协定》），这直接促成了美军撤出越南。

《巴黎协定》第 20 条涉及柬埔寨与老挝的和平问题，其中规定：参会各方要尊重柬埔寨、老挝的独立和中立，承诺不利用两国领土去侵犯彼此和其他国家的主权和安全；各国停止在柬埔寨和老挝的一切军事活动，从这两个国家全部撤出，并不再重新运进军队、军事顾问、军事人员、武器、

---

① Kenneth Conboy, Kenneth Bowra, *The War in Cambodia 1970-75* (New York: Osprey Publishing, 1989), p. 7.

② "Report on Cambodia's Political and Military Situations and That Country's Relations with South Vietnam," April 24, 1972, p. 7, CK2349491811, USDDO.

弹药和作战物资；内政由柬埔寨和老挝人民自行处理。① 虽然协定主张还柬埔寨以和平，但它并未规定外国军队撤出的办法与期限，且没有任何一方柬埔寨势力签署了这项协定，因此内战问题依旧悬置。

此时美国的目标已经从保持在柬埔寨的防御力量以牵制北越，转变为尽快从柬埔寨抽身。1973年2月，基辛格出访东南亚、中国和日本，与各方对话，以尽快促成柬、老停火。② 2月9日，基辛格在曼谷与美国驻东南亚各国大使会面，一同审视了《巴黎协定》的执行情况。在会上，基辛格着重了解了柬埔寨的军事和政治局势。当时，在美国高层的考虑中有两条调解道路可能使各方走向谈判。首先是与北越谈判的"河内路线"，它受到驻柬大使斯万克与负责东亚和太平洋事务的助理国务卿威廉·沙利文（William Sullivan）的支持。斯万克认为，北越控制并推动着柬共的军事行动，因此与河内接触更有利于解决问题。基辛格表示自己"不介意同时玩两种游戏"，虽然他也认为"河内路线"更有可行性，但明显偏好"北京路线"。基辛格称："如果我冷眼旁观地计算美国的利益，走'朗诺—河内路线'在短期内是很容易的，但从长远来看，这可能会带来一场灾难。'北京路线'……才是长期利益所在。"这是因为他认为"北京路线"可以避免北越坐大。③

基辛格于两天后到达河内。2月12日和13日，基辛格与巴黎和平会议北越代表的特别顾问、越南共产党中央政治局委员黎德寿两度谈话，反复谈及柬埔寨和老挝问题。"河内路线"的发展并不像基辛格、斯万克先前所设想的那样顺利。黎德寿回绝了基辛格提出的"朗诺—河内会谈"的建议，表示要尊重柬埔寨民族团结政府的主权，不会与金边直接接触。他反复向基辛格强调，北越在柬埔寨已经没有重要利益，对美国的外交调解方案也

---

① "Agreement on Ending the War and Restoring Peace in Vietnam," January 27, 1973, p. 15, Vol. 935, No. 13295, United Nation Treaty Collection, https://treaties.un.org/doc/Publication/UNTS/Volume%20935/volume-935-I-13295-English.pdf.

② "Memorandum from Henry Kissinger to Richard Nixon," February 27, 1973, CK2349522729, USDDO.

③ "Memorandum of Henry Kissinger, William Sullivan and Emory Swank's Conversation," February 9, 1973, p. 6, KT00660, DNSA.

是爱莫能助。除此之外，他还极力推荐美方与西哈努克直接展开交流，不要经由北越。①

在北越处碰壁后，基辛格又来到中国。不过，基辛格此时苦于美方没有合适的谈判条件，并不清楚该如何与中国对话。1973年2月16日，基辛格在人民大会堂与周恩来讨论了柬埔寨问题。② 基辛格摆出中美在东南亚地区的共同利益——恢复柬埔寨的独立与中立，使东南亚不至于倒向苏联，中方对此予以赞同。不过，根本利益上的趋同并没有给双方谈话带来更多裨益。面对由谁来谈判这一问题，中方的态度十分坚决——与北越一样，中方希望美国方面能直接同西哈努克接触。周恩来表示，西哈努克对于协调柬埔寨民族团结政府的左、中、右各派有不可替代的作用。但是，基辛格婉拒了这一建议。③

中美之间的谈判陷入了僵局，这点在基辛格与周恩来两天后的谈话中更为明显。在这次会谈中，周恩来表示："看来这次访问将很难取得进展。我们知道你的想法，你也清楚我们的立场……我们与越南一致，尊重柬埔寨民族统一阵线以及柬埔寨民族团结政府的立场。我们的倾向是，你们应该停止卷入这一地区。当然，你们会回答说，其他各方也应该停下来。"在获得基辛格的肯定之后，周恩来继续总结道："如果这是一场纯粹的内战，事情就会相对简单一些。当然，要立即把它限定为一场内战并不容易……但有一件事是可以做的，那就是我们可以通过各种方式进行会谈，让柬埔寨民族统一阵线中的各方了解你的意图。"④ 由此，中方仅仅作出了转达美国建议的承诺。

"河内路线"和"北京路线"不仅没有走通，而且在第一步时就遇到了

---

① "Discussion of Laos and Cambodia with Le Duc Tho," February 12, 1973, pp. 9-20, KT00668, DNSA; "Discussion with Le Duc Tho in Hanoi," February 13, 1973, pp. 4-8, KT00672, DNSA.

② 关于中美就柬埔寨问题的磋商，何慧的《1973年的柬埔寨危机与中美合作》一文已经根据《基辛格文稿》(Kissinger Transcripts) 等档案材料进行过梳理，诸位读者可以参考。

③ "Memorandum of Henry Kissinger and Zhou Enlai's Conversation," p. 33, February 16, 1973, KT00674.

④ "Discussion with Zhou Enlai of International Issues and Communiqué," February 18, 1973, p. 38, KT00678, DNSA.

相当大的困难。基辛格在事后提交给尼克松的备忘录中表示,相比在老挝问题上"与各方的谈话将加快停火",柬埔寨问题的相关方则只是"可能"走向谈判,众多参与势力使得该问题的解决尤为复杂。①

4月,基辛格的主要助手之一亚历山大·黑格(Alexander Haig)访问了柬埔寨。黑格回国后对基辛格表示,美国对河内施加足够的压力,似乎是通过谈判解决柬埔寨争端的唯一真正选择。② 5月初,一份名为"河内在柬埔寨的角色"的备忘录中仍然这样写道:"河内能够对柬埔寨共产党施加多少控制?答案肯定是,河内与柬埔寨共产党领导层关系密切,再加上河内提供的后勤支持,使得北越能够主导柬埔寨共产党的运动……如果河内对停火和谈判达成和平协议感兴趣,它可能会确保柬埔寨共产党遵守协议。"③

基辛格继续同时推进"河内路线"与"北京路线"。他在5月中旬和5月底分别向北越和中国的外交官提出了较为具体的停火建议,但效果仍然不佳。在巴黎与黎德寿进行的一轮后续会谈中,基辛格建议,为了执行《巴黎协定》第20条,北越军队应当在60天内撤离,柬埔寨双方在30天内实现停火,并建立一个有效的机制来具体执行。黎德寿则指出,美国依然在柬埔寨执行空中轰炸,且《巴黎协定》第20条没有规定具体的撤军时间表,要北越接受以上条款是不公平的。最终,北越拒绝签署联合公报或接受基辛格关于柬埔寨的建议。④

面对外交僵局,美国决定向中国作出让步。5月27日,基辛格向中国常驻联合国代表黄华提出,美国准备停止在柬埔寨的轰炸,撤回小型顾问团,并安排朗诺离开柬埔寨到美国接受治疗。同时,美国也不介意西哈努

---

① "Memorandum from Henry Kissinger to Richard Nixon," February 27, 1973, CK2349522729, USDDO.

② "Meeting with General Alexander M. Haig," April 14, 1973, VW01241, DNSA; Philip Dunlop, "Sideshow Revisited: Cambodia and the Failure of American Diplomacy, 1973," p. 49.

③ "Hanoi's Role in Cambodia," May 11, 1973, p. 5, HN01749, DNSA.

④ "Memorandum of Henry Kissinger and Le Duc Tho's Conversation," May 18, 1973, KT00729, DNSA; "Memorandum of Henry Kissinger and Le Duc Tho's Conversation," May 21, 1973, KT00734, DNSA; "Negotiation of Joint Communiqué with Le Duc Tho," May 23, 1973, KT00737, DNSA.

克将来回国参与政权。美国希望用这些条件换取柬埔寨停火,并让柬埔寨民族团结政府和朗诺政府开展谈判。对此黄华并未立即表态,因为他与美方会面主要是为了表明中国的态度。他接着宣读了一份声明,对美国干涉柬埔寨事务表示了抗议,要求美方与西哈努克和柬埔寨国内的反抗者进行谈判。两方继续在"由谁谈判"的问题上意见相左,这一话题没能继续下去。不过,黄华表示,会将基辛格的提议传回北京。①

在此,我们可以重新审视以基辛格为中心的"和平解决柬埔寨问题的外交活动"。从2月到5月,美国的谈判进程始终难以推进,交涉活动基本限于与北越、中国两方商议"如何走向谈判"和"究竟应该由谁来谈判"两大主题。基辛格在回忆录中将他的"五月外交"描述得十分有希望,似乎已经接近与中国方面达成解决方案。但这与事实不符,多有歪曲。此外,美国外交的指导思路始终是向"高棉叛乱者"背后的势力施压,使其屈服。从这一点来说,"河内路线"和"北京路线"在本质上没有什么不同。

四、"国会停火案"与谈判的"终结"

上文提到,美国国会对于美国政府对柬埔寨的政策存在相当大的质疑。国会中的反对派一直尝试通过切断预算的方式来阻止美国在印度支那地区的军事行动,并一度取得了成功。1973年春天,国会通过了一系列立法修正案,切断了美国在印度支那的军事行动资金。虽然法案遭到尼克松的否决,但国会并没有停下脚步。当年6月,国会又将关于柬埔寨的修正案附在联邦政府的拨款法案上,使政府面临停摆的风险。6月30日,尼克松被迫签署修正案,同意美军无条件停止轰炸,并于8月15日停止在柬埔寨的一切军事活动。② 基辛格在其自传中表示,是国会的阻碍导致了停火日期的泄

---

① "Memorandum of Henry Kissinger and Huang Hua's Conversation," May 27, 1973, pp. 3-5, KT00739, DNSA.

② Philip Dunlop, "Sideshow Revisited: Cambodia and the Failure of American Diplomacy, 1973," p. 17.

露,而这又导致中国方面态度大变。①

基辛格对中国"忽然改变态度"的判断,主要来自中国于7月18日发来的一份照会。这份照会指出,"由于美方仍顽固轰炸柬埔寨,加强对朗诺集团的支持,并在其他方面对西哈努克亲王和民族团结政府施加压力,这严重激怒了西哈努克亲王、民族团结政府和柬埔寨人民。在这种情况下,中方认为,向西哈努克亲王传达美方在5月下旬提出的解决柬埔寨问题的初步设想显然是不合适的"。②

基辛格从这份照会中读出了十分危险的意味。他在第二天的会议上忧心忡忡地表示,这份照会表明,中国在未来不会参与任何解决柬埔寨问题的谈判。加之北京没有于7月16日回应美方的建议,宣布基辛格访华行程的时间,基辛格进而认为,这是要取消或推迟自己将于8月访华的行程,"是对中国在这两方面立场的彻底颠覆"。更让他担忧的是,这可能对并不稳固的中美关系造成破坏性影响。"问题是,这是限于柬埔寨问题之上,还是反映在(中美)两国关系中正在发生的更根本的问题。"③

基辛格在自传中的思路与他在这场会议中的逻辑基本一致。而今审视,可以发现他的说法中起码有两个漏洞。首先,中国在柬埔寨问题上的要求与之前并无根本性变化。这封照会的措辞也并不是特别严厉,所用的语言均是有关柬埔寨问题的标准说法。在会上,基辛格的助手彼得·罗德曼(Peter Rodman)还劝慰基辛格,中国"在公开声明中对我们在柬埔寨问题上的态度一直比较粗暴"。④

其次,中国对美国的外交基调也未有巨大转变。在这一点上,基辛格的确过虑了。7月19日的会议结束仅几个小时后,中国驻美国联络处大使级副主任韩叙就递交了第二封照会,表示"欢迎基辛格博士于8月16日访

---

① Henry Kissinger, *Years of Upheaval*, pp. 335-369.

② "Note from China," July 18, 1973, p. 7, KT00778, DNSA.

③ "Memorandum of Meeting on China and Cambodia," July 19, 1973, pp. 1-2, KT00778, DNSA.

④ "Memorandum of Meeting on China and Cambodia," July 19, 1973, p. 3, KT00778, DNSA.

华"。① 在基辛格为中美外交前景无比忧心之时,他的访问仍在北京的议程上。总的来说,在柬埔寨问题上,中国并没有从根本上"出尔反尔",也没有因此主动冷却中美双边关系。既然如此,"国会停火案"导致外交失败的说法就难以立得住脚了。

可以推测的是,即便没有"国会停火案"的影响,"北京路线"也是难以走通的。在9月26日与黄华的会面中,基辛格仍然希望将中国拉上谈判桌,但他的提议再次被中方拒绝。② 这使得基辛格终于意识到,"北京路线"的确不具有可行性。

五、结论

想要真正追究柬埔寨问题未能和平解决的原因,我们不能仅仅关注1973年2月到8月停火协调中各方的外交行为,而应该首先追溯战乱的根源。美国为了实现其在越南的军事战略目标,从一开始就决定牺牲柬埔寨的安全。美国首先想利用柬埔寨打击北越,于是派遣空军轰炸柬埔寨,甚至在朗诺政权建立后,美国还借机派陆军入侵柬埔寨。在寻找所谓的北越"庇护所"无果后,美国依然希望保持在柬埔寨的防御,以牵制北越。在越南战争"越南化"政策取得阶段性成功之后,美国才想到通过议和的方式让朗诺政府与流亡政权议和,以便自己从柬埔寨抽身。以上行为都置柬埔寨人民的安全与利益于不顾,更是加剧了柬埔寨国内势力与流亡势力之间的敌对与斗争。岌岌可危的朗诺政权得以苟延残喘,这大大阻碍了和平的到来。

在外交协调中,美国的政策思路同样存在失误。以基辛格为代表的美国外交人员希求通过与北越、中国谈判,以达成停火协议而从柬埔寨脱身。此外,"国会停火案"最大的影响,是让基辛格提前意识到美国的外交

---

① "Note from China," July 19, 1973, p. 8, KT00778, DNSA.

② "Memorandum of Discussion with Huang Hua of Cambodia and Korean Question," September 26, 1973, p. 8, KT00814, DNSA.

努力再难有成果，而非"搅乱"了和平解决柬埔寨问题的"大好局势"。然而，美国介入、扶植朗诺政府所留下的恶劣影响并没有终止。在美军的行动告终后，柬埔寨内战仍持续了两年时间，给柬埔寨人民平添了无尽的苦难。

法国与冷战

法国外交文件选译（八）

窦云婷* 编译　狄安略 校

[编译者按] 为推动冷战时期法国外交史的研究，本辑刊连续刊载了《法国外交文件选译》。本汇编为续篇。

19571120，FD000331

皮诺致德姆维尔、帕莱夫斯基电

（第 4678—4685 号、第 2871—2878 号）[①]

（1957 年 11 月 20 日）

仅供大使个人参考。

德国国防部长[②]于 11 月 20 日访问巴黎，与沙邦-戴尔马[③]先生进行了非常深入的会谈。

这次会谈就欧洲国家在军备研究和制造领域建立密切合作的意愿以及保持欧洲国家在原子能领域的全部能力的必要性达成了全面协议。

---

* 窦云婷，首都师范大学历史学院博士研究生。

① 文献来源：*DDF*, 1957, Tome Ⅱ, pp. 717-718。克里斯蒂安·皮诺（Christian Pineau），曾任法国外交部长（1956—1958）；莫里斯·顾夫·德姆维尔（Maurice Couvede Murville），曾任法国驻联邦德国大使（1956—1958）；加斯东·帕莱夫斯基（Gaston Palewski），曾任法国驻意大利大使（1957—1962）。

② 弗朗茨·约瑟夫·施特劳斯（Franz Josef Strauß），曾任联邦德国国防部长（1956—1962）。

③ 雅克·沙邦-戴尔马（Jacques Chaban-Delmas），曾任法国国防部长（1957—1958）。

为实现这一目标而商定的程序如下：①

1. 在第一阶段，将尽快召开三方军事委员会（法国-德国-意大利），为以下三个领域的合作奠定基础：

a. 航空领域的联合研究和制造。

b. 导弹领域的联合研究和制造。

c. 在《巴黎协议》框架内并按照协议在核研究领域采取联合行动的第一种方式（后一项澄清是应施特劳斯先生本人的要求作出的）。

该军事委员会的第一次会议将于11月25日星期一在巴黎举行。由于施特劳斯先生让沙邦-戴尔马先生邀请他的意大利同行出席会议，国防部长（沙邦-戴尔马）今天晚上接见了夸罗尼②先生，通知了他这一邀请。

2. 在第二阶段，作为军事委员会第一阶段工作的结束，三位国防部长必须在不公开的情况下签署一项议定书，以规定他们在上述第一阶段所列三个领域的合作框架。该议定书将于12月初定稿并签署。

3. 在第三阶段，三国政府将商定在12月16日的北约会议③上共同提出其立场。据了解，用施特劳斯先生自己的话来说，法国部长会议主席费利克斯·加亚尔（Félix Gaillard）将发表一次"伟大的演讲"，将这一共同立场界定为两个方面：接受与联盟其他国家在军备研究和制造领域的联合工作；呼吁联盟所有国家平等分享知识和资源。

讨论期间所采取的立场将在巴黎共同决定，即使是在北约会议前夕。

只有在北约会议之后，并在对这一声明作出回应之后，我们才能确定在哪些领域可以与我们的盎格鲁-撒克逊盟国进行联合研究和制造，以及在哪些领域只能并且必须在欧洲一级进行。

无论如何，三方军事委员会都必须在北约会议前后继续工作。

---

① 关于这一问题，参见本辑档案19571125，FD000332和19571218，FD000333。本辑档案编号均为编译者拟定。

② 彼得罗·夸罗尼（Pietro Quaroni），曾任意大利驻法国大使（1946—1958）。

③ 1957年12月16—19日将在巴黎举行的北大西洋理事会会议是自1949年北大西洋联盟（北约）成立以来第一次国家元首或政府首脑级会议，参见本辑档案19571217，FD000467；19571218，FD000333；19571218，FD000468，以及 *DDF*，1957，Tome Ⅱ，n° 464（及脚注）。

比荷卢经济联盟国家将从总体上了解到三国目前在研究和制造领域已经进行的意见交流，并在适当时候在它感兴趣的范围内进行参与。

有一项谅解是，在 12 月 16 日的会议之前，我们暂时只限于在不提及核问题的情况下通知美国，法国、联邦德国和意大利正在交换意见，以探讨联合制造军备的方式方法，特别是在导弹领域。冯·布伦塔诺①在下次访问华盛顿期间将不会说的更多。

19571125，FD000332

法兰西共和国国防和武装力量部部长、德意志联邦共和国国防部长、意大利共和国国防部长签订的议定书②

（1957 年 11 月 25 日）

三位国防部长：

认识到三国在军事理念和军备领域建立密切合作的可取性，并为此目的协调其科学、技术、工业方面的资源和能力。

希望在北约和西欧联盟国家之间现有的一般和具体协定的框架内共同努力。

注意到在北约框架内存在着具有欧洲性质的问题，

同意：

1. 共同寻求实现三国密切合作的最佳途径：

a. 在军事理念领域，应根据北约的指示和联盟中欧洲国家的具体问题；

b. 在军备领域，为满足当前和未来的最广泛需要，应优先建立一个有利的系统：

——航空装备，特别是战斗机、运输机和教练机，它们仍然是有待推广的该系统的基本组成部分；

——各种类型的制导设备能够补充并逐步增加越来越多的常规装备的

---

① 海因里希·冯·布伦塔诺（Heinrich von Brentano），曾任联邦德国外交部长（1955—1961）。

② 文献来源：*DDF*，1957，Tome Ⅱ，pp. 762-763。关于该议定书的起源及其起草，参见本辑档案 19571120，FD000331 和 19571218，FD000333。

份额，且应根据现有的国际条约（地对空、地对地、空对空、空对地和经核准的海军装备）制造；

——核能的军事应用。

2. 责成三方军事委员会毫不拖延地执行一项行动纲领，其目的是：

——协调三国关于其武装部队的组织、理论运用和武器（特别是在新武器领域）的军事理念，并创建实现这些理念所需的作战能力；

——从现在起，对符合三方商定的一般特性的武器装备进行联合研究，并在彼此认为对开发其他国家新的或现有装备感兴趣的领域进行技术研究；为此，在三国之间就设计和研究领域缔结执行协议，包括每项协议中应包括的技术、经济和财政方面的规定；

——促进一项联合的军备计划，以便：

a. 使这些军备标准化；

b. 合理地共同使用三国的研究、试验和实验中心和设施；

c. 合理地共同使用用于制造业的工业资源；

——起草一项关于编制、签订和执行设计合同和制造合同的协议。

根据上述规定缔结的特别协议旨在提高北约和西欧联盟的效力。

将随时向北约和西欧联盟各机构通知已缔结的具体协议。如果其他成员国愿意，它们可以向三个签署国申请加入该协议。关于核能军事应用的协议，将酌情在互惠的基础上并在三国同意的情况下提供相关资料。

19571217，FD000467

克鲁伊-沙内尔致皮诺电（第50528号）①

（1957年12月17日）

在北大西洋理事会轮值主席贝克（Bech）先生、加亚尔先生和艾森豪威尔总统在简短开幕式上作了发言后，理事会政府首脑会议于12月16日讨

---

① 文献来源：*DDF*，1957，Tome Ⅱ，pp. 925-929。艾蒂安·德·克鲁伊-沙内尔（Etienne de Crouy-Chanel），曾任法国常驻北约理事会代表（1957—1958）。

论了联盟所面临的主要政治问题。斯巴克①先生在辩论开始时回顾说，促使 15 个成员国团结起来捍卫自己的理由仍然有效，但联盟必须更完整、更紧密和更强大。

在谈到世界政治局势时，斯巴克先生回顾了苏联拒绝西方裁军建议的情况。②

虽然布尔加宁③最近提出的将导致苏联垄断欧洲的核武器的建议④没有被接受，但我们也必须抓住一切机会缓和国际紧张局势。

阿登纳总理强调，联盟应能够在关键时刻迅速作出反应，所有共同关心的问题都应是继续磋商的主题。

阿登纳总理回顾了德国分裂和苏联政府拒绝采纳日内瓦会议⑤上美英提出的建议所带来的问题。⑥

荷兰首相随后发言，表示支持加强北约成员国之间的合作。他接着谈到了印度尼西亚的局势，⑦并再次呼吁北约保持团结。

佐利⑧先生认为，如果苏联保持其不妥协的态度，西方国家就必须加强其部队的核力量，更密切地整合这些部队，并在科学研究和武器生产方面

---

① 保罗-亨利·斯巴克（Paul-Henri Spaak），曾任北约秘书长（1957—1961）、比利时首相（1938—1939、1946、1947—1949）和外交部长（1939—1966）。

② 关于苏联的拒绝，参见 DDF，1957，Tome Ⅱ，n° 415。——原编译者注

③ 尼古拉·亚历山德罗维奇·布尔加宁（Nikolai Alexandrovich Bulganin），曾任苏联部长会议主席（1955—1958）。

④ 布尔加宁元帅在最近给西方政府的电文中（关于这些电文，参见 DDF，1957，Tome Ⅱ，n° 433，脚注），除其他外，建议在中欧建立一个包括两个德国在内的无核武器区，以及缔结一项美国-英国-苏联协定，规定三国将承诺不在德国领土上部署核武器。——原编译者注

⑤ 1955 年 7 月 18—23 日，苏、美、英、法四国在日内瓦举行首脑会议，会议讨论了德国重新统一、欧洲安全、裁军和东西方接触等问题。

⑥ 在 1955 年 10 月至 11 月的外长会议上，苏联代表表示反对德国统一。参见 DDF，1957，Tome Ⅱ，n°s 357、379、391。——原编译者注

⑦ 在联合国拒绝了印度尼西亚关于新几内亚（伊里安）的要求之后，民族主义的爆发在该国掀起了轩然大波。印尼国内局势变得更加混乱：苏加诺（Soekarno）总统几乎在 11 月 30 日被暗杀，尽管他采取了非常明确的立场，支持伊里安（Irian）归还给印尼。当时的情况似乎是，如果荷兰不把伊里安归还给印尼，荷兰人就无法维持在该国获得的地位。——原编译者注

⑧ 阿多内·佐利（Adone Zoli），曾任意大利总理（1957—1958）。

进行合作。

最后，佐利先生认为，联盟应该与南美洲国家等其他国家建立更密切的关系。

西方应该向受到苏联扩张威胁的国家提供经济援助，并提高人们对西方的经济和社会进步理想的认识。

挪威首相赞同相互依存的原则。然而，挪威不希望在其领土上部署弹道导弹发射装置，也不希望在挪威储存任何北约的核武器。这符合奥斯陆政府反对外国军队在其领土上存在的传统政策。

最后，关于裁军，基哈德森①认为，联盟应强调，它希望在西方建议②的基础上，通过谈判达成解决方案，并在必要时在两个主要军事大国之间进行直接谈判。

范·阿克③先生随后发言赞同政治合作的原则，但磋商使北约理事会能够提出对各国政府没有约束力的意见。

比利时赞成设立一个负责与欠发达国家进行经济合作的机构，并希望巴黎会议不只是讨论军事问题。

艾森豪威尔总统和杜勒斯④先生轮流发言。他们提出了各种建议，包括：

——设立一个技术咨询小组，研究根据西方的建议停止军备竞赛的可能性；

——发展和扩大常设理事会。美国代表将出席并可能参加（北约国家的）内阁会议。此外，在情况需要时，北约国家驻美大使可向它们提供有关美国政策的信息；

——增加援助不发达国家的资金，并增加技术援助立法；

——建立北约弹道导弹发射训练中心；

——建立北约原子能中心；

---

① 埃纳尔·亨利·基哈德森（Einar Henry Gerhardsen），曾任挪威首相（1945、1945—1951、1955—1963、1963—1965）。

② 8月29日，关于这些建议，参见 DDF，1957，Tome Ⅱ，n°s 143, 150。——原编译者注

③ 阿奇尔·范·阿克（Achille van Acker），曾任比利时首相（1946—1958）。

④ 约翰·福斯特·杜勒斯（John Foster Dulles），曾任美国国务卿（1953—1959）。

——在欧洲部署中程弹道导弹；

——在欧洲制造现代武器，美国可能会购买一部分这些武器，以装备自己的部队；

——建立一个常设的武器设计和生产研究机构；

——维持军事援助计划和美国对北约联合武装力量的贡献；

——如有可能，在修改美国现行立法后，就核问题交流信息。

法国部长会议主席随后作了发言，对他的发言我已另行报告。①

比利时首相在加亚尔先生之后发表了讲话。他的国家不反对在欧洲部署中程弹道导弹的原则，也不反对建立原子能储备。他支持援助不发达国家的想法，并回顾说，一些北约国家本身的经济状况也面临困难。

丹麦首相随后强调了缓和国际紧张局势和停止军备竞赛的重要性。关于在欧洲部署中程弹道导弹，他希望联盟军事当局进一步研究这一问题，而不是立即作出决定。

代替萨拉查②参会的卡埃塔诺③教授敦促更好地协调成员国的政策。他回顾了他的国家在海外的责任。他认为北约不应参与对不发达国家的援助。他认为，非洲大陆的政治问题直接影响到西欧的切身利益，即使这些问题发生在北大西洋共同体成员国以外的国家。

冰岛总理强调有必要扩大北约成员国间在非军事领域的合作。

轮到加拿大总理迪芬贝克（Diefenbaker）发言时，他表示，关于在欧洲部署新武器的建议需要进行仔细研究，并在明年春天作出决定。他呼吁更

---

① 为了加强北约的力量，费利克斯·加亚尔先生提出了解决科学和军备合作问题以及经济合作问题的具体措施。北大西洋公约组织还必须具有政治凝聚力：成员国的政策应根据联盟的标准来制定，以便其政策逐步协调一致；经验表明，缺乏共同立场会严重危及某些国家的切身利益和联盟的内部团结，至少在这些地区，应该这样做。他强调，由于未能制定共同的中东政策，才使苏联（的行动）取得了显著成功。——原编译者注

参见本辑档案：19571218，FD000333。

② 安东尼奥·德·奥利维拉·萨拉查（Antonio de Oliveira Salazar），曾任葡萄牙总理（1932—1968）。

③ 马尔塞洛·何塞·达斯内维斯·阿尔维斯·卡埃塔诺（Marcello José das Neves Alves Caetano），曾任葡萄牙副总理（1955—1958）、总理（1968—1974）。

加密切地整合单独的军事行动和分享技术知识。最后，在谈到布尔加宁先生的电文①时，迪芬贝克先生强调，任何国家都不应一直拒绝一项可能为缓和国际紧张局势提供机会的建议。

土耳其总理回顾了苏联最近实施的渗透行动。这项政策将孤立北约，特别是保卫地中海地区。中东问题是土耳其政府关注的焦点；要解决这一问题，就必须为巴勒斯坦问题找到公正、公平的解决方案，并改善人民的生活水平。

曼德列斯②先生强烈支持美国关于在欧洲部署弹道导弹发射装置的提议。所需的核弹头应交由北约司令部掌控，在某些情况下，甚至可由欧洲国家的司令部掌控。

麦克米伦③先生最后代表联合王国发言。他努力表明，我们不应灰心丧气，而必须共同对付最严重的威胁之一，这与其说是由于（苏联的）破坏，不如说是由于公众舆论的厌倦。

麦克米伦先生特别强调，我们正进入一个国家均势概念不再可行的时期。这需要共同努力，每个国家提供的部队必须有效地为加强联盟的力量作出贡献。但是，必须避免过度生产武器，从而危及成员国的经济平衡。

会议随后指示外交部长们深入研究 12 月 17 日提出的政治问题。

会议还决定将其工作延长至 12 月 19 日星期四。

19571218, FD000333

克鲁伊-沙内尔致皮诺电（第 50529 号）④

（1957 年 12 月 18 日）

继我的第 50528 号电报⑤。

在回顾了八年前北大西洋公约组织国家团结一致的原因后，理事会主

---

① 关于这些电文，参见 DDF, 1957, Tome Ⅱ, n° 433（脚注）。——原编译者注
② 阿德南·曼德列斯（Adnan Menderes），曾任土耳其总理（1950—1960）。
③ 哈罗德·麦克米伦（Harold Macmillan），曾任英国首相（1957—1963）。
④ 文献来源：DDF, 1957, Tome Ⅱ, pp. 929-931。
⑤ 参见本辑档案 19571217, FD000467。

席回顾说，苏联继续生活在动员体制下，并为缩小其科学、技术和军事差距付出了巨大的努力。与此同时，苏联在外交上停止了在西欧的干涉行动，并向世界其他地区撒网。在美国历史上第一次受到直接威胁的时候，苏联正试图绕开"欧洲堡垒"。人们担心公众舆论可能会过度悲观，屈服于旨在破坏和瓦解联盟的宣传。加亚尔先生认为，我们必须重申我们对联盟的信心，以及我们一致希望它在发生对任何成员国的侵略时发挥作用。我们还必须采取具体措施加强北约的力量：在科学和武器领域进行合作，以及在经济领域加强政治凝聚力。正是本着这种精神，法国政府提议设立一个西方科学研究基金会，并希望建立一个类似的组织，以共同发展技术和应用研究以及生产新式武器。

没有科学知识和制造方面的交流，就无法建立富有成效的合作。同样，必须尊重北约成员国之间的平等原则，特别是在武器制造的分工方面。加亚尔先生随后宣布："对现代装备的设计、研究和制造促成了这些武器的标准化以及技术和工业手段的合理利用，从而节省宝贵的成本、人才、时间和资金。因此，联邦德国、意大利和法国政府商定了在这些领域进行合作的原则。"[①] 当然，这种合作对北约其他成员国特别是西欧联盟成员国开放，其起草者希望它们与美国密切合作。"

法国政府欢迎美国提出的鼓励在欧洲部署中程弹道导弹的提议，[②] 并感谢美国政府支持实现原子能储备一体化的构想。这些不同的建议必须通过具体和详细的协议加以解决。迄今为止，可能还没有一个全面的解决方案。

最后，法国政府认为，有必要更好地协调我们在经济领域的行动，也不会反对设立一个由北约管理的经济干预基金。加亚尔接着谈到了在政治上加强北约力量的问题。成员国的政策必须符合联盟的利益，以便在不改变条约条款的情况下，使十五国政府的政策逐渐协调一致。我们是否希望苏联在中东继续其在亚洲取得的成功，并看到非洲也同亚洲一样？在非洲负有责任的国家正在努力使其治下的人民能够管理自己的事务，然后承担

[①] 参见本辑档案 19571125，FD000332。
[②] 关于美国的提议，参见本辑档案 19571217，FD000467。

更广泛的责任。正在进行的这项工作的意义与殖民主义的意义完全不同；这是在给民族主义一个组织和进步的机会。唯一有价值的和有建设性的想法是建立欧洲和非洲的联盟。

法国政府认为，只要成员国在《北大西洋公约》未涵盖的世界某一地区的利益发生分歧或冲突，就应在常设理事会内设立一项事先调解程序。在涉及一些成员国的问题上，这种调解可以在理事会有关代表之间进行，由理事会秘书长担任调解人。法国部长会议主席最后回顾说，联盟各国都应视自己为人类尊严的捍卫者。

19571218，FD000468
会议秘书处的纪要：北约裁军①
（1957年12月18日）

北约理事会②于12月17日上午在外交部长一级，并于下午在政府首脑一级讨论了裁军问题。

讨论的重点是皮诺先生在上午会议开始时提出的法英倡议，即向苏联建议恢复五国外长关于裁军的谈判。③

法国和英国坚持认为，在西方国家需要为共同防御组织作出重大努力之际，必须说服公众舆论，已尽最大努力进入裁军轨道。杜勒斯先生前一天似乎非正式地同意了这项建议，但当天他又表示反对。

杜勒斯先生解释说，苏联在决定抵制联合国裁军小组委员会时已明确表示，它拒绝进行五国对话，只愿意进行两种对话：一种是与美国本身，

---

① 文献来源：*DDF*，1958，Tome Ⅱ，pp. 932-933。

② 关于在巴黎举行的北约理事会会议，参见本辑档案 19571217，FD000467；19571218，FD000333。

③ 1952年1月11日，联合国大会通过第502（6）号决议成立联合国裁军委员会（United Nations Disarmament Commission，UNDC）。1953年11月28日，联大通过第715（8）号决议成立裁军委员会小组委员会（Sub-Committee of the Disarmament Commission）。1955年5月，联合国裁军委员会召集美国、英国、加拿大、法国和苏联组成"五国委员会"（Subcommittee of Five），开始就停止核试验进行谈判。

另一种是与整个联合国，或者至少是联合国的一个分支，以使其周围有尽可能多的友好或中立国家，这些国家与它所面对的那些持西方观点的国家一样多。

杜勒斯先生得到了意大利、联邦德国、土耳其和希腊等国的支持，而法国和英国则得到了比利时、葡萄牙、丹麦和加拿大的支持。荷兰和挪威等国的发言则更为微妙。

此外，大家都同意在公报中重申 8 月 29 日文件的原则，① 并强调苏联拒绝讨论该文件的责任——即使联合国中的 56 个国家批准了该文件。

关于恢复与苏联的谈判，当天上午似乎出现了一种情绪，即可以提议首先在联合国框架内进行谈判，如果苏联继续拒绝，北约或北约中的一些国家将建议与苏联直接进行谈判。斯巴克先生为此委托起草了一份草案。

在下午的会议之后，鉴于苏联有可能会通过提议在北约与华约之间进行讨论来回应这一建议，公报在这一点上似乎应该有所保留。比利时代表团分发了一份草案，其中只说北约理事会表示愿意"促进与苏联的任何谈判，最好是在联合国框架内，以期实现西方的建议"。

然而，由于五国对话提案的支持者和反对者之间还存在争议，这一草案没有被采纳。

由法国、英国、比利时和加拿大外交部长组成的起草委员会定于 12 月 18 日下午起草一份草案，该草案将由斯巴克先生的秘书处编写。

19571228，FD000466

欧洲司（中欧处）纪要：腊帕茨基计划②

（1957 年 12 月 28 日）

在过去几周里，西方和东方都提出了各种建议，所有这些建议都是为

---

① 关于该文件，参见 *DDF*, 1957, Tome Ⅱ, nᵒˢ 143, 150。——原编译者注

② 文件附页上写道："谨代表于尔根森。我把个人纪要的原件交给了拉卢瓦，但我还不知道他的反应。友好的于。"——原编译者注

文献来源：*DDF*, 1957, Tome Ⅱ, pp. 976-980。让－丹尼尔·于尔根森（Jean-Daniel Jurgensen），曾任法国常驻北约副代表；让·拉卢瓦（Jean Laloy），曾任法国外交部欧洲司司长。

了通过特别措施,在中欧建立一个部分划界的区域。在西方,英国的贝文①、美国的李普曼②和凯南③都制定了这样的计划,所有这些计划都或多或少源于他们的前人在第一次日内瓦会议上制定的"第 2 号艾登计划"④。⑤

反对派政治家或独立政论家提出的观点与东方集团国家政府本身的观点相一致。其中最具体的建议是腊帕茨基⑥先生的建议⑦,布尔加宁元帅本

---

① 安奈林·比万(Aneurin Bevan),英国工党议员。

② 沃尔特·李普曼(Walter Lippmann),美国作家、记者和政治评论员。

③ "欧洲中立化"(neutralisation de l'Europe)思想的倡导者是美国前驻苏大使乔治·F. 凯南(Georges F. Kennan)先生,他后来成为普林斯顿大学高等研究院的历史学教授。早在 1957 年 1 月 10 日,他就在参议院的一个小组委员会上主张美国和苏联军队同时撤离德国,同时允许北约和华约的军事组织继续存在,这一建议几乎没有得到回应。然而,当他在 11 月 10 日至 12 月 15 日在英国广播公司电台举行的六场演讲中重申他的建议时,他有相当多的听众。对他来说,如果没有美国的军事力量从欧洲大陆的中心撤出作为补偿,苏联不可能同意放弃其在 1941 年至 1945 年通过军事努力在中欧占据的军事和政治"堡垒"。西方国家不得不同意,德国问题的解决需要对未来统一的德国政府自主决定其外交方向的自由施加某些限制,同时占领军也需要撤出。此外,核武器绝不能用于建设性外交政策的目的,而且将核武器置于美国的欧洲盟国的武器库中,不会增加它们的安全,反而会使德国和"卫星国"的问题以及裁军问题复杂化。因此,凯南先生建议"在地理上将主要核大国的军队分开,将其排除在直接干预欧洲大陆政治关系未来发展的因素之外,并根据同样的原则使欧洲大陆人民承担比迄今为止所承担的更大的保卫欧洲大陆的责任"。阻止欧洲大陆国家围绕核武器组织防御,并让美国、英国和苏联的军队同时从中欧撤出,将为欧洲大陆的未来提供一个和平的机会(摘录来源:La Documentation Française, Notes et Études Documentaires, n° 2378, 30 janvier 1958)。比万回应了这一论点,声称赫鲁晓夫明确告诉他,如果能保证苏联不受重新统一的德国的威胁,苏联将准备从军事上撤出其作为缓冲地带的一些国家。他还询问下议院,恢复东西方接触是否合适;但麦克米伦拒绝了与苏联人举行会议的计划。——原编译者注

④ 1954 年 9 月,英国外交大臣艾登提出了关于扩大布鲁塞尔条约组织,以吸收西德、意大利加入的计划,是为"艾登计划"。1955 年 10 月,在苏、美、英、法四国外长日内瓦会议前夕,西方大国提出了一个修改过的"艾登计划",其主要内容是:如果德国被承诺能够实现统一,并在举行大选后加入北约,苏联将会得到一个沿以前东西德分界线分布的非军事区。同时,还要订立一个保证德国统一的集体安全条约。

⑤ 关于该计划,参见 DDF, 1955, Tome Ⅱ, n°ˢ 44(脚注), 126(及脚注)。——原编译者注

⑥ 又称"中欧无核区计划",1957 年 10 月 2 日由波兰外长阿达姆·腊帕茨基(Adam Rapacki)在第十二届联合国大会上提出,其要求在波兰、捷克斯洛伐克和东西德领土内不生产、不存放核武器。

⑦ 关于该建议,参见 DDF, 1957, Tome Ⅱ, n° 241。——原编译者注

人在北约会议前夕向所有国家发出的电文①中也提到了这一点。

这是需要详细审查的第一个原因。另一个原因是,最近制定的各种此类计划,无论在西方政府看来是多么不可接受,都显然给公众留下了一些印象。只需每天阅读英文或德文报刊,就能看到这种印象的深度。即使我们想拒绝这些建议,我们也不能草率地考虑这样做,而不仔细说明我们拒绝的理由,也不提出一些经过研究的反建议,以便在苏联人不太可能同意讨论这些建议的情况下不会造成损失。在目前正在进行的心理战和宣传战中——其关键是各国人民的思想——我们各国政府不能仅仅且一直表现出消极的态度。即使这让我们感到疲惫和恼火,我们也必须习惯这样一种观念,即反复无常和健忘的大众舆论需要定期地再次确信,苏联人是怀有敌意的。

腊帕茨基计划是什么?(目前,我们将只关注这一计划,因为它是唯一一个构成政府提案的提案,它最初是波兰的计划,现在也是苏联的计划,我们必须对此作出回应。)

以下是波兰外交部长10月2日在联合国大会上提出的提案的内容:

> 为了波兰的安全和欧洲的缓和,波兰政府在与华沙条约组织其他成员国协商后宣布,如果两个德国同意放弃在其领土上生产和储备核武器和热核武器,波兰人民共和国将准备同时在其领土上实施同样的禁令。

捷克斯洛伐克和德意志民主共和国随后表示同意波兰外长的意见。最后,布尔加宁元帅也采取了同样的立场,例如他在12月10日给阿登纳总理的信中说:

> 在中欧建立一个无核武器区也将有助于裁军和缓和的事业。如果苏联、美国和英国同意不在两个德国储备核武器,如果后者

---

① 关于这些电文,参见 DDF, 1957, Tome II, n°s 433 (note)。——原编译者注

（两个德国）采取相应的措施，众所周知，波兰和捷克斯洛伐克将准备采取类似的措施。和平将得到巩固，该地区的人民将看到核战争的危险消退。

因此，腊帕茨基先生和布尔加宁元帅向西方人提出的建议，以及整个苏联集团的建议，是在中欧建立一个"无核"地区。很明显，我们不能接受这些建议作为讨论的基础。

1. 首先，这些建议是在德国分裂的背景下制定的，并且没有提出任何解决这种情况的办法。相反，苏联的目的是要求两个德国共同签署协定。然而，特别是为了不疏远德国的公众舆论，我们一贯的原则是不允许建立一个以分裂为基础的安全体系。

2. 从军事、心理和政治的角度来看，考虑到核武器显然是唯一真正重要的武器，腊帕茨基的建议实际上相当于使有关地区中立化。西德拥有巨大的经济潜力（远远超过其他三个国家的总和），将不再属于西方集团。它将首先被中立化，但还远不是一个平静的地区，它将成为一笔赌注和一个竞价的对象；它可能会发现自己越来越倾向于求助于东方联盟以实现统一。

此外，中立主义心态肯定会在西欧"蔓延"，我们可能会看到整个欧洲的中立化。腊帕茨基的建议显然会导致美国不仅要从西德撤军，还要从欧洲撤军（这是凯南所倡导的）。这意味着，我们在庞大的"苏联帝国"的大门前处于孤立无援的境地。很快，作为"自由世界"最后堡垒的美国本身将发现自己处于决定性的劣势地位，有可能在欧洲失去可携带核弹头的中程弹道导弹基地——这些导弹使其能够保持对苏联的有效威慑，而美国本身将继续直接暴露在以苏联为基地的洲际弹道导弹的火力之下。

这是否意味着我们可以不加评论地拒绝东方集团国家的提议？再强调一次，公众舆论不允许我们这样做。

首先，我们必须仔细和耐心地说明和解释我们拒绝的原因。

但这还不够。毫无疑问，在冷战宣传中，我们不得不提出一些反建议。

我们必须仔细研究这些问题，以免它们对我们自己构成危险。因此，像四方工作组这样一个有限的初审组织似乎特别有用。

无论如何，如果我们表现得更聪明，我们就不会冒太大的风险，因为在苏联人宣传的假象后面，他们太固执了，以至于他们肯定会拒绝任何可行的实际建议。

在"欧洲安全"领域，我们似乎可以低成本地提出一些建议，这些实际上是我们已经打算采取的措施。作为交换，我们将公开要求苏联人在欧洲安全问题和德国问题上作出一些让步，以使他们难堪。

目前可以肯定的是，诺斯塔德①将军和德国人在很长一段时间内都不打算在联邦德国境内建立发射装置。（相反，它们可能会在英国、法国和意大利北部建立。）因此，提议将战略导弹（洲际弹道导弹和中程弹道导弹）排除在西德、东德、波兰和捷克斯洛伐克之外并没有什么重大的不利之处。

此外，是否应考虑提议禁止战术核武器（短程火箭和火炮）？盟军的士兵不想放弃他们的原子炮。诚然，有人认为，这种被撤回西欧的火炮可以配备超高速的自主载运工具，而且无论如何，从莱茵河到"铁幕"的距离比从莱茵河到波兰-苏联边境的距离要短。

然而，人们可能会问，作出这种让步是否明智，因为这种让步似乎会造成上述不利影响。另一方面，可以作出上述的第一项让步。我们已经知道，在这方面，我们一开始就会在这方面得到德国人和英国人的同意（帕特里克·迪恩②爵士的声明）。③

我们可以要求什么补偿？它们似乎有两种类型：

1. 即使我们只提议作出上述让步中的第一项，也必须要求东方集团作出同等让步，以及要求国际工作组可以在德意志民主共和国、波兰和捷克斯洛伐克完全自由地行动。

这种情况如果真的发生了，其政治后果可能会非常有趣。

---

① 劳里斯·诺斯塔德（Lauris Norstad），曾任美军欧洲司令部总司令兼北约欧洲盟军司令部最高司令（1956—1962）。

② 帕特里克·迪安（Patrick Dean），曾任英国外交部副次官（1956—1960）。

③ 在与英国外交部（代理）副次官帕特里克·迪恩爵士会晤时，法国驻伦敦大使馆的一名参赞被告知，由于德国的领土被排除在西方计划之外，在欧洲建立一个禁止战略武器的区域也没有什么问题（12月25日发自伦敦的第6512—6516号电报，未收录）。——原编译者注

2. 根据我们一贯的一般原则，如果想在"欧洲安全"领域取得进展，就必须也在两德统一领域取得进展。因此，我们可以要求苏联人就"艾登计划"本身第一（1）部分的有关日期作出具体承诺：制定旨在为随后的全德选举服务的选举法和保障制度。

19580212，FD000334
肖韦尔致皮诺电（第 621—627 号）[①]
（1958 年 2 月 12 日）

西欧联盟理事会今天上午开会审议了其议程上的各个项目［C（58）21 号文件］。

关于法、（西）德、意在军备生产领域的合作，意大利大使代表三个代表团宣读了计划中的声明。我随后作了发言，向秘书长提交了 12 月 16 日通知北约的备忘录，并强调波恩三方会谈[②]与组织内某些成员国签署的双边协议性质相同。最后，我表示，将向西欧联盟和北约各机构通知在这一三方会谈基础上开展的工作的结果。

英国代表提出了一些问题：三国政府是否签署了正式的协议？三方协议对哪些武器作了规定？其他国家如何获得三方"设计、研究和制造"的武器？

安东尼·朗博尔德[③]爵士的第一个问题得到了荷兰代表和比利时代表的大力支持，他们强调他们不反对三方协议，只要这些协议是在西欧联盟和北约的框架内执行的。他们要求提供三方文件，英国代表则再次发言，建议在与三方协议文本相同的条件下，向西欧联盟提交所有现有的双边（英

[①] 文献来源：*DDF*，1958，Tome Ⅰ，pp. 155-156。让·肖韦尔（Jean Chauvel），曾任法国驻英国大使（1955—1962）。

[②] 1 月 3 日和 21 日，在西欧联盟框架内，法国、西德、意大利国防部长在波恩举行会晤，以组织三国在军备领域的合作。会谈的结果是，计划成立一个中央委员会，其由高级官员组成并监督若干工作组；这些小组应审查从科学研究到大规模生产阶段的每一类武器的最便宜和最合理的解决方案。该组织不是要构成三方垄断，而是要在北约框架内为各种西方安全公约的成员国，特别是西欧联盟的成员国之间未来的技术和工业合作建立一个试点单位。英国各界抱怨说，他们被排除在这些会谈之外。——原编译者注

[③] 安东尼·朗博尔德（Anthony Rumbold），曾任英国外交部助理次官（1957—1960）。

德、英荷、法德、法英）军备协议的文本。

我已经注意到了这些要求，我的西德和意大利同行们也注意到了。

关于安东尼·朗博尔德提出的第二个问题，西德大使宣读了一份声明，即波恩协议可能涵盖火箭、导弹、飞机、陆军和海军的常规装备。关于原子能，他指出西德主要对潜艇和其他船舶的推进领域的研究感兴趣。

意大利大使在回答安东尼·朗博尔德爵士的第三个问题时告诉他，正如他所指出的那样，预计其他国家可以加入三方协议，但这一问题还不够成熟，无法立即制定一项程序。

随后提出了向新闻界发表声明的问题。英国代表辩称，新闻界现在已经平静下来，而一份声明可能会将其唤醒，这是很危险的。因此，会议决定，如果戈芬①先生被提问，他将仅限于回答，关于法、（西）德、意在军备领域的合作的一份信函已提交给西欧联盟，以及这种合作是在西欧联盟的框架内进行的。

19580317，FD000336

欧洲司（中欧处）纪要：对欧洲安全和解决政治问题工作组的指示②

（1958年3月17日）

几个月来，关于欧洲"脱离接触"（désengagement）计划③的公开辩论一直在进行，④现在可以在充分了解事实的情况下得出结论。由于专家们将在未来几周的工作中阐明西方的立场，政府有责任确定其理论的主旨，并向其代表提供必要的指导。⑤

---

① 路易斯·戈芬（Louis Goffin），比利时外交官，曾任西欧联盟秘书长（1955—1962）。
② 文献来源：*DDF*，1958，Tome Ⅰ，pp. 356-361。
③ 1948年柏林危机爆发后，乔治·凯南提出了一个关于"脱离接触"的解决方案，建议美、苏、英、法四国占领军同时从德国主要地区撤至边缘地区。
④ 文件纪要：参见 *Études de la Direction d'Europe des 17 et 31 Janvier 1958*（这些文件的第二份文件转载于 *DDF*，1958，Tome Ⅰ，n° 65；第一份文件参见 *DDF*，1958，Tome Ⅰ，n° 65，note）。——原编译者注
⑤ 这些指示中转载的文本是原文，包含我们已经考虑到的一些手写的更正。它可能来自当时的中欧处副主任米歇尔·勒让德尔（Michel Legendre）。——原编译者注

一、在欧洲目前的形势下，任何关于"脱离接触区"的计划似乎都存在以下风险：

1. 削弱"威慑"政策

"脱离接触"区域大大削弱了威慑政策，因为威慑不再自动影响对手的行动，而是由将要采取的决定产生，这一决定涉及全球核冲突的风险，以应对一个可能只是局部的行动，而美国可能不会承担这种风险（这种对美国不会干预的信念可能会促使苏联采取行动）。

2. 削弱防御

受到控制的"脱离接触"会使大西洋防御失效，并迟早会导致美军从德国撤出；然后，这样的部署将不再具有必要的纵深来发挥防御作用。

即使美国正式同意（事实上很难如此）在欧洲（例如法国和比荷卢经济联盟）留驻军队，这种协议显然也无法长期维持，因此我们可能会采取外围战略。

相反，苏联军队仍然驻扎在波兰边境，其在军事和政治上给欧洲带来的压力随着美军的撤出而增加。

3. 联邦德国的中立化

由于联邦德国的领土受制于特别规定并被中立化，这只能导致：

——联邦德国的政治朝着民族主义的方向快速发展，以及欧洲一体化政策的终结；

——中立区的"云雀之镜"（陷阱）对其他欧洲国家，特别是对法国和意大利的吸引力导致欧洲的中立化；

——北约必然解体。

4. 承认现状

在没有就政治解决的程序达成协议的情况下，接受"脱离接触"和使分裂的德国中立化的措施，就是承认现状并将自己置于以下两难的境地：

——或者波恩和潘科①处于同一地位，除了苏联的提议，德国人不再有任何其他出路来统一他们的国家，也就是说，他们被推向了苏联。

---

① 潘科（Pankow）是柏林的一个行政区。

——或者人们把希望寄托在违背苏联意志的统一上，也就是说，通过民众的行动实现统一，而这种行动存在巨大的风险。

事实上，如果没有就改变欧洲目前的局势达成一致，"脱离接触区"将是一个动荡的地区，并容易受到政治阴谋和军事诱惑的影响。由于其模棱两可的性质，它将携带着一触即发的种子。

二、"脱离接触区"的支持者并不否认这些危险的存在。他们对这些担忧的回应是希望换取：

1. 营造心理上的缓和；
2. 促进"卫星国"的自由发展和德国问题的解决；
3. 防止苏联进一步干预这些地区。

如果不同时就解决政治问题达成协议，这些希望似乎完全是徒劳的。相反，由于美军的撤出或撤离，以及苏联军队的相对增加，局势可能会迅速恶化，并朝着与预期相反的方向发展。

无论如何，还存在两个问题：

a. 管制

军事管制可能会使现有的部署失去作用，但可能对政治发展没有影响（例如朝鲜半岛和印度支那）。① 无论如何，苏联庞大的腹地仍然未被管制，并有强大的军队正在发挥作用，而北约冒着美军撤出或撤离的风险，正在撤除其部署，且部分部署失去了作用。

b. 苏联军队干预或重新进入的权利

我们能否阻止苏联直接或间接地行使它所谓的在"反革命"事件中干预社会主义阵营国家的永久权利？如果制裁已变得不确定，即使能够得到原则上的承诺，那又有什么价值呢？然而，我们是否可以想象，核干预是为了回应苏联的局部行动，甚至是撤离德国（如果不是欧洲）的美军急于重新占领他们以前的阵地！

三、西方已同意，在与苏联就通过自由选举统一德国的程序达成协议

---

① 文件说明：关于德意志民主共和国，有人可能想知道，50名驻扎在波茨坦的法国、英国和美国的军官和士官在禁区以外的整个德意志民主共和国境内享有极大的行动自由，是否能够对政治发展产生任何影响，即使他们的人数增加到10倍且完全行动自由。——原编译者注

的情况下，承担上文第一段所述的风险，因为统一的德国将有权选择其政策和联盟，而西方的日内瓦计划本身规定了某些区域性措施。问题是，如果没有相应的政治解决方案，即没有就改变欧洲目前的局势达成协议，这些风险是否应该被视为过于严重。

法国政府一直致力于寻求欧洲军事和政治的逐步稳定，并且重视以下三个条件：

——在任何时候都不要危及我们的安全；

——不要在两个德国之间制造一触即发的局势，即为自由统一的发展铺平道路；

——为"卫星国"的和平"自由化"提供机会。

基于这些事实，在开始筹备可能举行的峰会时，政府应就以下几点表明立场：

1. 毫无疑问，放弃安全措施与政治解决之间的联系似乎既不可能也不可取。

2. 但是，可以从不同的方向寻求淡化这种联系，以便使西方的建议具有新的、吸引公众舆论的面貌，并旨在探明苏联人的真正意图，以及在他们再次拒绝的情况下使他们处于困难的境地：

A. 在工作的第一阶段，可以按照先前的设想，研究安全措施与通过自由选举统一德国的措施之间的时间顺序的灵活性。如果事先就解决政治问题的程序达成协议，就可以修改先前设想的分阶段方案，即从"不使用武力、撤回对侵略者的援助、协商、公布军备情况、设定（军备）上限、限制或禁止某些军备、撤军、核查和管制"中选择重要的安全措施，其中一些措施可以在全德国举行自由选举或在全德国组成临时当局或政府之前进行考虑，也可以在其他情况下进行考虑。

B. 在第二阶段，可以考虑放宽某一地区的国家的政治承诺。鉴于德国这样一个国家的重要性和地理位置，应该避免使其中立化的解决办法。但我们可以设想协议之间的相互转变，一方面是将所谓的统一的德国与北约联系起来的协议，另一方面是将"卫星国"与苏联联系起来的协议。东欧国家与苏联之间的联盟将成为性质更为有限的协定，如类似于芬兰与苏联之间的协定①,根据该协定,只有在一方的领土受到直接攻击的情况下,协定中所规定的同盟义务才会被履行。统一的德国与北约之间的关系也将是类似性质的。这是对苏联的一个非常重要的让步。这将使统一的德国与北约之间的关系更加灵活,也将使东欧国家与苏联之间的联盟更加灵活。

3. 在没有就解决政治问题的程序达成协议的情况下,是否有可能进一步采取安全措施?到目前为止,西方的立场一直是按照众所周知的计划,通过自由选举统一德国,并与由此统一的德国自由谈判,缔结和平条约。如果苏联对所有政治问题的态度都不那么消极,例如,如果能在"卫星国"自由化方面给予我们哪怕是微薄的希望,我们就可能会考虑放宽我们关于解决德国问题的程序的建议。但是,在苏联人令人满意地改变其态度之前,现在在这方面取得进展还为时过早。

相反,似乎有可能在以下两点上取得进展:

a. 单方面声明不在联邦德国境内部署中程弹道导弹,并具体说明该承诺的有效期为一到两年,如果在此期间在解决政治问题方面没有取得进展,将重新考虑这一承诺。

b. 现在寻求就解决东西方争端的调解程序达成协议。可以探索这条道路,并以足够宽泛和笼统的措辞提出一种方法,以便就政治问题展开谈判。

4. 地区的管制和范围仍然是重要的问题。在1957年8月29日西方关于裁军的提案中,② 我们接受了在北纬40度(那不勒斯)以南的有限区域内进行管制的原则(空中和陆地,还可能建立机动小组并交换设施清单和数据),包括:

——西经10度至东经60度之间的地区(即从大西洋到乌拉尔山);

——或一个较小的区域,但须包括苏联和东欧其他国家的大部分地区;

并同时就飞越和视察整个美国、加拿大和苏联,或北极圈以北地区以及美国、

---

① 苏联和芬兰于1948年4月6日签订《苏芬友好合作互助条约》,并于1955年、1970年和1983年对其作了延长。以此为基础,1917年独立后宣布成为永久中立国的芬兰奉行亲苏联但维持西方政治制度的外交政策,成为西方和苏联之间的中间地带。该条约俄文/芬兰文/英文版参见:http://heninen.net/sopimus/1948.htm。

② 关于这些提案,参见 DDF, 1957, Tome Ⅱ, n°^{os} 142, 143, 150。——原编译者注

加拿大和苏联的部分地区（西经140度以西和东经160度以东）达成协议。

在欧洲目前的形势下，在这些基础上继续谈判，避免将管制限制在一个更为有限的区域（如美国新闻界最近所说的"腊帕茨基地区"或莱茵-明斯克地区）只有好处。事实上，在政治、经济和战略上，向西的千米数比向东的千米数更重要。无论如何，重要的是要避免欧洲的中立化，尤其是避免美军撤出，而苏联的领土将完全或几乎完全处于中立区之外。

* *

如果总统同意上述要点，那么就这些指示的一般意义而言，政府代表将参加关于欧洲安全和解决政治问题的专家组的工作，并且国防部长也同意这些指示。

19580328，FD000335

法国和联邦德国在波恩的会谈①

（1958年3月28日）②

皮诺与冯·布伦塔诺的谈话（3月28日，11点45分）

与会人士：

法国：皮诺先生，若克斯③先生，顾夫·德姆维尔先生，拉卢瓦先生

联邦德国：冯·布伦塔诺先生，冯·舍尔彭贝格④先生，冯·鲍迪辛⑤先生

皮诺首先表示，他不是来介绍法国的计划的。他没有预先制定的计划；他此行的目的是与联邦德国政府进行对话，因为如果没有得到联邦德国政府的同意，他就不会提出任何建议。此外，毫无疑问的是，我们不应该对结果抱有任何幻想，但我们必须小心，不要给人一种我们不愿意召开会议

---

① 文献来源：*DDF*, 1958, Tome I, pp. 398—403。仅选译涉及皮诺和冯·布伦塔诺的谈话部分。

② 会谈记录3月31日在巴黎写成。这些文件摘自总秘书处的收藏。——原编译者注

③ 路易·若克斯（Louis Joxe），曾任法国外交部秘书长（1956—1959）。

④ 阿尔贝特·冯·舍尔彭贝格（Albert von Scherpenberg），曾任联邦德国外交部国务秘书（1958—1961）。

⑤ 沃尔夫·冯·鲍迪辛（Wolf von Baudissin），联邦德国军事理论家。

的印象；因此，问题是，要知道我们可以在我们的建议中走多远而不冒过多的风险。

在马尼拉，三位部长讨论了程序和实质问题。①

关于程序，外长会议的原则已被接受。与此同时，各方同意事先在莫斯科或华盛顿做外交方面的准备。杜勒斯先生表示支持苏美两国进行准备工作，但其须与其他与会者进行协商。法国政府认为，不能让美国人孤立无援，无论如何，英国人和法国人必须站在他们一边。

关于（与会者的）构成，已经提出了各种方案。苏联人拒绝了"3+1"方案。就中立国而言，源自苏联②的"4+4+中立国"的方案在任何情况下都是不可接受的，即使没有中立国，也不适合其他各方。难道最好的解决方案不是由三位西方国家的驻苏大使与葛罗米柯③先生一起做外交方面的准备吗？然后，将确定部长会议和政府首脑会议的组成。这一组成将取决于议程；如果中东问题被列入议程，则应包括来自该地区的与会者。

关于议程，有两种方案可供选择：

——或包括双方提出的所有议题，这是一个简单的解决方案，但可能会引起虚假的希望；

——或只有几个由双方商定的议题，但在这种情况下，可能需要很长时间的准备。因此，部长个人倾向于第一种解决方案。

根本问题是裁军和欧洲安全问题，包括德国问题。

在裁军问题上没有共同的原则。有一点令法国当局感到担忧：杜勒斯先生谈到将8月29日的西方提案分成几个部分。④ 这是一个充满危险的论

---

① 关于马尼拉会谈，参见 DDF, 1958, Tome I, n° 179。——原编译者注

② 苏联政府在2月28日至3月1日致美国和法国政府的信函（参见 DDF, 1958, Tome I, n° 143）中提议，在平等的基础上参加会议，法国、美国、英国和意大利代表西方，苏联、波兰、捷克斯洛伐克、罗马尼亚代表东方。关于不属于某个政治和军事集团的国家的参与，仍有待商定。——原编译者注

③ 安德烈·葛罗米柯（Andrei Gromyko），曾任苏联外交部长（1957—1985）。

④ 关于这项提案，参见 DDF, 1957, Tome II, n°ˢ 142, 143, 150。另见法国文献局（La Documentation Française）出版的文本，Notes et Éétudes Documentaires, n° 2357。——原编译者注

点,特别是在停止核试验方面。在这方面,法国政府希望提议对试验进行登记和管控,以消除对人类的任何危险,但不会完全停止该领域的研究。

裁军的另一个方面是管控外层空间。美方的论点似乎不太站得住脚;苏联人在回答时似乎有一个很好的论据:"如果有人想剥夺我们的洲际导弹,我们就要求撤除美军(在外国)的基地。"①

至于裁减和限制武装部队的问题,则与政治问题密不可分。这主要涉及德国的统一问题。毫无疑问,德国统一问题必须在首脑会议上进行讨论,但也有必要指出,如果会议在某些问题上失败了,不能仅仅将其归咎于德国问题。这是一种表达问题。在法国方面,我们准备研究最近推出的一些方案:管控区、救济区等(无论如何,不是目前的腊帕茨基计划,这是非常危险的),但我们非常清楚,如果我们不能将国家统一作为给德国人的回报,就不可能要求他们在这方面作出牺牲。因此,法国政府希望采取一种不消极的态度,即:可以讨论安全计划,但同时要讨论统一问题。事实上,很容易理解,如果我们无偿给予苏联人其要求的安全措施,德国就永远不会实现统一。如果冯·布伦塔诺先生同意这些一般原则,就可以考虑各种可能性;这有两个条件,即维持德国和西方之间的联系,以及维持美国在欧洲的驻军。

冯·布伦塔诺先生欣然同意,我们不应在首脑会议问题上犹豫不决,必须首先通过莫斯科的外交渠道做好准备,然后由外交部长负责判断结果是否真的有助于首脑会议。

关于(与会者的)构成,"4+4"方案是不会被淘汰的。诚然,杜勒斯先生反对它,但我们不能在这方面与苏联人决裂。无论如何,方案中必须去除中立国。

---

① 3月15日,苏联的一项声明将禁止将外层空间用于军事目的与清理其他国家领土上的外国军事基地联系起来。有关该文件的文本,参见 Ministère des Affaires Étrangères, *Documents Relatifs à la Convocation d'une Conférence au Sommet* (décembre 1957 – juillet 1958), La Documentation Française, pp. 79-81。苏联在3月24日的一份备忘录中也提到了这一点。La Documentation Française, *Articles et Documents*, n° 6636 du 29 mars 1958, Textes du jour; *Documents Relatifs*, pp. 82-85. 关于这些文件的分析,参见 *L'Année Politique 1958*, pp. 319-321。——原编译者注

苏联人对议程的强硬态度使人怀疑他们是否真的想召开这次会议。无论如何，从联邦德国的角度来看，会议方案会预先决定哪些议题可以讨论，哪些议题禁止讨论，这是不可接受的。我们可以考虑列入各方提出的所有议题，关键是，一方面，不应有否决权；另一方面，大使或部长不应局限于形式上的准备。

美国在裁军领域犹豫不决的原因是它忠于联合国的议程，并担心将裁军问题移交给首脑会议可能会使西方丧失在联合国中的绝大多数支持。诚然，裁军可以有一系列步骤，但这些步骤不应分开，因为不同的裁军领域是相互关联的。

关于停止试验，应以与停止生产裂变材料的关系为出发点。另一个问题是，如果没有非常复杂的管控，这些操作是否可行。

冯·布伦塔诺先生同意，美国在管控外层空间方面的立场可能不太容易表达。事实仍然是，如果美国人撤离他们的基地，苏联人将拥有绝对的战略优势，因为他们将保留洲际导弹，没有人知道有一天他们会用它做什么。因此，可以理解的是，在全面裁军的最后阶段之前，美国不想从其基地体系中去除任何东西。

皮诺先生指出，他不接受苏联的论点。他只是指出，现在提出外层空间的问题可能不是很合适。

冯·布伦塔诺先生认为，首脑会议可以采取的第一个合理步骤是就管控核试验达成协议，并在裁军领域采取若干步骤，特别是强调保护平民。关于裁军与政治问题之间的关系，联邦德国从未打算将解决德国问题作为谈判取得成功的先决条件。此外，这不仅是德国的问题，也是一个普遍的政治问题。我们会使这种紧张局势持续下去，而不带来这个地区的紧张局势会所有减少的希望吗？在目前的基础上制定安全组织措施，除了使德国长期分裂，没有任何意义；因此，联邦德国政府希望在某个时候讨论德国问题（无论是议程中的第 11 项还是第 14 项，都无关紧要）。我们必须保持德国与欧洲安全之间的联系，并讨论这一系列问题。苏联在这一领域的强硬态度使人怀疑苏联是否希望召开会议。

冯·布伦塔诺先生满意地注意到，皮诺先生宣布腊帕茨基计划是不可接受的。如果会议结合"艾登计划"中关于自由选举的内容来审议这一问题，其不利之处将是有限的，但在各方的共同意愿仍不确定的情况下，很难确定真正达成协议的可能性。德国方面认为，任何安全计划都必须符合两个标准：

1. 任何可能导致美国有理由对欧洲漠不关心的计划都是不可接受的；对西方来说，这是一种死刑。有趣的是，在伦敦举行的由《西方》杂志主持召开的会议上，盖茨克尔①表示，如果他的计划导致美国人离开，他宁愿放弃该计划。

2. 任何安全计划都必须基于和平的基础是政治和军事平衡的思想。

这两个标准使我们在确定可以做什么方面非常有限。安全计划必须满足某些要求：

a. 美国人留在欧洲；

b. 北约丝毫没有被削弱；

c. 政治和军事平衡完好无损；

d. 如果决定将计划分为几个阶段，则必须确保计划将得到充分执行，而不是在第一阶段就中断。

最后，使现状出现明显的缓和将是首脑会议的一个令人遗憾的结果。

皮诺先生指出，两国政府的关切是一致的。

问题在于我们可以提出什么建议。

皮诺先生坚持三项原则：

a. 维持美国的存在的必要性；

b. 保持平衡的必要性；

c. "脱离接触"与统一之间的联系。

作为工作的基础，皮诺先生想提出三种可能的解决方案：

——第一种方案是提议通过自由选举实现统一，并在欧洲作出安全承诺。将研究设立一个兵力和军备限制区，但不必以有关国家的边界为基础。在这个解决方案中，问题在于，如果该地区其他国家作出同样的牺牲，德

---

① 休·托德·内勒·盖茨克尔（Hugh Todd Naylor Gaitskell），英国下议院工党领袖。

国可以放弃哪些现有的政治和军事承诺。

——在第二个解决方案中,我们必须考虑,为了促进苏联接受自由选举,我们是否可以在德国统一之前向他们提供安全措施。在这方面,皮诺先生正在考虑四项措施:

1. 宣布不使用武力和承诺不援助侵略者;
2. 在待划定区域内进行某些类型的管控;
3. 确定区域的兵力上限;
4. 有可能禁止中程弹道导弹。

——第三种解决方案涉及苏联拒绝在德国统一问题上作出任何让步的情况。当然,在这种情况下,我们只能设想几乎是具有象征性的措施。其中,我们可以考虑以下方案:

1. 西方盟国单方面声明,他们目前不打算在联邦德国部署中程弹道导弹;
2. 建议设立一个调解委员会,以防止一个欧洲国家的军队对另一个国家采取任何行动。

这主要是针对波兰,以让它放心,并让它相信西方不会忘记它;

3. 可以考虑划定一个空中飞越区,只要它覆盖了苏联的大部分地区。

这些是我们希望在法国方面开展工作的初步想法,其当然要征求联邦德国政府的意见。

当然,冯·布伦塔诺先生不能立即回应这些建议,他会非常认真地研究这些建议。乍一看,在他看来,将被放入等式中的因素不能被认为是"等价"的。美军撤离后的德国是一个真空地带,其中可能会出现非常严重的问题。捷克斯洛伐克退出了华约组织,但其仍由共产党领导,并仍留在东方集团内。因此,任何可能导致这种结果的提案都存在危险。当然,德国的自由选举将深刻改变欧洲的面貌。但没有人知道,如果德国与西方其他国家隔绝,德国的发展会是怎样。诚然,我们必须提出建议,我们必须权衡风险,我们必须准备好承担风险,但德国的中立化或任何导致其中立化的方案都是极其危险的。

皮诺先生指出,只有美国保持其在欧洲的驻军,他提出的想法才能得到实施，而另一方面，这些想法完全是初步的。可以探讨若干种方案，但不一定为首脑会议保留这些方案。

冯·布伦塔诺先生同意，应该寻求一些想法来探明苏联的意图；他本人在1956年9月和1957年5月给苏联的照会中提到了其中的一些想法。联邦德国政府面临的最大困难是它负有双重责任：一方面，5200万德国人已安全地生活着；另一方面，还有1700万德国人正在等待"解放"。如果我们为了"解放"1700万人而牺牲了5200万人的安全，那将是一场灾难。美军撤出德国将是一场灾难，这会给德国公众一种被抛弃和他们不值得被保护的感觉。此外，不应排除采取斯蒂芬·金·霍尔①爵士或凯南先生提出的极端解决方案（放弃任何有组织的军事防御）。② 如果德国人觉得被"自由世界"的力量抛弃了，他们就会抛弃自己。

19580403，FD000337

皮诺致沙邦-戴尔马电（第797/CM号）③

（1958年4月3日）

您在1958年3月20日的第202/EM/CAB号信函④中告知我，您认为有必要与美国政府接触，以了解其对在欧洲合作生产核武器的态度，并告诉了我您对核试验问题的态度。

我对这两个问题的意见如下。

我同意您的意见，即只有我们事先得到保证，华盛顿会欢迎这种合作，才能在生产核武器方面进行可能的法国-西德-意大利合作，也就是说，这三个国家在实施该计划时可以得到美国的政治和技术支持。但问题是，我们何时以及以何种形式与美国政府接触。最近访问美国的技术人员的报告以及我国驻美大使向我们提供的资料表明，美国政府只有在修订《麦克马

---

① 斯蒂芬·金·霍尔（Stephen King Hall），英国皇家海军退役军官。
② 关于凯南所提出的理论，参见本辑档案19571228，FD000466（脚注）。
③ 文献来源：*DDF*, 1958, Tome Ⅰ, pp. 427-429。
④ 文件未转载，此处指出其一般含义。——原编译者注

洪法》①之后，②才能就未来与北约盟国在核武器生产领域的合作表态。然而，我认为，对于法国来说，这个问题有以下可能：法国-美国的直接合作；法国-西德-意大利的合作；法国-西德-意大利-美国的合作。如果不明确与美国进行可能的合作的条件，就很难衡量欧洲大陆各国之间的合作的价值。只要他们不向我们表明他们的真正意图，就不可能评估三方合作的价值。

基于这些原因，我的结论是，只有在《麦克马洪法》修订后，与华盛顿的接触才真正有效，我建议你们在其修订后立即重新研究这一问题。

关于暂停或限制核试验的问题，我完全同意您的观点，即我们应坚持1957年8月29日的西方共同立场，③即将停止核试验与停止生产用于军事目的的核燃料和重新部署炸弹库联系起来。然而，您认为美国政府可能会迫使我们软化西方的立场。您还指出，如果美国放弃上述的将停止核试验与停止核生产联系起来的立场，您认为我们应该提出什么样的条件。

虽然我理解您的关切，即维护我们执行一项计划的自由——正如你所记得的那样，该计划的目的是为我们的武装部队配备属于他们自己的核武器，并使他们能够在面对任何外部威胁时参与威慑行动——但我不能向您隐瞒我对您提出的条件被接受的可能性的怀疑。我们会反对这种立场，即倾向于在限制核试验的数量、种类或重要性的协议中持保留态度，它将为法国保留执行其计划的自由，而我们无法具体说明我们打算利用这一自由的期限。事实上，这将产生一个问题，即法国是否能够承担责任，以其唯一的反对意见来阻止一项关于这个问题的决定，该决定将得到盎格鲁-撒克逊国家和苏联的同意，而且联合国会员国几乎会一致同意。因此，我认为，在这种情况下所采取的立场将是获得政府同意的立场，即任何与限制核试验有关的国际承诺都必须接受核查，其细节由技术人员确定。这一立场符合西方对苏联单方面停止核试验的决定的反应，也符合法国一贯的主张，

---

① 关于该法，参见 *DDF*，1957，Tome Ⅱ，n° 270（note）。——原编译者注
② 《麦克马洪法》又名《原子能法》，于1946年8月1日出台，其严格限制国家间的核情报交流，是战后美国维护其核垄断地位企图的集中体现。
③ 关于目前的裁军计划，参见 *DDF*，1957，Tome Ⅱ，n°s 142，143，150。——原编译者注

即只有接受核查的承诺才在停止军备竞赛方面具有实际意义和政治价值。

从现在起，我们可以建议对核试验本身进行管控，特别是管控其执行的技术条件，以回应世界舆论的主要关切，即避免放射性尘埃造成的危险。与核试验本身有关的管控可以被视作为执行关于停止核试验的可能的决定做长期准备。

19580526，FD000338
普利文致阿尔方电（第5923—5929号）①
（1958年5月26日）②

请您参阅我的第5600—5605号电报。③

我很重视国务院关于可以在何时何地就监督停止核试验问题举行西方专家磋商的意见。

我还希望尽快了解，美国对与苏联就此问题进行专家级研究的前景有何打算。显然，苏联政府正试图将这一问题与裁军问题分开，而且如果苏联在可能的首脑会议上接受我们的专家会赞成的监督措施，专家之间可能达成的协议将使西方极难拒绝停止核试验。

在裁军问题上，我们的伙伴显然不能逃避这种可能性的后果。但我认为，在现阶段，您有必要正式向国务卿表达我们在这种情况下的担忧。

---

① 文献来源：*DDF*，1958，Tome Ⅰ，pp. 669-670。勒内·普利文（René Pleven），曾任法国外交部长（1958.5.14—1958.6.1）；埃尔韦·阿尔方（Hervé Alphand），曾任法国驻美大使（1956—1965）。

② 这封电报写于5月23日，直到5月26日才发出。——原编译者注

③ （法国驻美大使馆参赞）吕塞先生在5月19日的第2632—2642号和第2643—2645号电报（未收录）中转交并评论了艾森豪威尔总统对赫鲁晓夫先生5月9日的信函的答复草案的文本，该信函涉及研究监督停止核试验的方法的专家会议。该草案提议召开一次由英国和法国（可能还有加拿大）的专家参加的技术会议。在5月20日的第5602—5605号电报（同样未转载）中，外交部对美国的这份草案发表了评论。法国专家与美国和英国专家处于同一地位，这使巴黎非常满意；但是，在检测核试验的技术方面拥有合格专家的其他国家也可以参加会议，因此有可能为研究裁军问题的会议的人员构成开创先例。此外，美国的答复倾向于赞成将专家的任务限制在研究监督禁止核试验的方法上，而不是将其扩展到整个核裁军领域——这可能导致将停止核试验的问题与整个裁军背景隔离开来，并符合苏联的论点。——原编译者注

正如美国政府所知，多年来，法国一直在科学、技术、工业和财政方面作出努力，使法国有可能在不久的将来生产核武器。通过这些努力，法国期望在其总体外交和国内政策方面取得重要成果。在军事方面，它显然从未设想过必须确保其防御的自主性。相反，它一直希望并认为，这种必然有限的核武器生产将成为它加强与盎格鲁-撒克逊盟国关系的机会。因此，它对美国政府关于修订《麦克马洪法》的提案非常感兴趣。[1]

根据这一政策，法国政府谨通知美国政府，它担心一项协议会产生非常严重的政治影响，因为该协议在裁军框架之外暂停核试验，将剥夺法国从其努力和投资中获益的机会，并将被视为对法国的歧视，而法国的主要盟国已经同意了这一点。简言之，在议会和公众看来，法国事实上将被要求独自承担一项旨在展现出积极因素的协议的冲击，而这种积极因素可能是首脑会议的成果清单中唯一包括的内容。

在向福斯特·杜勒斯先生转达这些担忧时，您要强调，我们绝不是在质疑美国政府的意图，我们赞赏美国政府对我们的问题的理解，这种理解显然激发了美国政府的态度及其在现行立法范围内给予我们的合作。我们还知道，只要《麦克马洪法》没有修订，美国政府就不能自由行动。所以，本函的目的是向美国政府通报法国面临的一个关键问题，以及该问题给我们的政策带来的紧迫性。

因此，在我们看来，解决方案似乎意味着西方坚定地支持1957年8月29日的裁军计划。[2] 只有在其盟国以交付现代武器和这一领域的技术援助的形式提供援助时，法国才能接受对该计划进行任何可能会产生上述影响的修改，以确保法国能够通过其他渠道取得迄今为止仅靠自己的努力所取得的成果。

---

[1] 关于该法，参见 *DDF*, 1957, Tome Ⅱ, n° 270（脚注）。——原编译者注

[2] 关于该计划，参见 *DDF*, 1957, Tome Ⅱ, n°s 142, 143, 150。——原编译者注

学术动态

"新史料、新问题与新方法":
第一届俄国史青年学者论坛会议综述

杜俊超[*]

2023年6月16—18日,第一届俄国史青年学者论坛在华东师范大学普陀校区学术交流中心开幕。本届论坛的主题为"俄国史研究的新史料、新问题与新方法",由华东师范大学社会主义历史与文献研究院、苏联东欧历史研究中心主办,历史学系协办,来自国内外20余所高校的70余名青年学者和硕博士研究生参加了论坛。本次论坛的征稿、选稿与研讨均秉持了"新史料、新问题与新方法"的思路,也为中国俄国史研究队伍的青年生力军提供了交流的平台。

论坛开幕式上,华东师范大学苏联东欧历史研究中心主任郝江东副教授、社会主义历史与文献研究院副院长姚昱教授、历史学系副主任朱明教授分别致开幕词。三位致辞人均强调了当前中国俄国史研究的重要学理价值与重大现实意义。郝江东副教授首先介绍了华东师范大学俄国史研究的优良学术传统,以及苏联东欧历史研究中心的成立及其各项进展;其次,他指出在世界处于百年未有之大变局和实现中华民族伟大复兴的关键时期,俄国史研究所具有的重要学理价值和重大现实意义;最后,他强调青年学者有责任将相关研究推向深入,以回应国家发展的重大战略需求。姚昱教

---

[*] 杜俊超,华东师范大学历史学系2022级硕士研究生。

授强调，时代情势的发展进一步拓宽了俄国史研究的议题空间，并指出从历史角度来解读相关变化的脉络和方向，是历史学者应担负的时代任务。朱明教授则呼吁苏联东欧历史研究中心进一步加强对国内外相关领域研究力量的整合，推动俄国史研究走向深入。

陕西师范大学历史文化学院周厚琴副教授、贵州师范大学历史与政治学院邓沛勇副教授、黑龙江大学历史学院潘晓伟教授、华东师范大学历史学系葛君副教授代表青年学者作了主题发言，系统介绍了当前俄国史研究各方向的前沿动态。周厚琴结合陕西师大创办《苏联历史问题》杂志的历程，评述了当前苏联史研究的现状与前景。邓沛勇从政治、经济、社会、外交等方面介绍了国内外俄罗斯帝国史研究的最新动态。潘晓伟结合自身对俄国、苏联与朝鲜关系问题的研究，介绍了新史料的发掘对相关研究的推进作用。葛君介绍了华东师大东欧史研究的史料收集与整理工作，提出将东欧社会主义发展史置于更长时段的东欧区域历史进程中进行观察的视角。四位老师均展现出新时代俄国史青年学者普遍具有的突出的语言能力、问题意识和多样的学术视角，也都表达了对新时代俄国史研究的信心。

中国苏联东欧史研究会会长、中国社科院俄罗斯东欧中亚研究所张盛发研究员，复旦大学国际问题研究院副院长、俄罗斯中亚研究中心主任冯玉军教授，华东师范大学历史学系终身教授沈志华随后作了发言。他们对青年论坛的开幕表示祝贺，并对这支俄国史研究青年生力军给予了谆谆教诲。三位老师都强调历史研究的史观问题，呼吁青年学者关注自身正确的价值体系的建构。张盛发研究员结合自身数十年的研究经历以及苏联史研究中一些值得关注的重大问题，强调正确的价值观对研究者提升学术研究的格局具有重大意义，并认为它将根本决定青年研究者未来所能达到的研究广度和深度。冯玉军教授也明确指出，"历史研究不仅要有史料，更要有历史观"，呼吁青年学者加强对"俄国/苏联对于中国的意义的整体性理解"。他一再强调，青年学者首先要有家国情怀，一定要站在维护中国的国家利益立场上进行学术研究。沈志华教授也由"家国情怀"谈起，进而提到历史研究者的"终极关怀"问题。他表示，"我们研究苏联史，内心其实是装着中国的未来"。沈老师结合国内俄国史研究面临的问题，建议青年研究者应当首先确立正确的人生观。他勉励青年学者,"学术研究是需要代代传承的,做学问以及做好学问都不只是自己的事,你们得想到你们身上的责任"。他还引用毛主席的经典语录作为给青年学者的寄语:"世界是你们的,也是我们的,但是归根结底是你们的。你们青年人朝气蓬勃,正在兴旺时期,好像早晨八九点钟的太阳。希望寄托在你们身上。"

本次论坛根据入选论文的主题分"俄罗斯文明的历史发展之路""苏联的文化生产与对外宣传""俄国的社会、思想与文化""苏联的内政与国家建设""历史书写与俄罗斯文明""战后苏联的对外关系""20 世纪上半叶的俄罗斯与世界"和"20 世纪后半期东欧国家的内政外交"等八组进行研讨。

第一组以俄罗斯文明的历史发展之路为主题,关注构成俄罗斯文明发展转折的重要节点。海南师范大学历史文化学院曹文明副教授研究了古罗斯的王子教育,指出该教育的实质是确保王室国祚健康传承的经权之道。中国社会科学院大学硕士研究生胡格平分析了罗斯和拜占庭军事冲突对罗斯国家的影响。中国社科院世界历史研究所邢媛媛副研究员分析了 1855 年《俄日下田条约》的特征、实质与影响,以此透视俄日早期关系的本质。贵州师范大学历史与政治学院邓沛勇副教授分析了俄国现代化的外源性特征及其给俄国带来的影响。苏州科技大学历史系齐嘉副教授梳理了"第三罗马"在俄国史上的源起和发展,指出了该观念对 19 世纪俄罗斯帝国思想的建构作用。北京大学历史学系博士研究生王弘毅分析了 1905 年革命后沙皇形象发生的转变,揭示了 1905 年革命与 1917 年沙皇倒台的关联。陕西师范大学历史文化学院博士研究生王宁从革命的根源和任务两个方面分析了二月革命发生背后的耦合因素。北京大学政治学系博士研究生董佳欣分析了关乎俄国(苏联)国运的斯托雷平改革和安德罗波夫改革的异同。

第二组探讨的是苏联的文化生产与对外宣传。华东师范大学历史学系硕士研究生陈思蓓考察了 20 世纪 20—30 年代柯伦泰两性观念在苏联与中国的传播。华东师范大学历史学系硕士研究生郭畅嘉分析了苏联"反世界主义"话语的生成与战后初期苏联国内外政治斗争的复杂关系。华东师范大学历史学系博士研究生杨婕茹考察了战后苏联"战利品电影"的由来、挑选和反响，指出了苏联意识形态审查机制的特征。湖南师范大学外国语学院硕士研究生颜莉莉以1958年布鲁塞尔世博会作为研究对象，展示了美苏在其中的意识形态交锋。湖州师范学院马克思主义学院讲师范帆选取了1960年和1963年的《苏联》和《美国》杂志，从杂志的主题、题材和负面评论出发进行了定量分析。华东师范大学历史学系硕士研究生陈一考察了苏联对1980年莫斯科奥运会的宣传及其对西方国家制裁的抵制。上海外国语大学上海全球治理与区域国别研究院博士研究生俞奕奇通过分析在"解冻"时期被禁放而在"公开性时期"解禁的苏联电影，展示了苏共两场历史修正主义运动的边界。

第三组聚焦俄国的社会、思想和文化之维，所涉时段集中在19世纪。莫斯科大学历史系博士研究生赵正楠考察了19世纪上半叶莫斯科教区妇女社群经济生活的一般性特点。中国社会科学院大学博士研究生刘换研究了19世纪俄国针对工厂童工的立法的始末及其实施效果。复旦大学历史学系博士后李振文采用类型学的方法，比较了近代俄国与西欧婚姻模式的差异。武汉科技大学马克思主义学院讲师王目坤阐释了19世纪60—80年代俄国报刊大众化现象的背景、特征和影响。中国社会科学院大学历史学院博士研究生白景虹研究了俄国远东地区日本移民群体的演化和移民社会的形成，进而分析了这一社会群体的形成对定居地、日本和日俄关系的影响。华东师范大学马克思主义学院博士研究生孙涛采用概念史的研究路径，考察了俄国的"革命民主主义"思想，梳理了该思想的源起、发展及其内涵的演变。江苏师范大学历史文化与旅游学院那传林教授梳理了基督教东方亚述教派三次传入俄国的情况。

第四组围绕苏联的内政与国家建设问题展开交流，相关研究的时间跨度长，话题也较为多样。山东大学政治学与公共管理学院、当代社会主义研究所博士研究生孙继鲁考察了列宁与托洛茨基在官僚主义问题上经历的"一致—分歧—再一致"的过程。武汉大学中国边界与海洋研究院牟沫英副研究员从地区经济发展不平衡的角度出发，分析了20世纪初苏俄政权重新统一东部和南部边区的进程。陕西师范大学历史文化学院赵旭黎副教授分析了1928年苏联粮食收购危机形成的原因。华东师范大学思勉人文高等研究院博士研究生唐陆考察了20世纪30—40年代苏联向哈萨克斯坦移民的起源、过程和影响。中山大学历史学系肖瑜副教授分析了斯大林对犹太人的政策。浙江外国语学院环地中海研究院斯拉夫研究中心讲师巴约拉考察了摩尔多瓦"加告兹自治运动"的兴起、发展及其面临的挑战。西安外国语大学国际关系学院讲师刘将禹考察了苏共在"八一九事件"中的活动和表现。

第五组讨论的主题是历史书写与俄罗斯文明,重点关注知识生产这一核心议题。南京大学历史学院吴贺副教授梳理了"基辅罗斯"概念的演变。陕西师范大学历史文化学院周厚琴副教授以俄罗斯中世纪研究的术语流变为线索,梳理和分析了俄罗斯中世纪研究的史学建构进程与研究现状。福建师范大学社会历史学院硕士研究生王子轩以俄国地方自治改革问题为例,梳理了美国俄国研究的发展历程和背后的动因,以及对其他国家俄国研究的影响。北京大学外国语学院助理教授施越追溯了19世纪哈萨克斯坦民族英雄肯尼萨尔的形象在历史中的生成过程,以及它对当今哈萨克斯坦的特定的政治文化意义。西安交通大学新闻与新媒体学院讲师刘彦考察了"天下"概念在俄罗斯历史上的跨文化传播和接受过程。湘潭大学碧泉书院、哲学与历史文化学院李珍珍副教授考察了1922—1936年民国中学外国史教科书中的苏俄-苏联形象的演变过程。中国社科院俄罗斯东欧中亚研究所助理研究员周国长介绍了俄藏中共个人卷宗的史料生成、分布和类别情况。吉林大学东北亚研究院博士研究生史旭超对波兰裔美籍俄国史学者理查德·派普斯的学术观点和政治立场进行了分析,指出了其中带有的冷战思维和意识形态偏见。

第六组集中关注战后苏联的对外关系问题,涉及政治、经济、科学技术和史学史研究等多个领域。中国科学院自然科学史研究所助理研究员李云逸比较了德国V-2导弹的火箭技术在苏联和法国的本土化情况的差异,并指出这种差异缘自两国国家体制和彼时国内外环境的不同。吉林大学东北亚研究院硕士研究生赵子恒考察了1947—1989年"蒙古纵贯铁路"的运营状况。北京大学历史学系博士研究生周天羽研究了朝鲜战争爆发后苏联空军入朝作战的问题。华东师范大学社会主义历史与文献研究院青年研究员艾苏梳理了苏联（俄罗斯）对中苏（俄）边界的认知演变，指出"边界"这一术语在苏联（以及俄罗斯）所具有的社会和政治意义。黑龙江大学历史学院潘晓伟教授研究了1953—1960年苏联对朝鲜的经济援助问题。武昌工学院马克思主义学院讲师江冬分析了中苏关系破裂后苏联在联合国中国代表权问题上的立场。陕西师范大学历史文化学院忻怿副教授梳理了美苏高层联系热线的发展历程。华东师范大学历史学系崔海智副教授考察了21世纪以来俄罗斯冷战史研究的进展。

第七组涉及的是20世纪上半叶的俄罗斯与世界的关系问题，研究视角较为多样。莫斯科大学历史系博士研究生李东芯以沙皇尼古拉二世和慈禧的礼物互赠作为研究对象，从礼仪变化、话语表达和礼物选取三个方面勾勒了彼时俄中两国外交活动的一个个侧面。新疆师范大学历史学系讲师曹盟考察了1919—1921年苏俄的阿富汗政策。南京大学历史学院陈海懿副教授以"蒲立德访苏使团"为切入点，考察了使团的产生背景、访问过程和最终结果，以此透视一战后协约国与苏俄的复杂关系。上海大学马克思主义学院讲师杨阳采用国际视角分析了国际共产主义运动在亚洲的兴起，认为共产国际发展方向的转变对于国际共运在亚洲的兴起起了重要的推动作用。黑龙江省社会科学院历史研究所杨昕沫副研究员以哈尔滨的"俄国法西斯党"为研究对象，梳理了该组织在1931年后与日本关东军情报部门的合作情况，并指出了"俄国法西斯党"的若干特征。

第八组围绕20世纪后半期东欧国家的内政外交展开讨论，研究对象涉及多个东欧国家。首都师范大学历史学院博士研究生武垚分析了南斯拉夫王国长期未与苏联发展外交关系的原因。陕西师范大学历史文化学院博士研究生郝佳迪考察了1944年美国对保加利亚进行和平试探的过程、结果及其影响。华东师范大学历史学系硕士研究生杨猛分析了波兰政府在争取波中航线特殊地位过程中的具体考量。华东师范大学历史学系博士研究生张菊萍考察了1947—1948年苏东阵营长期经贸合作协定网络的形成，认为其更大程度上是为了"经济自救"而非与西方对抗。华东师范大学思勉人文高等研究院博士研究生马力考察了保共"建成社会主义"目标的源起、发展与影响。清华大学马克思主义学院博士研究生王叶伟以恩维尔·霍查的日记为核心史料,分析了阿尔巴尼亚在中苏论战中选择站在中方立场背后多种因素的合力作用。华东师范大学政治学系邰浴日副教授聚焦于1989年匈牙利圆桌谈判中的第二工作委员会,梳理和评估了该委员会在谈判中的博弈过程和最终结果。

分组研讨环节结束后,论坛围绕"俄国史研究的选题与发表"主题举行了圆桌座谈。华东师范大学历史学系终身教授沈志华、华东师范大学历史学系余伟民教授,复旦大学国际问题研究院副院长、俄罗斯中亚研究中心主任冯玉军教授,以及《探索与争鸣》杂志编辑部主任杜运泉、《冷战国际史研究》辑刊副主编郭又新、《俄罗斯研究》杂志编辑宋羽竹、广东人民出版社编辑钱丰、上海辞书出版社编辑陆琦杨等参加座谈,和与会青年学者作了交流。

本次论坛的闭幕式环节由华东师范大学社会主义历史与文献研究院周娜副院长主持,南京大学吴贺副教授和陕西师范大学赵旭黎副教授分别对各组研讨进行了总结。

华东师范大学历史学系余伟民教授作了闭幕发言。余教授首先对会议的成功举办表示祝贺,指出与会青年学者的论文和学术讨论坚持了学术本位原则,展现了新时代俄国史青年研究队伍良好的问题意识、更开阔的观察视角以及更新颖的研究方法。余教授强调,俄国史、苏联史研究之所以重要,归根结底在于它关系到中国的发展道路问题。他指出,经过改革开放以来40余年的发展壮大,中国的俄国史研究业已形成一股很可观的研究力量,也充分回应了国家的发展需求与时代命题,而本次论坛的成功举办也标志着中国的俄国史、苏联史研究进入了全新的阶段。他认为中国的俄国史研究前景可期,并希望将俄国史青年学者论坛继续办下去,呼吁各兄弟院校与科研院所群策群力,打造与维护好这个学术交流平台。老一代学者的传承和青年学者的砥砺奋进,势将推动中国的俄国史、苏联史学科建设达到新的高度。

书 评

在喧嚣与凝聚之中：评杰森·C. 帕克《人心、头脑和声音：美国冷战期间的公共外交和第三世界的形成》

宋梓嘉*

自约翰·加迪斯在20世纪末提出"新冷战史"（New Cold War History）[1]以来，学者们开始将冷战置于国际和全球转型的长期视角，其研究领域也从外交、安全和意识形态等传统主题扩展到了跨国家和国内、文化和社会、人权和媒体、公共外交和第三世界等全新组合之中。其中，美国德州农工大学助理教授杰森·C. 帕克的《人心、头脑和声音：美国冷战期间的公共外交和第三世界的形成》[2]集合了近年来"新冷战史"关切下关于"心灵

---

* 宋梓嘉，南开大学历史学院2022级硕士研究生。

[1] John Lewis Gaddis, *We Now Know*: *Rethinking Cold War History* (New York: Oxford University Press, 1997), p. 282.

[2] Jason C. Parker, *Hearts*, *Minds*, *Voices*: *U. S. Cold War Public Diplomacy and the Formation of the Third World* (New York: Oxford University Press, 2016).

战争"的公共外交研究①与"去中心化"的第三世界研究②的双重视角，展现了冷战时期美国政府与"后殖民国家"在非正式外交领域中复杂的因应与互动关系。本书于2016年由牛津大学出版社出版，是杰森·C.帕克继《兄弟的守护者：英属加勒比海的美国、种族和帝国（1937—1962）》③后的第二本专著，其延续了作者对于美国公共外交在战略、安全、非殖民化和种族的复杂矩阵中与当地人民的互动过程的研究兴趣。

作者采用了案例研究的形式，以美国1947—1962年的公共外交作为时间线，不仅对其间美国公共外交的变革过程进行考察，也探讨了美国是如何在"无意识"中"帮助"构建了第三世界的"跨国想象共同体"，使其最终超越了冷战的二元局限性，成为国际舞台上第三支强大的力量。作者在书中希望探讨并回应以下三个问题：第一，华盛顿是如何在变化、危机和机遇中提出其冷战理由以赢得非欧洲世界的支持的？第二，这种情况的演变对公共外交在冷战和第三世界的形成中的作用有何启示？如果有的话，从非殖民化和超级大国冲突的相互作用中，对当今美国的公共外交战略有

---

① 近年来，随着整体的、超越冷战的"总体战"的概念和认识的出现，美国冷战宣传史研究被扩展整合为一个包容性强、清晰、简练的学术称谓——公共外交史。出于共同的目标和工作伦理，政治宣传、文化外交与教育交流、新闻广播这三者都在公共外交史这一研究领域中合流。参见翟韬：《文化转向与美国冷战宣传史研究的兴起与嬗变》，《世界历史》2018年第3期。在"软实力"理论和"9·11"事件的推动之下，全世界公共外交研究领域涌现出大量的相关著作。除概览性和理论性研究外，从史学角度研究美国公共外交的著作主要集中在一战、二战和冷战时期，而大部分学者的目光都集中在美国公共信息委员会、美国战争信息署和美国新闻署身上。参见王睿恒：《塑造中国人的思想：太平洋战争时期美国对华宣传研究》，博士学位论文，北京大学，2014。

② 加强冷战时期超级大国对第三世界的干涉的研究是美国哈佛大学教授文安立（Odd Arne Westad）倡导的冷战史新研究"去中心化"的一个重要方面，它也成为过去20年冷战史研究的一个热点。文安立在《全球冷战：美苏对第三世界的干涉与当代世界的形成》[*The Global Cold War*: *Third World Interventions and the Making of Our Times* (Cambridge: Cambridge University Press, 2005)]中指出，冷战最重要的方面既不是军事和战略问题，也不是以欧洲为中心的问题，而是与第三世界的政治和社会发展相关联的问题。参见夏亚峰：《21世纪英文学术界冷战史研究述评》，《社会科学文摘》2022年第7期。

③ Jason C. Parker, *Brother's Keeper*: *The United States*, *Race*, *and Empire in the British Caribbean*, *1937-1962* (New York: Oxford University Press, 2008).

什么更大的启示?[①] 通过每一章的案例分析，作者梳理了美国公共外交是如何从欧洲地区走向后殖民地区、从混乱走向有序、从行动上即兴发挥到拥有成熟的应对模式的发展过程。第三，作者探讨了这些"无意识的"公共外交行为是如何催生了作为共同体的第三世界的觉醒，并最终"帮助"第三世界共同体超越了冷战语境的局限。

具体来说，本书分为六章。第一章、第二章旨在探讨杜鲁门时期美国公共外交的政策转向，即公共外交是如何从边缘地位走向主流。其中，作者特别强调了朝鲜战争在美国政策转向中所起到的巨大作用。第三章、第四章旨在展现艾森豪威尔政府是如何通过美国新闻署的创立在第三世界展开公共外交的，并特别强调了此时种族、身份、发展、去殖民化的国际风潮与美国国内种族困境是如何影响美国的公共外交战略的。第五章、第六章聚焦于肯尼迪政府时期，探讨了此时美国的公共外交在"全球南方"（Global South）爆发的公共外交热潮中扮演的角色，以及第三世界最终是如何在美苏间的"心灵头脑战争"中自我成长、走向成熟的。

在第一章中，通过解读杜鲁门政府所创造的新话语和对冷战早期美国文化外交案例的分析，作者展现了朝鲜战争之前杜鲁门政府的外交指导思想及其在第三世界具体展开的公共外交行动。尽管杜鲁门政府时期美国已经正式将"冷战""去殖民化的非欧洲世界"概念化，但对于非欧洲世界并未做出实质性的特别动作。然而，不断升级的在第三世界的争夺使得美国不得不重新考虑加入"公关战争"。自国会1948年1月正式通过《美国信息与教育交流法案》（U.S. Information and Educational Exchange Act of 1948，又称《史密斯-蒙特法案》）以后，美国正式开始参与这场全球公关战争。由此，在"共产主义能诱惑贫穷的欧洲国家，便同样能吸引其他地区的贫穷国家"这一逻辑下，[②] 杜鲁门政府推出了美国历史上最大的外国援助项目"第四点计划"（Point Four Program）。通过介绍该项目的底层逻辑、具体内

[①] Jason C. Parker, *Hearts, Minds, Voices: U.S. Cold War Public Diplomacy and the Formation of the Third World*, p.6.

[②] Ibid., p.29.

容、落地情况和局限性,杰森·C.帕克全方位展现了该时段美国的公共外交活动。尽管美国仍在战略上将"亚非拉"这一模糊概念所代表的地区视为欧洲世界的从属,但新的公共外交尝试无疑是本时段留下的重要遗产。一直到朝鲜战争爆发,美国对于"冷战边缘地区"的重视才被提上日程。

作者在第二章中将目光聚焦于朝鲜战争时期的美国公共外交。作者通过论述朝鲜战争时期的公共外交尝试及其新机构的成立,展现了朝鲜战争作为"心灵与头脑的前线"是如何成为美国公共政策的重要转折点。在第一节"马歇尔计划中的理念"中,作者通过考察杜鲁门政府"真相运动"(Campaign of Truth)的发起背景,指出此时杜鲁门政府对非白人世界并不予以重视,仍是带着冷战的二元思维来看待后殖民国家。然而,朝鲜战争的爆发对华盛顿产生了巨大的冲击,迫使其开始将心理战作为一个全球性的议题。在第二节"僵局与稳定:华盛顿、半岛和地区"中,作者叙述了美国政府对公共外交领域的挑战的反应——心理战略委员会(Psychological Strategy Board)的成立,并探讨了它的职责、运行逻辑和面临的问题。通过对话语、细菌武器、战俘这三个案例的分析,作者展现了心理战博弈的不断扩大与升级。作为心理战的"试验",作者指出,杜鲁门政府在公共外交上表现出的缺乏连贯性和对宣传效果有效性的难以评估,成为其失败的重要原因。

虽然第三世界在杜鲁门时期美国的公共外交中仍处于边缘地位,但随着心理战的"虔诚信徒"艾森豪威尔的上台,局面发生了完全的改变。作者在第三章中对美国新闻署(United States Information Agency,USIA)的成立、美国新闻署在1954年危地马拉事件和1955年万隆会议期间的行动进行了叙述,展现了艾森豪威尔政府初期美国的公共外交策略及其影响。在第一节中,作者介绍了艾森豪威尔建立美国新闻署的背景:在"全球南方"公共外交事件频发之际,不仅是传统大国在进行公共外交回应,来自第三世界的埃及与印度也在努力发出声音。作者紧接着对新成立的美国新闻署的改革原因、方式和局限性进行了探讨,指出由于此时官员们厚重的冷战滤镜使其失去了对于其他因素的敏感性,导致了相应的短视的政策选择,迫使美国不得不重新审视战后的全球格局。在第二节危地马拉政变的例子中，作者详细论述了美国在危地马拉的具体宣传策略及其对美国后续公共外交工作所产生的影响。在本次失败过后，中央情报局对于冷战框架的局限性与普罗大众的重要性进行了重新评估，强调了美国的宣传与行动之间的鸿沟。在第三节中，作者讨论了美国干扰万隆会议的行动的由来、具体内容、目标和"重要的象征意义"。作为艾森豪威尔政府对非欧洲地区的行动的一个典例，它展现了美国通过秘密或心理行动来暗示提供经济援助的"代理人策略"。同时，会议本身也对美国的公共外交策略产生了巨大影响：它揭示了此时殖民主义、种族、意识形态和国家发展模式等概念的交互，要求华盛顿重新审视"自由世界"的概念，迫使其着手建立一个包容不同地区的全新概念。

作为艾森豪威尔的连任选举年与冷战的一个重要转折点，1956年开启了美国在第三世界实施大规模公共外交的新阶段。在第四章中，作者通过美国对苏伊士运河危机的应对与加纳种族问题两个案例，分析了日趋成熟的美国新闻署该阶段在地域、种族、国家、发展、去殖民化等方面的公共外交行动。在第一节中，作者展现了苏伊士运河危机对于美国公共外交，尤其是话语选择方面的影响。对于此时的第三世界而言，科技革命的兴起推动其组建了自己的宣传部门，结束了宣传领域的话语垄断。在第二节中，作者以加纳独立的过程为例，着重突出了在殖民问题和种族问题的共同影响下，美国政府对于新兴国家的微妙态度。此时，美国国内日益严重的种族问题对美国新闻署在非白人地区的行动带来了巨大的挑战。同时，在这一过程中，华盛顿也意识到了两极格局话语的局限性。[①] 自此，美国不再简单地以敌我二元论将世界进行区分，而是开始关注种族、身份、公民、主权等问题，其中新兴的后殖民国家成了重要的"变数"。

作为最先使用"第三世界"一词的美国总统，肯尼迪延续了艾森豪威尔政府对于非欧洲地区的重视，并将拉美地区提上了发展公共外交的优先名单。在第五章"进步联盟和第三世界的发展"中，作者通过解读肯尼迪

---

① Jason C. Parker, *Hearts, Minds, Voices: U.S. Cold War Public Diplomacy and the Formation of the Third World*, p. 112.

政府最具代表性的公共外交举措——"争取进步联盟"(Alliance for Progress)计划,考察了肯尼迪政府在冷战争夺新阶段中对于拉丁美洲挑战的回应。通过展现南北合作的经典案例,作者概括出肯尼迪政府公共外交的三大重要特征:美国宣传机制的扩大和改造及其与决策的结合;对拉丁美洲和"全球南方"的关注和重视;"现代化"专业知识的提升。[1] 在第一节中,作者着墨于"争取进步联盟"计划的提出背景,并指出了古巴革命对美国政府产生的冲击。在第二节中,作者提到了"争取进步联盟"计划发展面临的困境及其解决方式,以及美国宣传官员的认知和实际行动落实的错位。作者重点考察了美国新闻署在其中所发挥的作用以及效果评估和存在的问题,并提出了公共外交宣传必然面临的重大难题:该计划的成功需要来自人们的支持,而人们的支持则来源于计划的成功本身。在讨论"争取进步联盟"计划发展的同时,作者也强调,此时与其说是阵营选择问题,不如说是发达世界与第三世界的经济问题,而经济问题最终超越了冷战格局,发展出了新生的、超越"东西问题"的中立主义。

如果说作者在前五章中展现了冷战中公共外交是如何催化了"第三世界"的"诞生",那么在最后一章中作者则着重强调了"第三世界"逐渐形成后对于美国公共外交行动所产生的影响。通过考察1961年不结盟国家贝尔格莱德会议、刚果危机以及撒哈拉以南非洲和美国南部的黑人自由运动,作者展现了20世纪60年代肯尼迪政府的公共外交与第三世界之间的互相作用如何在冷战大背景之下成为一种"多边战争"。在第一节中,作者详细分析了贝尔格莱德会议召开的背景与美国新闻署的相应措施。其间,美国产生了新的困惑:"第三股势力"似乎对于冷战本身毫无兴趣,那么美国接下来是否还需要对这片区域"放手"呢?在第二节中,作者详细论述了非洲不结盟运动对冷战产生的影响。尽管处于冷战背景下,但"全球南方"更关注的是自身所面对的种族与反殖民问题。因此,肯尼迪政府不得不改变公共外交的目标及策略,采用国内外双管齐下的方式。在第三节中,作者

---

[1] Jason C. Parker, *Hearts, Minds, Voices: U.S. Cold War Public Diplomacy and the Formation of the Third World*, p. 117.

讲述了面对第三世界对美国国内种族问题的指责，美国新闻署对其宣传策略的调整。作者指出，美国进行公共外交的最大障碍是其政策本身：过分夸大的公共外交"竞赛"造成了更多的误解。在本章中，作者着墨于第三世界国家的团结及其逐渐增强的影响力，而后者最终打破了"全球北方"的发言权垄断，孕育出了不断演变的新概念——"第三世界"。用作者的话说，这样的一个新词汇可以包括一个被广泛接受的"不结盟集团"，甚至也包括了现代化发展和非白人的团结——而这些所构成的新社群，直到现在依旧方兴未艾。[①]

通过每一章的案例分析，作者清晰地回答了自己在开篇中所提出的问题，展现了美国在不同时期是如何采用不同的公共外交手段以赢得"人心战争"。作者考察了从杜鲁门时期美国进入第三世界的公共外交尝试到艾森豪威尔时期美国新闻署的设立，再到肯尼迪时期运用现代化理论创立的"争取进步联盟"，辅之以华盛顿在应对不同国际危机时所采取的不同方法，在广度上拓宽了美国公共外交行动的研究范畴。在运用多国档案和媒介分析对这些公共外交行动进行效应评估和判断的同时，作者也会对其具体运作流程、权力关系进行细致的考察，并指出了"战略传播"（Strategic Communication）中出现的问题：官员心理预期与现实条件的错位、复杂的责任运行制度、过于单一的冷战滤镜。这些特殊的案例经由作者分析，实质上成为公共外交实施过程中的共性问题，最终为当今世界的国际战略传播提供了参考。

与既往的研究相比，笔者认为本书的创新之处可以从研究方法、材料运用与学科交叉性方面来谈。就研究方法而言，作者通过长时段下的多重案例研究，以时间线为轴，丰富了冷战时期美国新闻署相关活动的研究。在材料运用方面，作者通过引入多边材料，以后殖民视角拓宽了冷战时期美国公共外交的研究维度。从学科交叉性来看，本书的最大贡献在于其成功结合了"去美苏中心化"的第三世界研究与超级大国干涉之间的互动关

---

① Jason C. Parker, *Hearts, Minds, Voices: U.S. Cold War Public Diplomacy and the Formation of the Third World*, p. 167.

系，填补了跨学科研究"交叉地带"的学术真空。

与前作《兄弟的守护者：英属加勒比海的美国、种族和帝国（1937—1962）》相比，作者在本书的撰写中没有选择不同视角下对单一事件进行多维度解读的方式，而是采用了以时间为主线的案例研究模式。作者在前言中坦陈，案例研究牺牲了深度，以换取研究视野的广度；即使他已尽力在每个案例中更深入地考察美国公共外交的运作机制，但由于篇幅所限，无法对完整的运作流程进行分析。因此，本书在突出各个案例的特殊性的同时，不得不忽视了对于普遍运作机制的总结。不过，正如作者所言，这些连贯的案例都经过了精心的选取，最终揭示了公共外交作为"被忽略的历史"是如何贯穿冷战时期美国的全球战略的。[①] 本书的研究着重于考察美国新闻署对于突发事件的回应模式以及该行为对于"第三世界国家共同体"形成的催化作用。由此而言，案例研究详略得当的形式反而使得全书主线更为明朗。

从材料选取的角度而言，作者把握了超级大国的公共外交行动与第三世界兴起之间的特殊关联性，并依靠国际史的视角引入多国材料，最终呈现出独特的研究视角。尽管过去有关美国公共外交的研究不胜枚举，但仍存在三方面的主要问题：第一，高度依赖美国政府单方面的材料，缺乏对多国档案的利用和考证；第二，研究的对象主要集中在美国对欧洲国家的宣传上，普遍忽视美国针对亚洲、中东、非洲等地区的宣传活动；第三，宣传研究主要关注的是实行宣传行动的主体，而常常忽略受众的反应。在本书中，作者通过结合多方材料，开辟了一个全新的后殖民视角。通过强调后殖民国家对于美国公共外交的反应行为，作者阐述了美国公共外交是如何激发后殖民国家通过发起它们自己的公共外交活动，来回应这场世界范围内的媒体战争的。由此，作者也展现了后殖民国家如何看待战后世界、如何拒绝超级大国的冷战，并最终围绕不结盟、后帝国主义经济发展和反殖民种族团结打造了"第三世界共同体"。

[①] Jason C. Parker, *Hearts, Minds, Voices: U.S. Cold War Public Diplomacy and the Formation of the Third World*, p. 13.

笔者认为，本书最具创新性的部分还在于其基于学科交叉性的选题意识。超级大国干涉与第三世界革命这两方面的文献尽管卷帙浩繁，但学科界限导致二者存在交流隔膜：国际关系学者与历史学家关注大国干涉的各个方面，社会学家与社会人类学家则关注第三世界革命及其影响。① 这种学术关系上的错位导致将二者相结合的著作极少出现，当然也缺少超级大国在第三世界进行干涉的过程中，对于其公共外交具体措施的行为与因应分析。在《冷战史学史的十字路口》一文中，欧洲大学学院教授费德里科·罗梅罗着重指出了冷战背景下超级大国与后殖民国家交流互动过程的意义："冷战时期控制和引导'全球南方'变革的冲动'提供了一个参考框架，其中帝国主义和民族主义之间的新关系试图适应非殖民化和全球权利革命等发展；反过来，这种适应又产生了发展主义、多元文化主义、军国主义以及新的意识形态和身份形成模式'。"② 本书通过基于历史学、社会学、国际关系学等多重学科交叉下的研究视角，以公共外交研究为取径展开，可谓切中肯綮：不仅弥补了美国在第三世界公共外交的研究空白，还运用多国档案，从后殖民视角重新解读了二者之间的互动关系。正如加拿大圣玛丽大学教授约翰·穆罗所言："有关公共外交的书籍很少注意到'全球南方'的发展，研究'全球南方'的著作也很少涉足公共外交领域，因此本书的出现显得十分必要。"③

通过考察自杜鲁门至肯尼迪时期美国公共外交的案例，作者展现了"全球南方"是如何在冷战的背景中，由于相同的困境与希冀而结成一体，最终成为"第三支重要力量"的过程。作者将美国公共外交的实施过程视为美国与当地人民的交流过程，强调第三世界与超级大国干涉过程之间的互动关系。

---

① ［挪］文安立：《全球冷战：美苏对第三世界的干涉与当代世界的形成》，牛可等译，世界图书出版公司，2013。
② Federico Romero, "Cold War Historiography at the Crossroads," *Cold War History*, Vol. 14, No. 4 (2014), p. 686, DOI: 10.1080/14682745.2014.950249.
③ John Munro, "Hearts, Minds, Voices: U.S. Cold War Public Diplomacy and the Formation of the Third World," *History: Reviews of New Books*, Vol. 46, No. 5 (2018), pp. 139-140.

不过，本书也同样存在不足与局限性，笔者将其主要分为研究视角、研究对象和档案运用三方面。

整体而言，本书展现了第三世界国家与美国公共外交的互动性。与其说作者是在研究美国如何争夺"人心、头脑和声音"，毋宁说其是在探索美国的公共外交行动是如何"无意识地"推动第三世界国家超越冷战、拥有独立的"人心、头脑和声音"。作者认为，在美国喧嚣的第三世界公共外交尝试中，第三世界的人民最终凝聚起来，重新定义了"第三世界"这一概念。然而，这个结论笔者很难同意。可以说，这是作者的一种"诠释"，甚至是美国学者一厢情愿的一种想象。美国所谓的"第三世界""全球南方"都是以自我为中心的。冷战时期，美国从自身价值观和利益出发，常常打着反共、人权、民主、人道主义等旗号，通过所谓的"公共外交"干涉第三世界国家的内政，甚至进行颠覆活动，对这些国家的政治、经济、外交和社会造成了破坏。作者所谓美国通过公共外交"无意识地""帮助"第三世界凝聚成"共同体"，是在站在美方立场上，以冷战"胜利者"的视角"由果溯因"，进行历史修正和洗白。

在具体的案例研究中，尽管杰森·C. 帕克认可《冷战和美国新闻署：美国的宣传和公共外交（1945—1989）》[①] 一书的作者尼古拉斯·J. 卡尔"仅仅将美国的公共外交行动视为危机驱动型是不符合美国新闻署档案记录的（事实）"的观点，[②] 但在本书的写作中，帕克仍趋向于使用"冲突—回应"模式，将美国公共外交战略的变化主要归因于外部的冲击，忽略了此时美国政府机构内部并非铁板一块。因此，笔者认为，尽管本书将美国视作一个整体进行讨论，有助于将重心放在其国外活动的研究上，但省略美国公共外交从提出议案到最终实施的复杂过程，还是导致不可避免地忽视了公共外交本身的复杂性和该政策与国内其他部门之间的多重互动。须知，宣传部门自身的制度变革与内部运作已经充满复杂性，这种从制度化

[①] Nicholas J. Cull, *The Cold War and the United States Information Agency: American Propaganda and Public Diplomacy, 1945-1989* (Cambridge: Cambridge University Press, 2008).

[②] Jason C. Parker, *Hearts, Minds, Voices: U.S. Cold War Public Diplomacy and the Formation of the Third World*, p.14.

走向常态化、从隶属外交部门到趋向专门化、从多个部门各自为政到"顶层设计"集权化的复杂转变，① 都在本书中被作者一笔带过了。

在评估宣传效果的材料选择上，作者仍然大量依赖美国政府单方面对于宣传效果的评估报告，导致对于效果的分析呈现单向性的局限。笔者认为，多边档案调取与选择的困难和公共外交效果评估本身的复杂性，② 是进行对外宣传研究的一大难点。再加上材料的失衡、语言的限制和西方教育传统上缺乏关于第三世界的内容等原因，③ 这种难以克服的单向性一直是西方学者研究中存在的一种弊病。尽管可以看出作者在努力避免落入窠臼，但其在本书的写作中也并未完全克服这种弊病。作者一边倒地基于美方档案研究美国与第三世界的互动，对美方行动的计划、执行和效果的评估难免有对美国官方"一家之言"的重复解读之嫌，这种历史书写也很可能变成自说自话、自吹自擂，为官方正名。这同样是很多中国国际关系学者在研究中容易陷入西方视角，未能突破西方话语体系，导致立场错误和立论偏颇的原因之一，也体现出多国多边档案互证的研究方法的重要性。

总的来说，作者在本书中指明了冷战公共外交研究的全新方向——公共外交与第三世界革命研究的双向交流性，并呼吁战后历史编纂的国际化与历史研究的跨国化。相信随着更多国家档案的开放与跨学科的交叉研究，新的材料与观点将最终拓宽原有的研究边界，重塑以大国研究为主导的叙事模式，开创全新的史学研究。

---

① 翟韬：《文化转向与美国冷战宣传史研究的兴起与嬗变》，《世界历史》2018年第3期，第128页。
② 翟强：《国际学术界对冷战时期美国宣传战的研究》，《历史研究》2014年第3期，第168页。
③ 同上，第168页。

评《好莱坞的冷战》*

张静怡**

英国赫特福德大学历史学教授托尼·肖（Tony Shaw）的著作《好莱坞的冷战》[①]于2007年出版，是美国"文化冷战"研究，特别是"电影冷战"研究的一项重要成果。该书以好莱坞参与美国"文化冷战"为研究主题，系统地考察了好莱坞在这场"争夺思想和情感"的战争期间的独特贡献。该书第一次尝试描绘好莱坞在整个冷战过程中对冷战的应对方式，将美国电影业对冲突的态度和表现方式的变化置于历史背景中，并探寻冷战期间电影业与其他政府机构之间的潜在联系。以下笔者将从几个方面展开，讨论该书的特点与贡献。

本书的脉络清晰，主要追溯了冷战时期好莱坞参与"文化冷战"的表现。作者对该书涉及的冷战这一历史背景有清晰的刻画，并分割出冷战的不同阶段以及好莱坞的相关表现，使读者可以清晰地看到各种对冷战进程影响颇深的历史事件与好莱坞的相互影响。本书包括九个章节，各有其突出的主题，并大致沿着冷战进程的脉络串联下来。

该书的明暗线处理得当。作者的笔墨集中在分析冷战时期的好莱坞如何利用电影为冷战宣传作贡献。在分析不同时期、不同类型、不同主题的电影及其幕后的故事之外，作者还回顾了冷战背景下好莱坞自身的发展过

---

* 本文是国家社科基金重大项目"知识外交与战后美国学术话语体系的全球建构研究"（20&ZD243）的阶段性成果。

** 张静怡，首都师范大学世界史专业2022级硕士研究生。

① Tony Shaw, *Hollywood's Cold War* (Edinburgh: Edinburgh University Press, 2007).

程，剖析了美国的电影"网络"，揭露了好莱坞与政府机构之间的复杂关系以及麦卡锡主义对好莱坞的打击等内容。该书明暗线交织，构成了一部生动的"文化冷战"和电影史专著。

以往关于好莱坞的研究著作大多单独聚焦于好莱坞电影所传播的美国价值观，美国政府机构如何干涉、审查与支持好莱坞产业，好莱坞制片厂、导演、制片人等核心要素如何支持美国的内政外交政策等主题，但缺少一本涵盖众多要素，探索好莱坞电影的台前幕后，勾勒冷战时期好莱坞的整体图景的著作。本书起到了穿针引线的作用，利用几十部影片将诸多内容串联起来。一方面，本书是一部电影史著作，它全面描述了冷战期间好莱坞银幕上一些具有代表性和历史性的经典影片中的突出情节、场景和演员及其幕后故事。另一方面，本书将电影研究与美国的外交、社会和政治史融为一体，并将美国电影业的发展放置于广阔的国际视野中。此外，作者进一步探索了美国大众媒体，触及了美国的宣传机制。

在第一章中，作者大体回顾了好莱坞的崛起过程，好莱坞电影工业在第一次世界大战和第二次世界大战期间的发展过程，好莱坞的审查制度等历史背景，为接下来关于好莱坞参与冷战的论述铺陈了基础。通过聚焦《飞跃苏联》（*White Nights*）、《妮诺契卡》（*Ninotchka*）、《玻璃丝袜》（*Silk Stockings*）这三部影片，作者主要论述了冷战时期好莱坞电影的一种表现方式，即用二元对立的关系来比较美国与苏联和资本主义与共产主义，不断强调、凸显美苏之间的意识形态分歧和东西方差异，以此来赞扬资本主义以及美国的生活方式、价值观和民主制度。

在第二章中，作者通过分析《灯塔疑云》（*Walk East on Beacon*）、《我的儿子约翰》（*My Son John*）等反共影片，论述了 20 世纪 40 年代中期至 50 年代中期好莱坞在"红色恐慌"下的转变。随着冷战的开始，美国政府的宣传机构施加压力，引导和强化媒体的反苏信息，敲响了反共的钟声。好莱坞在此背景下产出的电影多为坚持强硬反苏路线，渲染恐怖气氛，制造"红色恐慌"，声称共产主义对美国国家安全造成威胁，并妖魔化共产主义。共产主义者在影片中多为虚伪、狡猾、具有危险性的负面形象。情节剧、喜剧、科幻剧、间谍剧等各种电影流派都具有浓厚的反共色彩。同时，这一时期的好莱坞在麦卡锡主义掀起的反共"十字军运动"下,经天主教道德联盟(Catholic Legion of Decency,CLOD)、美国电影联盟(Motion Picture Association of America,MPAA)、众议院非美活动调查委员会(House Un-American Activities Committee,HUAC)和美国联邦调查局(Federal Bureau of Investigation,FBI)等多方审查,内部元气大伤,电影产出受到的限制明显增多。但是,作者也揭示了大多数有关好莱坞参与冷战的著作没有揭示出的一点:其中不仅有政府控制、干涉好莱坞的一面,也有好莱坞主动寻求与政府合作,拍摄反共影片,即双方互动的一面。书中展示了电影制作人和政府机构之间在银幕内外不断发展、日益紧密的复杂关系。

在第三章中,作者通过分析由乔治·奥威尔的两部著作《动物农场》(Animal Farm)和《1984》(Nineteen Eighty-Four)改编而成的反苏影片,揭示了这一时期好莱坞反共电影的"含蓄化"。意识到公然的、拙劣的反共材料可能反而会阻碍反共事业,于是好莱坞转而产出"要让宣传看着不像宣传"的影片,这也反映了"隐蔽的宣传"(unattributed propaganda)在艾森豪威尔时代受到高度重视。作者还揭示了这一时期逐渐发展出的由好莱坞说服或协助外国电影业进行反共宣传的一种模式。

在第四章中,作者通过聚焦于宗教电影《十诫》(The Ten Commandments),阐释了20世纪50年代东西方冷战电影话语中不可或缺的组成部分——宗教。宗教愈加与美国的"民主""自由"和"西方文明"等概念联系在一起,并站在共产主义的对立面。因此,宗教是冷战中西方阵营对抗共产主义的无神论的重要武器,冷战也被许多人认为是基督教与无神论之间的冲突。尤其是好莱坞的电影制作人,他们将宗教、历史和冷战问题融合在一起,将冷战投射为宗教中善与恶的斗争,以此为政府的宣传战略提供支持。《十诫》等电影以宗教作为突破口,讲述宗教故事,对抗无神论的共产主义。同时,这也反映了好莱坞影片逐渐开始避免公开的说教,而采用寓言技巧来引导民众的特点。

在第五章中,作者通过分析《地球停转之日》(The Day the Earth Stood Still)、《风暴眼》(Storm Center)、《海滨》(On the Beach)这三部影片,揭露了在电影业与冷战相关的审查和自我审查的总体文化之下,少数电影制作人敢于挑战主流观点的现象。这一时期,由于多种因素,好莱坞制片人拥有更多的自由和空间,出现了一批更具社会批判性和艺术创新性的电影制作人。许多电影制作人开始更加公开地批评冷战正统观念,对冷战持怀疑态度,甚至质疑美国的一些基本原则。其中,上述三部影片突出了人们在核威胁下的恐惧心理,质疑核武器的道德性,并对麦卡锡主义进行批评。这些大胆的主题均令政府感到不适。同时,这也展示出了美国的电影"网络"并非铁板一块,以及好莱坞一定程度的自主性。

在第六章中,作者通过分析影片《来自小石城的九个人》(*Nine from Little Rock*),聚焦于美国的种族问题和民权运动,向读者展示了美国内政问题是如何影响了美国的外交政策和对外宣传,从而进一步影响了好莱坞的运作和产出,也展示了好莱坞又是如何处理种族问题这一棘手主题的。面对种族问题给美国国际形象带来的负面影响,好莱坞并不隐瞒种族问题,而是将美国的种族问题置于一个"进步"的视角中,将消极转变为积极。

在第七章中,作者通过分析影片《碧血溅长空》(*The Wings of Eagles*)与《绿色贝雷帽》(*The Green Berets*),探寻了冷战期间好莱坞和美国军工联合体之间的微妙关系以及银幕明星在争取大众舆论的过程中所扮演的角色。其中,公开宣扬越南战争的影片《绿色贝雷帽》是五角大楼和好莱坞的孕育结果,也是该片的主演、银幕英雄约翰·韦恩个人努力推动的结果。有了国防部等官方机构的资助,该片获得了资金、技术、道具、宣传等方面的支持,其美化了美国士兵的形象,强调了美国的"救世主"使命,向国内观众传达了越南战争的正义性和必要性,以图重振国家的对越政策和争取公众的支持。同时,该书揭示了政府部门与私人领域之间的紧密联系。约翰·韦恩作为美国士兵的模范和国家军事价值观的化身,不仅在银幕上具有极强的号召力和影响力,还在银幕外积极参与政治活动,他公开的反共倾向及其与政府部门之间的私人联系增添了电影的宣传效果。

在第八章中,作者通过分析影片《心灵与智慧》(*Hearts and Minds*)与《秃鹰七十二小时》(*Three Days of the Condor*),解读了20世纪70年代在新好莱坞体系之下电影产出的根本变化。这一时期,电影业对于冷战话语已经失去了往日的热情,观众对于带有冷战色彩的电影也已"免疫"。人民对于冷战的更深刻的思考也反映在了电影上,影片中出现了质疑冷战、对抗中央情报局等机构的内容。尽管这在当时不可能改变美国的外交政策,但在电影业,如此大胆的尝试是一个标志性的转折。

在第九章中,作者通过分析《红色黎明》(Red Dawn)、《烽火怪杰》(Walker)、《红场特警》(Red Heat)这三部电影,探讨了里根政府时期好莱坞电影制作的两极分化现象,即右翼电影制作人和反对里根冷战政策的制作人对于好莱坞电影走向的分歧。作者也提及了随着美苏缓和,好莱坞对于这一趋势作出的迅速、积极的反应。多部影片暗示存在有意义的、持久的东西方缓和的机会,从而减弱美苏之间的意识形态分歧,并预示二者将联合起来对抗一个新的、共同的敌人——恐怖分子。

《好莱坞的冷战》一书聚焦"文化冷战""电影冷战"等前沿课题,采用文化视角和跨学科研究方法来分析冷战时期美国的对外宣传和好莱坞参与冷战的过程。传统上,历史学家倾向于将20世纪80年代末90年代初东方集团和苏联本身的崩溃归因于多种政治、经济、外交和军事因素。但近年来,随着世界各地新解密的档案材料与其他学科领域开辟的不同见解和视角的推动,冷战史研究不断地发展和丰富。传统的权力范式和利益范式已经无法完全解释许多历史事件和历史现象。为了解决国际关系史研究的困境,进行范式的更新,并对历史现象进行更加全面、多元化的解释,国际关系史特别是冷战史的"文化转向"应运而生。冷战史的文化转向即不仅把国家视为一个政治体、经济体,还把国家视为一个文化体单位,从而跳出既有的研究框架,把目光放置在冷战中的文化问题并应用文化路径来解读冷战史。学者们开始讨论文化因素在冷战中的重要作用,分析"文化冷战"的强大动力,并认识到包括电影在内的大众传媒作为"软"力量,在冷战期间对于众多事物的影响及其在结束冲突方面发挥的作用可能比以前所认知的要大得多。作者正是在这本书中不断强调了电影的"软"力量的巨大能量。

以往大多数关于好莱坞的研究把宣传作为美国外交政策的手段,认为宣传是冷战中除外交、经济、军事外的附属品,是"第四种武器",用于支持而不是影响决策。同时,学界也认为好莱坞是美国进行宣传的一把利器,是美国冷战宣传中不可忽视的重要力量。《好莱坞的冷战》一书通过文化视角来分析冷战时期的好莱坞，对以好莱坞为代表的美国大众文化和大众传媒作出了新的诠释。文化视角即把美国的对外宣传视为国家的一种身份投射和文化表达，而不仅仅是为了外交和政治目标。作者在本书中所传达的是，好莱坞电影不仅仅是为了冷战而服务的工具，也是自诩为"灯塔之国""山巅之城"的美国在冷战这个特殊时期的自我表达方式，是用以强调自身国家特性的一种认同方式。

作者在本书中强调了意识形态和宣传在冷战中的重要性。意识形态在国际关系中，特别是在冷战这种高度意识形态化的国际对抗冲突中发挥着越来越重要的作用。作者在书中所分析的几十部电影均带有浓厚的意识形态色彩。冷战是一场激烈的宣传竞赛，各方都强调心理战和宣传的作用，以达到"不战而屈人之兵"的效果。美国政府和媒体重视在文化战线上打赢冷战。由此，作者通过分析好莱坞参与冷战的过程，进一步探索了冷战期间美国政府的宣传战略。

虽然本书的重点一直放在电影上，但它给读者带来的启示可以扩展到整个美国大众传媒界，以此解释美国的意识形态、价值观和生活方式能够具有吸引力并渗透到世界各地，从而进一步从经济、技术、政治、文化等多维度解释美国怎样比其竞争对手更有能力在冷战期间赢得国内和国际层面的心灵和思想之战。

在史料运用方面，作者运用了大量的一手档案，引用了近百部好莱坞影片，细致分析了20多部典型影片。通过对国家官方文件、电影制片人的私人文件、制片厂剧本、审查文件、媒体评论和票房收入的详细研究，作者深入分析了每一部影片形成的时代背景，考察了影片的导演、编剧、制片人及主演的个人背景和政治立场，追溯了剧本所经历的编写、层层修改直至最终成型的过程，探究了美国国务院、新闻署、中央情报局、国防部、联邦调查局、心理战略委员会等机构对剧本的审查及其在影片拍摄期间对影片的干预和资助细节。此外，作者介绍了电影宣传的机制和国家电影网络的运作方式，生动描摹了电影的故事情节及其蕴含的意识形态和价值观，以及影片上映时的宣传工作，并提及了影片的票房、各界人士对影片的评价、电影的获奖情况、影片在国内外的接受程度以及电影对于冷战进程的影响。

本书分析的影片案例涵盖了冷战期间好莱坞最受欢迎的电影类型：喜剧片、纪录片、科幻片、音乐剧、圣经史诗片、侦探惊悚片、间谍片、战争片等。书中涉及了冷战期间具有象征性的历史事件和有争议性的主题："铁幕"两边生活方式的比较、共产主义对西方构成的威胁、核威慑带来的恐惧、越南战争留下的创伤、美国种族危机带来的国际形象危机、美苏缓和等。

作者对于影片的研究细致入微，不仅生动地描述了电影的具体内容，还分析了其中所蕴含的意识形态问题，使读者能够发现他们在观看影片时未发现的微妙设计，从而读懂其中所隐藏的宣传话语。此外，作者还运用了大量的史料来回顾影片经过意识形态上的层层加工的过程及其在国内外的放映情况。通过对比每一版本的脚本和最终在银幕上所呈现出的影片，作者向我们展示了电影审查部门和政府机构对于电影的需求和限制的具体细节。作者通过考察《综艺》（*Variety*）、《每日电影》（*Motion Picture Daily*）等娱乐杂志对于电影的评价，以及"铁幕"两边观众与媒体对影片的反响，从侧面勾勒出好莱坞影片的宣传效果及其对冷战进程的推动作用。

不足的是，尽管作者描述了影片复杂的形成过程，但较少利用美国政府机构和好莱坞电影制作法典委员会与好莱坞制片公司和好莱坞制片人之间的来往信件等一手史料来更好地论证这一过程。

本书的精妙之处很大程度上还在于作者为好莱坞与美国政府部门和私人领域之间的关系提供了一个新的解释框架，作出了新的解读。对于好莱坞与政府之间的关系，本书跳脱出了以往研究中所提到的好莱坞与政府互利共生，好莱坞受到政府部门的干预、控制和监视，好莱坞整体性地顺应冷战局势，成为美国冷战意识形态斗争中的一把利器这样的解释框架。作者揭示了大多数有关好莱坞参与冷战的著作没有揭示出的一点，即不仅仅是政府控制好莱坞，给予好莱坞政治压力，而且也有好莱坞主动寻求合作、双方互利共赢的一面，从而展示了冷战期间好莱坞和政府机构之间的复杂关系。

本书使用"公私网络"的概念，重新审视了冷战期间好莱坞、政治和宣传之间的关系以及美国宣传战、心理战中的官私合作机制。作者在书中向读者描述了不为人知的一面，即好莱坞为了稀释影片的宣传色彩，已经熟练掌握了通过资助外方和私人来制作电影，使其脱离"好莱坞框架"的方法，让观众放松警惕，从而更有效地进行意识形态和价值观的渗透。

相较于其他著作强调好莱坞与政府机构之间的关系，托尼·肖还进一步挖掘了美国国家电影网络中的种种私人关系。一方面，导演、制片人、制片厂高管与政府机构人员、外交官之间的私人关系使他们能够对电影作出政治和经济上互利的安排。另一方面，私人关系也便利了电影的拍摄，如通过私人渠道拿到秘密情报、权限材料以及进入相关部门进行拍摄的权利等，这在一定程度上增强了电影的真实性。此外，作者还强调了"明星系统"的带动性。好莱坞影星在银幕内外的政治性活动对于国内外观众的立场具有引导力，并对好莱坞影片的宣传效果起到意想不到的推动作用。诸多好莱坞影星与美国中央情报局、国防部、新闻署等机构的密切关系以及他们本身持有的反共立场，使他们和他们所塑造的角色都成为具有巨大煽动性的"冷战斗士"。

作者并未将好莱坞电影制作人放在一个全然被动的位置上，而是指出他们出于各种复杂的原因，向政府寻求合作并自愿为反共攻势作出贡献。与政府合作制作影片，会大大减轻影片在档案调取、地点取景、装备借用以及人员配合等方面的难度，且影片的观感、宣发、国内外上映以及评奖问题也会得到更好的解决。对于一些热门的冷战事件和冷战话题，制片人认为其中有利可图，因此乐于在银幕上呈现这些题材。此外，作者明确说明，即使自20世纪40年代后期以来，在美国电影业工作的人受到了前所未有的政治压力，要求他们为"国家利益"行事，并且在众议院非美活动调查委员会和可怕的"黑名单"营造的一种约束和自我约束的氛围之下，很少有人敢于利用电影挑战对官方冷战政策的普遍看法，但在主流冷战话语之下，也不乏好莱坞公开地批评冷战正统观念、对冷战持怀疑态度，甚至质疑国家政策的一些基本原则的反叛性表现。尽管这一时期的美国电影大体上遵循了政客所设定的冷战轮廓，但好莱坞对冷战元素的处理并非是同质化的。托尼·肖在书中表达了这样的观点：美国的冷战电影不仅仅是官方意识形态的表达，还涉及一系列不同的意识形态和话语，这些都影响着美国在冷战中的表现及其国际形象。

此外，《好莱坞的冷战》一书生动有趣、引人入胜，能让读者了解到银幕背后那些不为人知的故事。作者对于电影的描述非常具有代入感，使读者仿佛落座在影院中，品味着电影向人们传达的情感和价值观。

总的来讲，本书对于研究"文化冷战""电影冷战"和电影史的学者来说具有十分重要的学术价值。"好莱坞冷战"作为"电影冷战"的一部分，是"文化冷战"理论内涵的拓展。托尼·肖在书中提供了较为详细的"电影冷战"资源，为"文化冷战"研究的理论创新提供了更多的思想和理念。对于普通读者来说，本书也非常具有启示意义，是了解好莱坞影片、好莱坞制片制度以及美国冷战宣传策略的必备书籍。

国家形象的转折
——评《在 20 世纪 70 年代重申美国：美国的公共外交与美国海外形象的重塑》*

欧倚天**

《在 20 世纪 70 年代重申美国：美国的公共外交与美国海外形象的重塑》（以下简称《在 20 世纪 70 年代重申美国》）[①] 是 2016 年英国曼彻斯特大学出版社出版的论文集，由挪威国防大学学院教授哈尔沃德·诺塔克（Hallvard Notaker）、荷兰莱顿大学教授吉尔斯·斯科特-史密斯（Giles Scott-Smith）和美国南卡罗来纳大学副教授大卫·J. 斯奈德（David J. Snyder）主编，收录了由 19 位学者撰写的 17 章内容。

美国传统的冷战史研究奉档案为圣经，然而随着冷战的结束，新冷战史研究已经渐渐超越安全、战略和利益的范畴，而越来越多地把冷战视作一场思想文化和意识形态的斗争来探讨。早在 2000 年，著名冷战史学家文安立（Odd Arne Westad）就提出未来在冷战国际史的研究中存在着三种可能

---

* 本文是国家社科基金重大项目"知识外交与战后美国学术话语体系的全球建构研究"（20&ZD243）的阶段性成果。

** 欧倚天，首都师范大学历史学院硕士研究生。

① Hallvard Notaker, Giles Scott-Smith, and David J. Snyder (eds.), *Reasserting America in the 1970s: U. S. Public Diplomacy and the Rebuilding of America's Image Abroad* (Manchester: Manchester University Press, 2016).

的新范式，即科技、第三世界和意识形态。美国的冷战宣传史研究发端于冷战终结后，且发展迅速，已经成为近年来美国外交史和冷战史研究最强劲的领域之一。①

《在20世纪70年代重申美国》一书的作者们将研究的时间段定位在20世纪70年代，凸显出这个时代背后美国国内阴暗的社会氛围和不稳定的国际环境。20世纪60—70年代，美国深陷越战泥潭，进而引发国内社会危机和外交危机。在这种背景之下，美国在政治、经济、社会、外交等方面遭遇挫折，导致其社会精神进入"萎靡期"，本书的编者们则称之为"恐惧、疑惑和猜忌"（fear, uncertainty and doubt）时期。这种社会气氛一直持续到20世纪80年代初才有所好转。按照编者们的划定，20世纪70年代相较于前后两个十年，美国社会萎靡不振的特质更加明显，整个70年代都属于"恐惧、疑惑和猜忌"时期。20世纪70年代是美国政府公共外交活动的转折点，因为他们从此有了新的历史任务。这一时期，美国的公共外交人士不仅要进行反共宣传，更重要的是在一个不稳定的、有着全球化和多极化趋势的时代背景之下，用新的话语、新的角度讲述美国的故事，传播美国的价值观念，宣扬美国的正面形象。

《在20世纪70年代重申美国》一书共17章，包括前言2章、正文14章、后记1章。编者们在前言中指出，本书各章基于六大主题，即民权运动和越南战争、官方与民间的合作、美国"垮掉的一代"的"文艺复兴"、"自由世界"空间范围的扩大、冲击与回应、软实力与硬实力之间的深刻联系。这六大主题是20世纪70年代美国公共外交研究的关键背景和动因，也贯穿了这一时期美国的公共外交活动。

本书的正文分为上下两部分，各收录7篇文章。编者们将本书的上半部分命名为"用新外交诠释新美国"（A New Diplomacy for a New America），这里的"新外交"有两层意义。其中，一层含义是20世纪60年代美国在外交上遭遇挫折，所以需要用全新的外交政策来重新展示美国；另一层含义是指20世纪70年代常用的"现代外交"（modern diplomacy）。传统外交

---

① 翟韬：《文化转向与美国冷战宣传史研究的兴起和嬗变》，《世界历史》2018年第3期。

注重国家之间的政治关系，而现代外交注重跨文化交流和公众舆论，其意味着多种力量可以介入外交活动领域，官方和民间都可以起到对舆论的引导作用。

1953年，美国联邦政府成立美国新闻署，从而开始正式系统地介入美国的国际宣传活动。尼古拉斯·J.科尔（Nicholas J. Cull）撰写的本书第三章"十字路口的恶魔：20世纪70年代的美国新闻署和美国公共外交"（The Devil at Crossroads: USIA and American Public Diplomacy in the 1970s）介绍了美国开展公共外交的政治背景，同时开启了本书的正文内容。科尔阐述了20世纪70年代美国新闻署的机构改革和变化，指出了这一时期美国新闻署矛盾的组织文化和心理——是继续扩大自己在美国政府中的影响力，还是选择接受自己在美国文化战略中的地位，从而帮助国家赢得文化冷战。

相较于20世纪60年代，70年代的公共外交活动集结了更多的社会力量，如州政府、非政府组织、个人等都参与其中。布莱恩·C.埃瑟里奇（Brian C. Etheridge）撰写的第四章"20世纪70年代的姊妹城市网络：十年变革中的美国地方政府的国际化和公共外交"（The Sister-City Network in the 1970s: American Municipal Internationalism and Public Diplomacy in a Decade of Change）探索了由美国州政府和外国地方政府发起的"姊妹城市"外交活动。"姊妹城市"外交依赖于民间力量，许多非政府组织和个人积极促成了美国州政府和外国地方政府之间的交流互动，并且这些互动全面覆盖经济、政治和文化等领域。姊妹城市网络的构建也为美国构建文化交流的网络提供了便利。

本书第五章是肯尼斯·奥斯古德（Kenneth Osgood）撰写的"中央情报局对'自由欧洲'电台的资助的曝光：'自由十字军'、美国例外论和公共外交的国内外因素"（The Exposure of CIA Sponsorship of Radio Free Europe: The "Crusade for Freedom", American Exceptionalism, and the Foreign-Domestic Nexus of Public Diplomacy）。奥斯古德指出，20世纪60年代很多非政府组织如"自由欧洲"电台（RFE）和"自由"电台（RL）都会暗中接受中央情报局的资助，它们在很大程度上影响了欧洲的舆论。但是到了20世纪70年代，由于中央情报局秘密资助"自由欧洲"电台一事被曝光，相关电台在西德、法国等国家受到限制。由此，美国20世纪60年代的宣传政策遭遇挫折。美国参议院外交委员会主席詹姆斯·威廉·富布莱特（James William Fulbright）等人希望关闭"自由欧洲"电台，但白宫认为"自由十字军"式的宣传在东欧的存在是必要的，是影响他国政治和意识形态的重要宣传武器，因此将其保留了下来。

劳拉·A. 贝尔蒙特（Laura A. Belmonte）撰写的第六章"美国新闻署对妇女运动的反应，1960—1975"（USIA Responds to the Woman's Movement, 1960-1975）和迈克尔·L. 克伦（Michael L. Krenn）撰写的第七章"'暗藏的混血儿封面'：种族、民权和美国公共外交，1965—1976"（"The Low Key Mulatto Cover": Race, Civil Rights, and American Public Diplomacy, 1965-1976）引入了性别视角和种族视角来审视美国的公共外交政策。这两个问题都涉及美国的民权运动问题，也是社会主义阵营国家指责美国"虚假平等"最多的一环。

劳拉·A. 贝尔蒙特论述了20世纪70年代美国公共外交中的性别因素。她认为，由于肯尼迪总统大力促进了美国妇女的权益，20世纪60年代美国的宣传家们喜欢使用杰出女性作为典范来打消质疑。但是，美国新闻署在相关问题上缺乏准确的数据和一贯的政策，导致美国传递给公众的信息充满矛盾，海外公众并不明白美国政府对美国妇女走向职场的明确态度。到了20世纪70年代，美国的公共外交人士最终选择用一种"美国妇女拥有选择职业或者家庭的自由意志"的话语来对抗社会主义阵营国家提倡的男女劳工平等。在民权运动背景下，反种族主义和女权主义的文化运动进入了高潮，但这种文化上的变化却与美国过时的宣传政策形成了鲜明对比。在第三世界，美国因为种族问题而被认为是帝国主义和殖民主义的象征。迈克尔·L. 克伦指出，美国新闻署试图用"平等的前景"和"文化代沟"来解释美国的种族问题，但是这种话语在种族矛盾频发的残酷现实以及东方阵营的揭露面前显得过于苍白无力。美国的公共外交人士只能用"好心的"白人和"理性的"美国黑人来粉饰一下所谓的"美式平等"。可以说，不管是妇女权益问题还是种族问题，在20世纪70年代美国公共外交的宣传中都缺乏一致性，很多主张自相矛盾。

20世纪70年代，美国的艺术家和科学家也参与了公共外交活动。克莱尔·鲍尔（Claire Bower）撰写的第八章"画笔政治：美国艺术外交的衰退，1968—1972"（Paintbrush Politics：The Collapse of American Arts Diplomacy，1968-1972）和泰瑟尔·穆尔-哈莫尼（Teasel Muir-Harmony）撰写的第九章"推销宇宙飞船、月球岩石和美国：美国公共外交中的航天事业，1961—1979"（Selling Space Capsules，Moon Rocks，and America：Spaceflight in U.S. Public Diplomacy，1961-1979）分别以艺术外交和太空外交作为案例，展示了20世纪70年代美国公共外交的转变。

美国会利用本国的艺术和科技成就，改善自己的国际形象或者投射影响力。在艺术外交方面，克莱尔·鲍尔指出，20世纪60年代美国新闻署和私人艺术家形成了一种公开的合作关系。美国艺术家罗伯特·劳申伯格（Robert Rauschenberg）1964年成为第一个获得威尼斯双年展绘画大奖的美国人，让自视甚高的欧洲艺术界看到了美国艺术家的潜力，也更加认同美国在西方文化中的地位。但是到了20世纪70年代，很多美国艺术家抗议美军在越战中的暴行，拒绝与美国新闻署合作。因此，美国新闻署和科学组织史密森学会的文化事务官员开始暗中资助很多非政府艺术组织或反政府艺术家。这些群体有时在不知情的情况下接受了美国政府的资助，继续作为美国文化力量的标志出席国际场合。在科技外交方面，泰瑟尔·穆尔-哈莫尼指出，1969年7月"阿波罗11号"宇宙飞船成功登陆月球，给国际舆论带来了极大的震撼。然而，美国的公共外交人士同样拒绝像20世纪60年代一样吹嘘美国的科技力量，而是强调美国的科技力量可以为人类带来的贡献。

本书的第二部分名为"世界对新美国的回应"（The World Responds to a Reassertive America）。如果说上半部分是考察从美国的视角来提升美国的国际形象，以及通过不同的手段和宣传话语来博得海外受众对美国的认同和同情，那么下半部分则探索了20世纪70年代美国公共外交在世界范围内的反响，生动地展示了美国的公共外交人士为了在海外传播美国的价值观，如何吸引外国政府、组织和民众，并与他们博弈、交流和合作的具体过程。

20世纪70年代，法国、意大利、西班牙等西欧发达国家的共产党在探索发达国家走向社会主义的道路时创立了"欧洲共产主义"思想。亚历山德罗·布洛吉（Alessandro Brogi）撰写的第十章"美国的公共外交对"欧洲共产主义"年代的法国和意大利的影响"（America's Public Diplomacy in France and Italy during the Years of Eurocommunisim）考察了这一时期美国在欧洲意识形态冲突最为严重的法国和意大利所进行的公共外交活动。

约翰·C. 斯通纳（John C. Stoner）撰写的第十一章"推销美国——从夏普维尔到索韦托：美国新闻署在南非，1960—1976"（Selling America between Sharpeville and Soweto：The USIA in South Africa, 1960-1976）论述了美国在南非的公共外交活动。美国国内的种族问题让美国在非洲的公共外交遭遇了非常严重的挫折。美国在南非的公共外交活动深受当地反种族隔离运动的影响，很多美国外交官参与其中，但成效甚微。美国多年来在南非所进行的反种族隔离宣传，背后实际受到了冷战地缘政治和民权运动激进化的双重束缚。

本杰明·P. 格林（Benjamin P. Greene）撰写的第十二章"在冷战前沿推销美国西部文化：美军在西柏林开展的德美民俗节，1965—1981"（Selling the American West on the Frontier of the Cold War：The U. S. Army's German-American Volksfest in West Berlin, 1965-1981）通过德美民俗节这一案例，对美国在西德的公交外交活动进行了考察。第一届德美民俗节于1961年7月29日开幕，并于8月13日柏林墙建成之日结束。驻西德美军通过这一活动与当地民众加强交流，促进友谊，这一活动也成为发展德美关系最重要的事件之一。随着冷战局势的发展，这一活动的主题和形式也发生着变化。

美国中情局在国外进行的干涉和颠覆活动是美国国际形象的一大污点。1975年，美国参议院成立了丘奇委员会，对中央情报局、联邦调查局和国家安全局普遍进行的非法情报活动展开调查。除了肯尼斯·奥斯古德在第五章中的论述，保罗·M. 麦克加尔（Paul M. McGarr）在第十三章"烦躁不安的美国人：20世纪70年代的丘奇委员会、中央情报局和美国公共外交中的情报因素"（Unquiet Americans：The Church Committee, the CIA, and the Intelligence Dimension of U. S. Public Diplomacy the 1970s）中以丘奇委员会调查中央情报局作为切入点，更为全面地揭露了中央情报局的丑陋行径，并剖析了其对美国国家形象和公共舆论的危害。

M. 托德·本内特（M. Todd Bennett）在第十四章"重归于好：1976年美国建国200周年纪念和美瑞关系正常化"（Time to Heal the Wounds：Americas Bicentennial and U. S. -Sweden Normalization in 1976）讲述了越南战争时期美国-瑞典关系的跌宕起伏。瑞典是永久中立国，美军在越南战争中的暴行让瑞典政坛那些秉持中立主义的政治家极为不满，瑞典人民也对此表示愤慨。瑞典官方和民间力量多次在国际公开场合抨击美国的外交政策，美国驻瑞典的外交官多次试图挽救美国的国家形象却无功而返。但到了1976年美国建国200周年之际，美国公共外交人士认为这是一次改善美国的负面印象的良机，遂在瑞典举办文化交流活动，挖掘美国和瑞典之间深厚的历史友谊，并积极邀请瑞典方面参与庆典活动，逐步改善了两国的关系。

芭芭拉·凯斯（Barbara Keys）撰写的第十五章"'脸面风光'：西方阵营对卡特'人权外交'的热衷"（"Something to Boast About"：Western Enthusiasm for Carter's Human Rights Diplomacy）关注卡特政府的"人权外交"。1977年卡特上台后，把促进人权作为美国外交政策的核心内容之一，其所标榜的"人权外交"旨在恢复美国的国际声誉，后得到西方各国的重视。虽然在卡特政府后期，新一轮的冷战危机让"人权外交"彻底破产，但"人权外交"使美国回应了道德上的"萎靡不振"，使浸泡了越战和中情局丑闻污水的美国可以"漂白"自己的声誉。

约翰·M. 罗森伯格（John M. Rosenberg）撰写的第十六章"武装西方阵营：'当前危险委员会'、国防支出和美国力量的海外形象，1973—1980"（To Arms for the Western Alliance：The Committee on the Present Danger, Defense Spending, and the Perception of American Power Abroad, 1973-1980）以美国1976年成立的"当前危险委员会"为切入点，考察了西方阵营内部关于防务问题的博弈。20世纪70年代，一方面是越南战争、第四次中东战争和石油危机使美国的地位受到冲击，另一方面是"和平共处""多极化"和"合作"取代了"苏联的威胁"。因此，以美国前国务卿尤金·罗斯托为代表的美欧强硬派通过鼓吹"苏联威胁论"，扩大美国的国防预算来维护北约内部的稳定和团结，即恐惧是联盟的"粘合剂"。这也导致80年代里根上台后美国的国防开支猛增。

在第十七章"在越南战争的阴影下推销美国"（Selling America in the Shadow of Vietnam）即本书后记中，罗伯特·J. 麦克马洪（Robert J. McMahon）对全书作了总结，并更改了一些章节的顺序，再次从不同角度串联了全书的内容。整体上看，20 世纪 70 年代标志着美国的公共外交进入了一个关键的过渡时期，也对美国的外宣机构和公共外交人士提出了新的挑战。美国新闻署和其他公共外交机构为了重塑美国的形象，挽回美国的威望和声誉，作出了多方面的努力。这也对应了本书的书名《在 20 世纪 70 年代重申美国：美国的公共外交与美国海外形象的重塑》。

从学术角度来看，在文化冷战研究方面，20 世纪 70 年代的转折意义虽然被很多学者所强调，但鲜有著作全面介绍这一时期美国的公共外交政策和活动。《在 20 世纪 70 年代重申美国》一书从政治、文化、社会等多个层面解读美国当时的对外关系和外交政策，丰富了尼克松至卡特时期美国公共外交的研究。作为文化冷战史研究的又一力作，本书的作者队伍汇集了《冷战和美国新闻署：美国的宣传和公共外交（1945—1989）》[1]的作者尼古拉斯·J. 科尔、《总体冷战：艾森豪威尔政府在海内外的秘密宣传战》[2]的作者肯尼斯·奥斯古德和《黑人外交：美国黑人和国务院（1945—1969）》[3]的作者迈克尔·L. 克伦等多位相关领域的专家学者。书中各章都围绕 20 世纪 70 年代的时代背景，通过分析媒体、艺术、科技、军事、种族等不同因素，从官方和民间、发达国家和第三世界、软实力和硬实力等角度，考察了美国如何摆脱困境，重新在海外塑造自己的国家形象，展现了美国公共外交政策的转变。

此外，本书中的研究还具有以下几个特点。一是采用动态视角，有的

---

[1] Nicholas J. Cull, *The Cold War and the United States Information Agency: American Propaganda and Public Diplomacy, 1945-1989* (Cambridge: Cambridge University Press, 2008).

[2] Kenneth Osgood, *Total Cold War: Eisenhower's Secret Propaganda Battle at Home and Abroad* (Lawrence: University Press of Kansas, 2006).

[3] Michael Krenn, *Black Diplomacy: African Americans and the State Department, 1945 - 69* (London: Routledge, 2015).

向前追溯到20世纪60年代甚至二战结束后，有的向后延伸至里根政府时期。二是采用跨文化的视角，如对美国公共外交中涉及的南非种族问题、美国西部文化等问题进行了研究。三是以冲击与反应、传播者与受众、对抗与合作的互动视角，对美国开展的公共外交活动作了考察。

值得一提的是，本书于2016年1月出版，各作者撰稿之时，《美国对外关系文件集》（*Foreign Relations of United States Series*，FRUS）中约翰逊、尼克松、福特、卡特四位总统任内关于公共外交的卷次还未公开。① 因此，相关章节在基础史料方面还有完善的空间。此外，书中对于美国在第三世界的公共外交活动着墨很少（仅涉及南非）。尽管如此，作者们还是从不同侧面对20世纪70年代美国的公共外交政策和活动进行了剖析，也为文化冷战史的研究注入了新的活力。

---

① 《美国对外关系文件集》中，关于约翰逊政府公共外交的卷次（FRUS, 1917-1972, Vol. Ⅶ, Public Diplomacy, 1964-1968）于2018年公开；关于尼克松—福特政府公共外交的卷次（FRUS, 1917-1972, Vol. Ⅷ, Public Diplomacy, 1969-1972）于2018年公开；关于卡特政府公共外交的卷次（FRUS, 1917-1972, Vol. ⅩⅩⅩ, Public Diplomacy, 1977-1980）于2016年公开。

稿　约

《近现代国际关系史研究》是由首都师范大学历史学院国际关系史研究中心出版的学术辑刊，每年 2—3 辑。本辑刊旨在为从事国际关系史研究的学者提供一个相互交流的平台，设有专题研究、二战史研究、中外关系研究、美国外交研究、宣传与公共外交史、法国与冷战、研究生论坛、档案文献、学术动态、书评等栏目，欢迎学界同行赐稿。相关信息如下：

1. 研究性论文要以一手档案为基础，具有原创性且未曾发表，欢迎选题新颖、运用多边档案的长篇研究。其中，研究生论坛中刊发博硕士及本科生的优秀论文。本辑刊尤其愿意刊发能反映学界动态的研究综述、书评书讯、专题书目等内容的稿件，也欢迎以某个专题内容为核心整理的档案资料汇编。

2. 文献引证注释规范见附录。来稿并请附上论文英文标题、中文摘要和关键词。

3. 编辑部将组织同行专家对来稿进行评审，并将评审结果尽快通知作者。

4. 来稿一经录用，请勿再投他处。

5. 录用并出版的作品，将略致薄酬，并赠样书两册。刊发后稿件版权归《近现代国际关系史研究》辑刊所有。

6. 来稿请投《近现代国际关系史研究》编辑部，邮箱：guojiguanxijk@163.com。

首都师范大学历史学院
国际关系史研究中心
2020 年 3 月 12 日

附:

《近现代国际关系史研究》引证注释规范

一、书籍

1. 中文

(1) 专著

示例:

徐蓝:《英国与中日战争》,首都师范大学出版社,2010。

(2) 编著

示例:

王绳祖等主编《国际关系史》第 12 卷,世界知识出版社,1995。

(3) 译著

示例:

H. 卡尔:《两次世界大战之间的国际关系(1919—1939)》,徐蓝译,商务印书馆,2009。

(4) 析出文献

示例:

李世安:《第一次世界大战在人类历史长河中的地位》,载齐世荣主编《一战百年:"第一次世界大战爆发一百周年"学术研讨会论文集》,世界知识出版社,2016,第 11—21 页。

2. 外文

(1) 专著

示例:

J. P. Taylor, *The Struggle for Mastery in Europe, 1848-1918* (New York: Oxford University Press, 1980).

（2）编著

示例：

Arnold Toynbee (eds.), *Survey of International Affairs, 1939-1946: Hitler's Europe* (New York: Oxford University Press, 1954).

（3）译著

示例：

Franz Kurowski, *Deadlock before Moscow: Army Group Center, 1942-43*, trans. Joseph G. Walsh, West Chester (Atglen: Schiffer Publishing, 1992).

（4）析出文献

示例：

Robert Gilpin, "Peloponnesian War and Cold War," in *Hegemonic Rivalry: From Thucydides to the Nuclear Age*, eds. Richard Ned Lebow and Barry S. Strauss (Boulder: Westview Press, 1991), pp. 31-49.

二、论文

1. 中文

（1）期刊

示例：

胡德坤：《中国抗战与日本西进战略的破产》，《世界历史》2009年第4期。

（2）报纸

示例：

江建国：《二战：不能"历史化"的过去》，《人民日报》2005年4月29日，第7版。

（3）未刊论文

示例：

任东来：《对国际体制和国际制度的理解和翻译》，全球化与亚太区域化国际研讨会论文，天津，2000年6月，第9页。

朱大伟：《第二次世界大战与战后世界发展模式转换》，博士学位论文，武汉大学，2010。

2. 外文

（1）期刊

示例：

David A. Messenger, "The Course of Military History in the United States since World War Ⅱ," *The Journal of Military History* 20, No. 4 (November 2011), pp. 455-478.

（2）报纸

示例：

Joseph S. Nye Jr., "Work with China, Don't Contain It," *The New York Times*, January 25, 2013.

（3）未刊论文

Philip Liste, "International Relations Norms Research and the Legacies of Critical Legal Theory" (paper presented at the 11th Pan-European Conference on International Relations, Barcelona, Spain, September, 2017).

Aaron Lobel, "Anticipating the Collapse? Political Judgment and the Debate over CIA Assessments of the Soviet Union, 1975–1991" (Ph. D. dissertation, Harvard University, 2001).

三、档案文献

1. 中文

示例：

《斯大林与毛泽东会谈记录》，1949年12月16日，俄总统档案馆，全宗45，目录1，案宗239，第9—17页。

2. 外文

示例：

U. S. Department of States, *Foreign Relations of the United States*, 1932, Vol. Ⅲ, The Far East (Washington, D. C.: Government Printing Office, 1948), p. 8.

四、电子资源

来源于互联网的电子资源,除注明作者、题目、发表日期等信息外,还应注明完整网址。

1. 中文

示例:

习近平:《在纪念中国人民抗日战争暨世界反法西斯战争胜利 70 周年招待会上的讲话》,新华网,2015 年 9 月 3 日,http://www.xinhuanet.com/politics/2015-09/03/c_1116458457.htm。

2. 外文

示例:

Stephen Badsey, "The Western Front and the Birth of Total War," BBC, March 8, 2011, http://www.bbc.co.uk/history/worldwars/wwone/total_war_01.shtml.

五、其他

1. 再次引证时的项目简化

第一次引用应注明全名与出版项,再次引用可以简化为"作者、著作(可只保留主标题)、页码"。

示例:

悉德尼·布拉德肖·费伊:《第一次世界大战的起源:大国博弈之殇》,于熙俭译,文化发展出版社,2019。

悉德尼·布拉德肖·费伊:《第一次世界大战的起源》,第 28 页。

2. 间接引文的标注

间接引文通常以"参见"或"详见"等引领词引导,反映出与正文行文的呼应,标注时应注出具体参考引证的起止页码或章节。标注项目、顺序与格式同直接引文。

示例:

参见理查德·内德·勒博:《国家为何而战?过去与未来的战争动机》,陈定定等译,上海人民出版社,2014,第 28 页。